移民の世界史

Migration

The Movement of Humankind from Prehistory to the Present

ロビン・コーエン 著　小巻靖子 訳

東京書籍

下船してニューヨークでの新しい生活を始める移民（20世紀初頭）

Atlas of Migration by Robin Cohen

Published in 2019 by André Deutsch Limited
A division of the Carlton Publishing Group

Japanese translation rights arranged with Welbeck Publishing Group Ltd.,
through Tuttle-Mori Agency, Inc., Tokyo.

・原書の内容に補足する場合は、〔 〕や*1などの編集部注をつけた。また、本文中の（1）や（2）は巻末の参考文献に対応している。

移民の世界史 Contents

第3部　現代の人の移動

第4部　論争と進展

謝辞

本書は次の方々のお力を借りて生まれた。ジェイソン・コーエンには資料を調べ、ネット上で多数の図版を見つけ、多方面にわたってサポートしてもらった。セリーナ・モルテノ・コーエンには原稿の大半を読み、表現の不適切な箇所を指摘してもらった。この作業はアリソン・モスにもお願いした。私に執筆のスケジュールを守らせるのはひと苦労だが、それも彼女の仕事だった。遅れは許されなかった。さらにモスには、アンドレ・ドイチュ社の担当チームと連絡をとり、デザイナー、出版社、著者間のやりとりにも気を配っていただいた。才能豊かなデザイナーのジェームズ・ポープルには地図を描き、グラフをつくり、目を引くレイアウトを考えていただいた。カールトン・ブックスで参考図書の編集マネジャーを務めるスラヴ・トドロフにもお世話になった。インドの分離独立に関する情報の入手が思うように進まなかったとき、オックスフォードのケロッグ・カレッジの同僚であるヤスミン・カーンは、このテーマに関する彼女の素晴らしい本を贈ってくれた。最後になったが、本書出版の話がまとまったのは、私のエージェントであるワトソン・リトル社のドナルド・ウィンチェスターのおかげだ。ここにお名前をあげた方々に深い感謝の意を表したい。

はじめに

人の移動。複雑で、論争の的にもなるこの問題を、私たちはどう扱えばよいのだろう。人の移動は、かつては古生物学者や人口統計学者、地理学者、社会学者の研究対象だったが、今では広く注目を集め、これをめぐって激しい政治的論争が繰り広げられることも多い。

本書では人の移動を44のテーマに分けてみていき、その全体像をとらえたい。フランス語でいうトゥール・ドリゾン（tour d'horizon）である。テーマは自然に思い浮かんできたものばかりだ。人の移動はどこで始まり、いつ地球のほぼすべてに人が広がったのか。なぜ移動する人と、同じ土地にとどまる人がいるのか。人の移動にはどのようなものがあるのか。人の移動の流れは止められるのか。現生人類の誕生から今日に至るまでの人の移動の歴史を世界のさまざまな地域に目を向けながらたどり、はっきりとした例を示してこうした疑問を解き明かしていこう。そうすることで、人の移動を大きく描きだすことができるだろう。

人の移動を概観するとき、取り上げないわけにはいかないのが強制移動である。その代表的な例が大西洋奴隷貿易、アジアの年季奉公人、難民などだ。一方で、自発的な移動も忘れてはならない。1870年代から第一次世界大戦の始まりにかけて、たいへんな数のヨーロッパ人がアメリカに移り住んだ。そして、オーストラリアをはじめとする植民地でも入植が進んだ。人の移動は政治的な争いによって引き起こされることもある。その例として本書で取り上げるのが、インドの分離独立や、追放され離散した人々である。また、イスラエルがユダヤ人の「集合」地となり、やがてパレスティナ人が土地を追われてガザやヨルダン川西岸地区に逃れることになった経緯についても述べる。冷戦時代の人の移動の政治学にも1章を充てた。

仕事を求めて移動するケースは多い。鉱山での大規模な採掘や工業化が進むと、多数の国が労働力を補充するために遠く離れた土地の労働者を必要とした。アメリカではよくこうした状況が生じ、それぞれ時代は異なるが、イギリスの工場や南アフリカのダイヤモンド鉱山、金鉱山、中国の製造業の中心地でも人手が必要になった。中国では何百万人もの地方の住人が都会で仕事を得た。第二次世界大戦後、経済を急速に立て直したヨーロッパも外国人労働者に依存することになった。イギリスは、余剰労働力をかかえるカリブ海諸国やインド、パキスタンなどのイギリス連邦諸国に労働力を求め、西ドイツはとくにトルコの労働者を多数受け入れた。石油を産出する湾岸諸国では1970年代から大規模なインフラ整備が始まり、病院、大学、博物館、ショッピングモールなどが次々と建設されたが、それを支えたのは、東南アジア出身の労働者である。

企業や国が海外の労働者を受け入れる一方で、国が海外移住を推し進めるケースもみられる。最初にこうした政策を大規模に打ち出したのはフィリピンだ。フィリピンは船員と看護師を海外に送り出すための人材育成に力を入れてきた。この戦略が大成功し、現在、世界の船員の4分の1はフィリピン人で占めている。人材養成に費用がかかっても、外国や外洋で働いて本国に海外送金をしてくれたら十分元はとれる、というのが基本的な考え方だ。インドも大規模な労働力の「輸出」をめざして、エンジニアやIT技術者の養成に乗りだした。国際的な企業を育て、非居住のインド人の投資を促す狙いもある。しかし、このように労働者の海外移住で成功している国もあれば、高等教育をうけて高い技術を身につけた労働者が国を出ていくという問題をかかえる貧しい小さな国もある。本書では、こうした「頭脳流出」についても考えることにする。

移民が住む国では、市民や政治家の多くが無制限な移民の受け入れは問題だと考えている。仕事や住まい、各種サービスをめぐって、古くからの住民との間で競争が生じ、さらには、従来の生活様式や文化が脅かされるのではないかと恐れるからだ。こうした脅威は実際より大きくとらえられることが多いが、移民、とくに不法移民を規制する試みは切実な問題であり、これについて考えてみるのも有益である。

ここまで本書のテーマについて述べてきたが、こうしたテーマの枠を越えて、いま、「人の移動」という研究の定義にかかわる新しい考えが、この分野に変化を起こしている。

それは、「モビリティーズ・パラダイム(1)」という考え方である。これは、人の移動はある特別な現象ではなく、「モビリティーズ・パラダイム」の一部である、つまり、世界を移動する人の流れは、品物、資源、お金、映像、汚染物質、ドラッグ、音楽、データなど、現代の生活に付随するさまざまなものの流れと同じようなもので、多くの場合、それらと結びついている、という考え方だ。移住研究をする学者にとって、移動のさまざまな側面に目を向けるというこの考え方へシフトすることは、移住の厳密な定義（一定期間、就業、定住することを目的に人が移動すること）を捨て、移動そのものをとらえることを意味する。本書もこの変化に従い、音楽、ノマド、伝道者、巡礼者、兵士、探検家、留学生、子ども、退職者、旅行者などを扱う章をもうけた。

読者がこのような広いとらえ方にとまどうことなく、刺激的で興味深い新たな発見をされることを期待している。題材の選択は楽しい作業だった。取り上げる例には題材に直接的な関連性のあるものを選ぶようにしつつ、人の移動という問題の複雑さがあいまいにならないよう気をつけた。

ロビン・コーエン

オックスフォード、２０１９年６月

メッカに向かうキャラバンを描いた、中世の細密画

第1部

人の移動の始まり

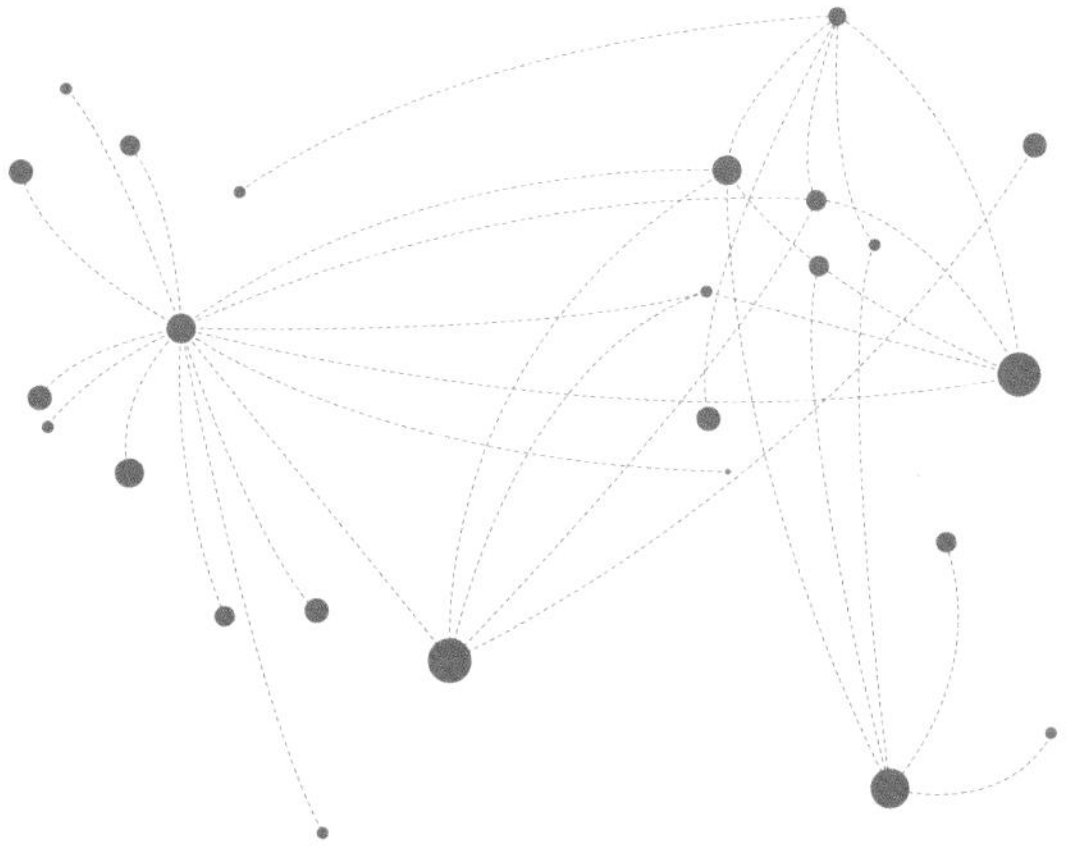

第1章 出アフリカ 初期人類

アフリカで誕生したといわれる人類は、
食べ物を求め、敵から逃れ、未知の土地を探検しながら、移動を続けてきた。
そして、数十万年をかけて、人類はもといたアフリカを遠く離れ、世界中に拡散していった。

古人類学者（古い時代の人類について研究する学者）が新たな土地を掘り返して初期人類の骨を発見すると、それまでとは異なる「人類発祥の地」があらわれることがある。

初期人類[*1]の化石には、互いに見た目は非常によく似ていても、DNA配列を調べると異なっているものがある。そうした新しい事実が次から次へと発見されるため、人間がどう進化してきたのか、正しい答えはなかなか出ない。南アフリカのヨハネスブルクから北西へ45キロメートルほど行ったあたりにマラパと呼ばれる洞窟がある。ここは、200万年前の初期人類の化石が見つかったことで、今では「人類のゆりかご」として世界遺産に登録されている。

「現生人類」[*2]の化石は東アフリカでよく発見される。ホモ・ハビリス、ホモ・エレクトゥス、ホモ・エルガステルなどの種が、私たちのよく知っているホモ・サピエンスに進化した。ホモ・エレクトゥスは他の初期人類と違い、腕が短く、脚が長く、二足歩行をし、私たちと同じように歩いたり走ったりしていた。

人類は20万年ほど前に東アフリカの大地溝帯を出て北に移動した。そして、地続きだった大陸をゆっくり進み、1万年前に南アメリカの南端に到達する。ピュリツァー賞を受賞したジャーナリストのポール・サロペックは『ナショナルジオグラフィック』の企画で、その足跡を徒歩でたどる旅を続けている（陸が海で隔てられてしまったところはボートやフェリーを使う必要があるが）。

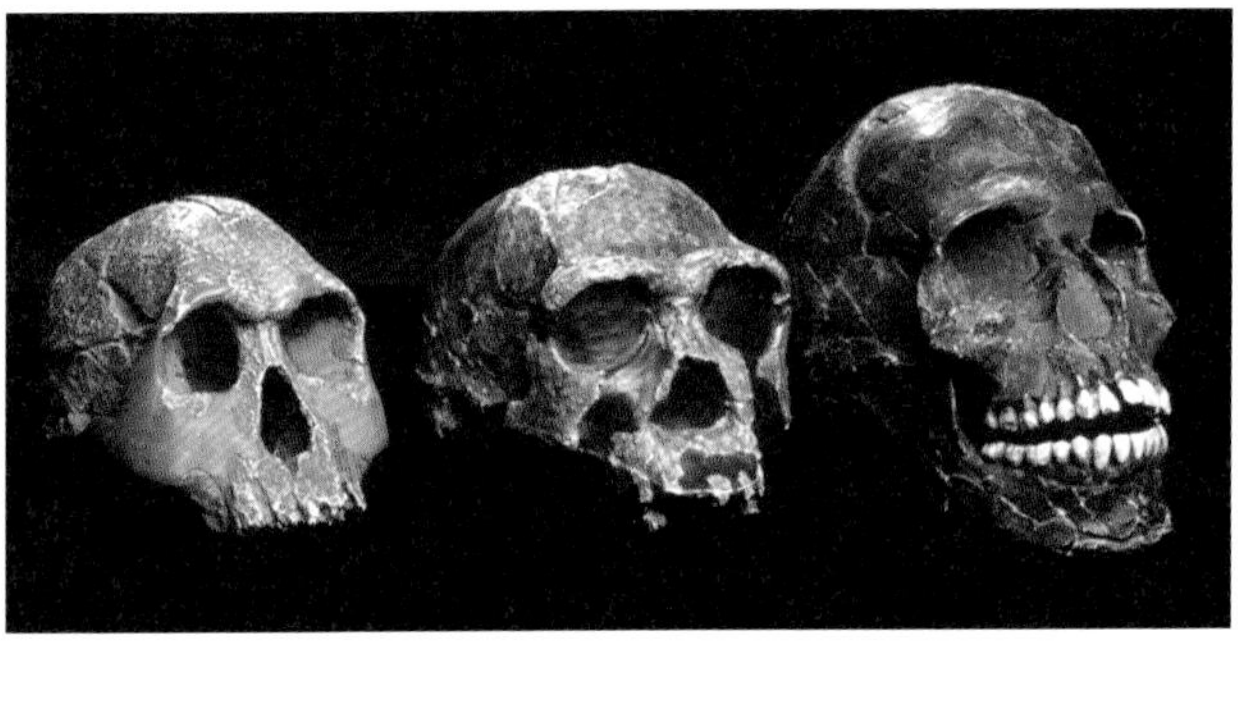

（左から右へ）ホモ・ハビリス、ホモ・エレクトゥス、ホモ・サピエンス

時を旅する

約20万年前、現世人類は東アフリカの大地溝帯——地図上のスタート地点——を離れ、アフリカのさまざまな地域に移動していった。

その後、6万年ほど前に人類はアフリカ大陸から世界への旅に出発し、およそ1万年前に南アメリカの南端に到着した。

ポール・サロペックは、アフリカから南米最南端をめざし、徒歩で旅を続けている。人類の開拓の歴史をたどっているのだ。

凡例の数字は、現在から何万年前かを示している。時代の区分は、その土地で発見された化石の年代をもとに行い、境目は曲線で表した。人の移動の正確な時期については多数の説がある。この地図のルートは実際のルートとは異なる。

また、人類が旅した約3万4000キロメートルという行程がいかに長いかをしっかり伝えるために、フラー図法を用いて、地球をほぼ一回りするこのルートを「まっすぐ」にした。

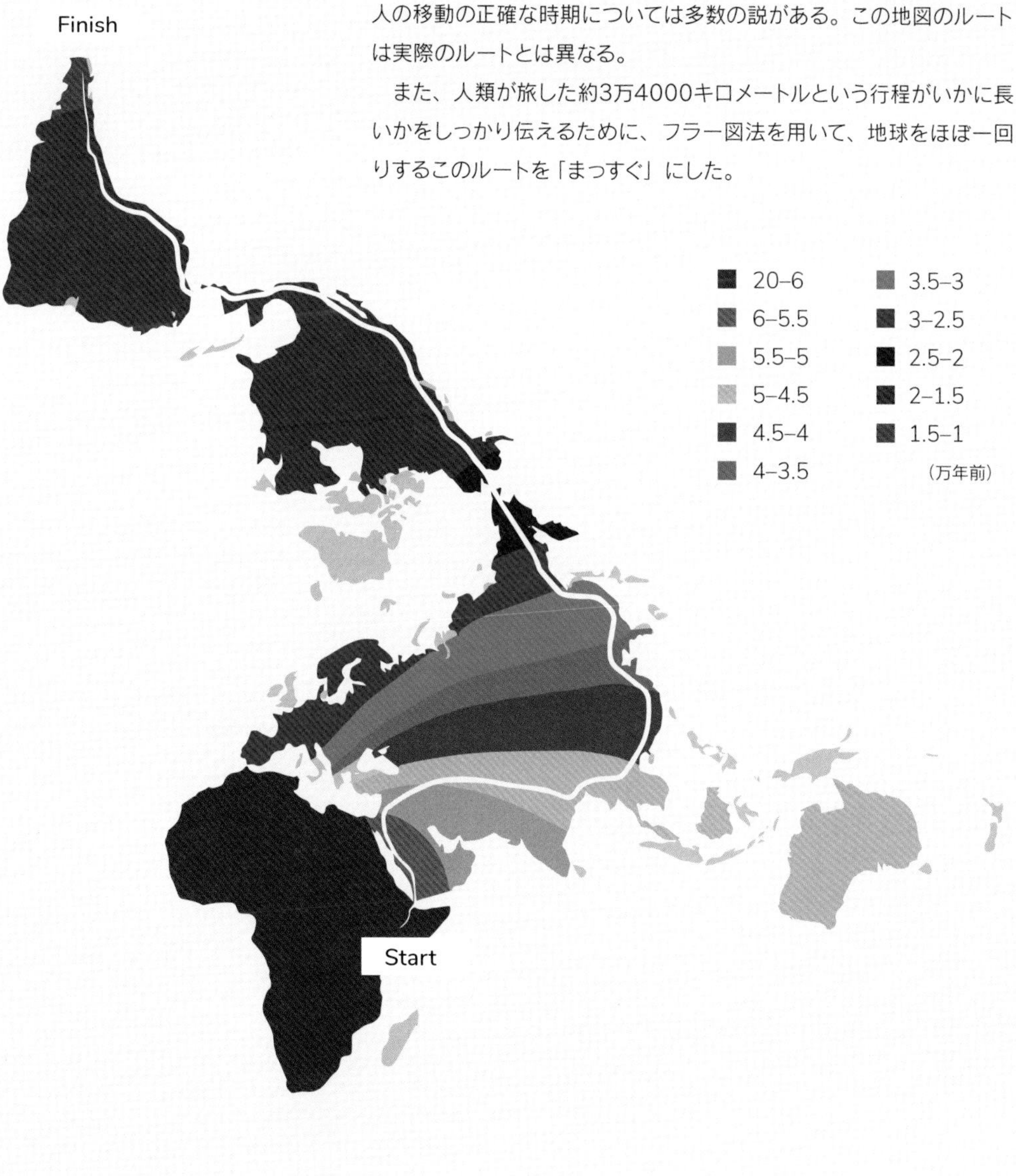

発想の逆転

人は定住などせず、小さな集団に分かれて移動し、「その土地の産物を得て生きていく」すべを身につけたほうが幸せだったのではないだろうか？ ――そのように考えるすぐれた学者が少なくとも2人いる。ユヴァル・ノア・ハラリは『サピエンス全史・上』（柴田裕之訳、2016、河出書房新社）で、「狩猟採集民は、地域ごと、季節ごとに大きく異なる暮らしをしていたが、後世の農民や牧夫、肉体労働者、事務員よりも、全体として快適で実りの多い生活様式を享受していたようだ」(1) と述べている。極めて過酷な環境で暮らす狩猟採集民でも、週に35～45時間働けば食べていける。これに対し、定住した人々は先進国で週40～45時間、途上国ではその倍近く働いている。こうした真の豊かさについてさらに詳しく論じたのがジェームズ・スズマンだ (2)。彼は、アフリカ南部のカラハリ盆地に住むコイサンとともに暮らし、25年近く研究を続けてきた。だが、それもついに終わりを迎えようとしている（これまで住んできた土地が荒らされ、温暖化の影響も深刻化しているからだ）。それでも、彼が指摘するように、長命という点から見て最も成功をおさめたのは彼らの文明である。「原始の豊かさ」を20万年以上も享受してきたのだから（その間に、アケメネス朝ペルシア、中国、ローマ、モンゴル、トルコの帝国は崩壊し、大英帝国も日没を迎えた）。

私たちはよく、文明とは遊動民に対する定住民の勝利だと考える。だが、定住は多数の問題を引き起こした。狭い場所で人がひしめき合いながら暮らすために病気が広がる。都市プランナーは、食料、飲料水の供給、住宅、教育の提供、交通、安全、下水処理に頭を悩ませる。都市の住民の食料を確保するために、地方では大規模な商業的農業が行われ、農薬が使われ、森林が伐採される。汚染、気候変動、資源の乱用で地球が脅かされている今、私たちは環境への意識が高い遊動民から何か学ぶべきことがあるのではないだろうか？

人類は南アメリカの南端、ホーン岬へ直行したわけではない。本来の道からそれたり、あるいは、結局一回りして元の場所に戻ったりを何度も繰り返していた。その途上で他の種に出会うこともあった。遺伝学的研究が進んだため、人類の移動の跡をたどるのに化石ばかりに頼る必要はもうない。２０１７年には思いがけない研究結果が発表された。現代のヨーロッパ人のDNAの１・８～２・６％がネアンデルタール人由来というのだ。そして、異種交配は主にヨーロッパの南西部で起きていた。この発見は「すぐれた知性をもつホモ・サピエンスは強いホモ・ネアンデルターレンシスを避けた、あるいは打ち負かした」というそれまでの説を否定した。

ホモ・サピエンスは４万４０００年前にイギリスに到着したが、その後３万年以上の間、肌の色が濃かったというのも驚きである。２０１８年、イギリスのサマセット州、チェダー渓谷にあるゴフ洞窟で１９０３年に見つかった人骨のDNAを分析し、復元したところ、褐色の肌の「チェダーマン」が現れた。

では、なぜ北ヨーロッパ人の肌の色は変わったのだろう。おそらくは、5000年前にロシアやウクライナの草原地帯の人々と交わったからであり、自然進化も関係しているだろう。健康な体を保つには、ビタミンDが欠かせない。肌が白いと、日差しが強くないところで紫外線を吸収してビタミンDを合成するのに都合がよいのだ。

＊1 猿人、原人、旧人、新人は、各々別系統という説が強い。

＊2 近年では、エチオピアやタンザニアなどでの発掘と研究の進展によって東アフリカが「人類のゆりかご」という説が有力になっている。

DNAからみた人類の初期の移動

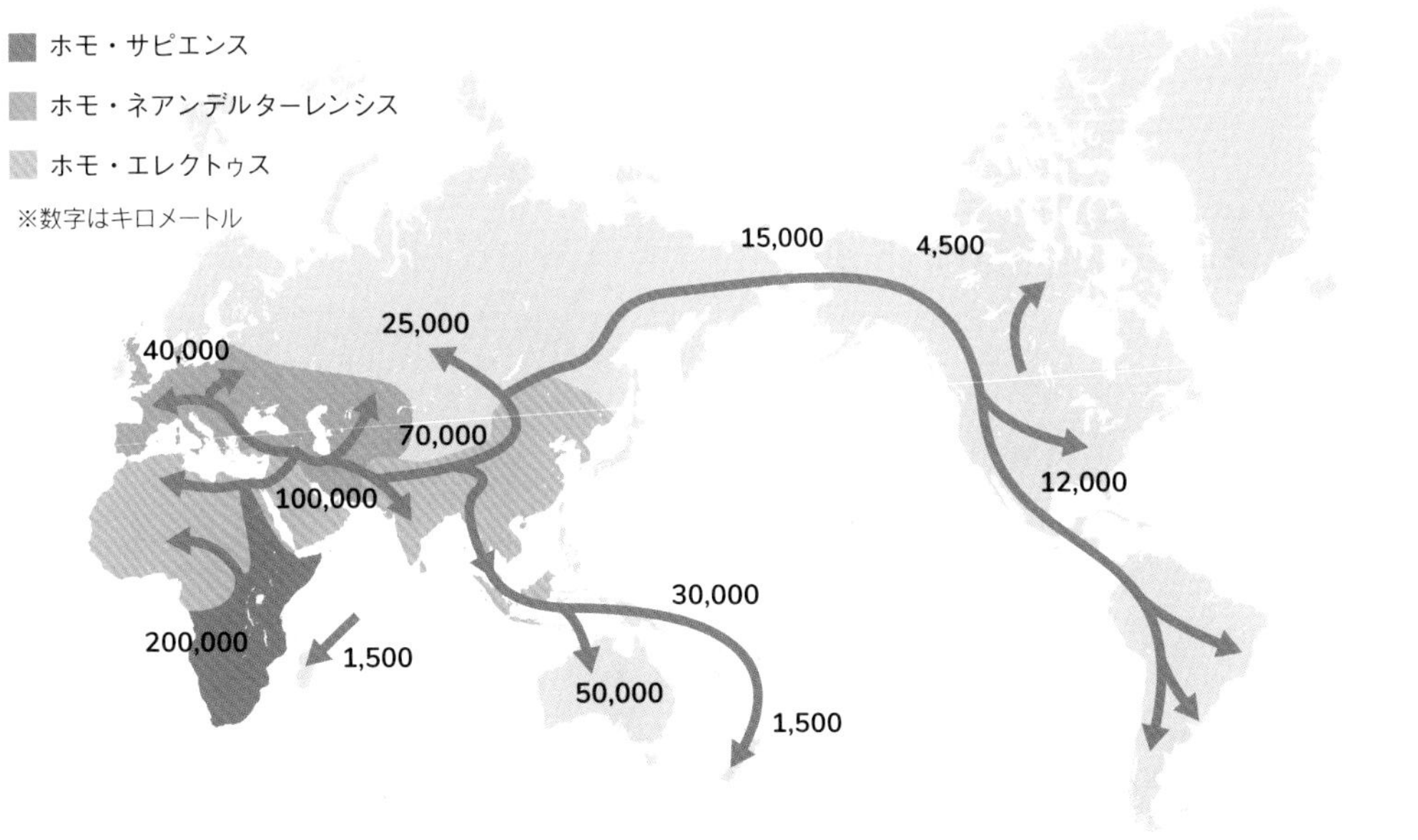

DNAは主に医学で利用されるが、人類の初期の移動を解明するのにも役立つ。ジョージ・バズビーが説明するように、すでに絶滅した人類やその他の動物のDNAは骨や化石から採取できる。DNAを分析して年代や系統が明らかになると、人類が世界のさまざま場所にいつ到達し、ネアンデルタール人をはじめとする初期のホモ族にいつ出会ったかを示すことが可能になる(3)。

第2章　探検家——アラブ人、中国人、ヨーロッパ人

長い間、15～17世紀の「大航海時代」のことをヨーロッパの子どもたちは歴史の授業で「発見の時代」であると教えられていた。この時代に、主にイベリア半島の探検家や船乗りによってはるかかなたの国々のようすが徐々に明らかにされていったからである。また、世界周航を果たした彼らは、地球が球体であることを実証した。

この時代は世界史のなかで大きな意味をもっている。大規模、小規模問わず、大陸間の人の移動を促した重商主義や植民地主義、布教といったヨーロッパの重要な発展の基盤を築いたからだ。だが一方で、ヨーロッパ人の「発見」という言い方は大きな誤解を招くものだった。非ヨーロッパ人からすれば、失くしものでも見つけるかのように「発見」してもらう必要はなかったからだ。その地に住む人々からすれば、ヨーロッパ人が「発見」したのは彼らが古くから知る土地である。また、大海に乗りだしたのはポルトガルやスペインの船乗りだけではない。フェニキア人は地中海で活躍し、ヴァイキングは1000年ごろに今日のカナダに到達、ムスリム商人は古代からダウ船に乗ってアラビア半島や東アフリカの沿岸を航行していた。イスラーム世界と中国の探検家、船乗りも、ヨーロッパ人が遠洋航海に出るはるか以前から外洋に進出していたという記録がある。

イブン・バットゥータ
エジプトにて

イブン・バットゥータの旅

→1325–27(年)　→1330–32　→1332–46　→1349–53　注：点線はバットゥータがたどった可能性があるルート

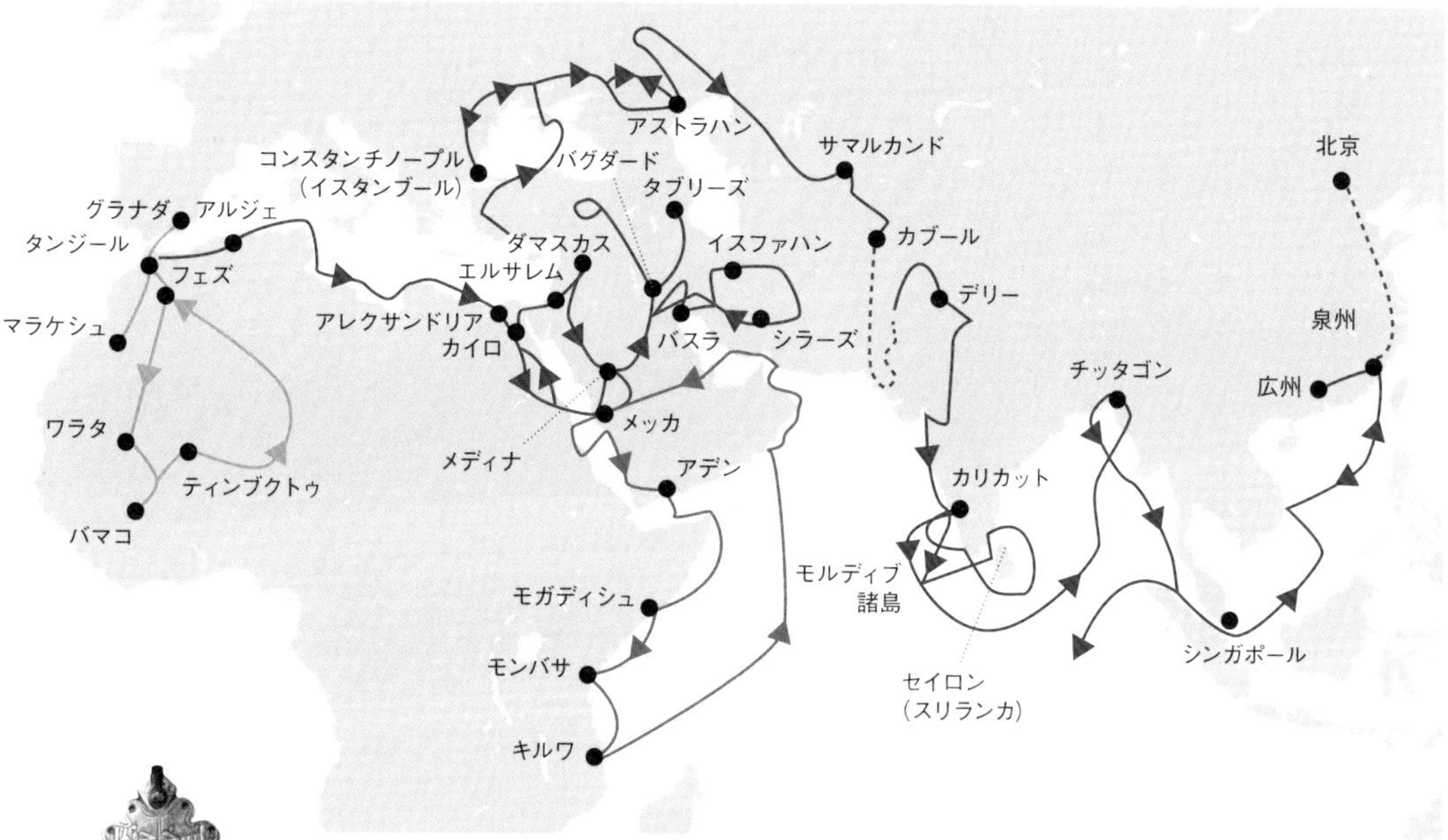

イスラーム世界でつくられた
航海用アストロラーベ

イスラーム世界の探検家

　イスラーム世界、とくにアラブの探検家は、高度な道具を発明し、潮流や季節風、海流についての知識を備えていた。ペルシアやインド沖の海、地中海も知っていて、それらがつながっていることを理解していた(1)。この世界の探検家で最も有名な人物といえば、間違いなくイブン・バットゥータ(1304〜68、69、もしくは77)である。モロッコの生まれで、イスラーム世界のほぼ全域とその周辺を旅したバットゥータは、12万キロに及ぶ旅行を『旅行記』にまとめた。ただ、その記録にはいくらか脚色が加えられているかもしれない。

　イスラーム世界が発見と探検の「黄金時代」を迎えたのは9〜14世紀で、ヨーロッパの「発見の時代」より早い。イスラーム研究で有名なあるオランダの学者が言うように、「ヨーロッパは彼ら(ムスリム)を、地理学、発見、世界貿易の領域における先駆者とみなすべきである」(2)。

中国の探検家

アラブ人のあとに続いたのが中国人の探検家だった。そのなかでとりわけ有名なのが、明代の初めに大航海を指揮した鄭和（1371〜1433もしくは35）である。おもしろいことに、彼はムスリムとして生まれ、父と祖父はメッカ巡礼を果たしていた。これが鄭和の旅への思いをかき立てたのかもしれない。彼が率いた船団のなかで最も大きな船は、長さが127メートルほどあった。アラブやヨーロッパの船に比べると途方もない大きさで、船体は4層に分かれ、マストは9本、乗員は数百人にのぼった。船団の規模の大きさから、航海の主な目的は国力を示し、貿易を拡大することにあったものと考えられる。鄭和は1405〜33年までの間に7回航海をし、東南アジアや南アジア、西アジア、紅海、東アフリカを訪れた(3)。4回目の航海ではアフリカからキリンを贈られ、「貢ぎ物」として中国まで持ち帰っている。

鄭和航海図に示されるように、中国の地図作製法はヨーロッパと大きく異なっていた。次のページの地図では彼のたどった航路がより一般的な形で示されている。

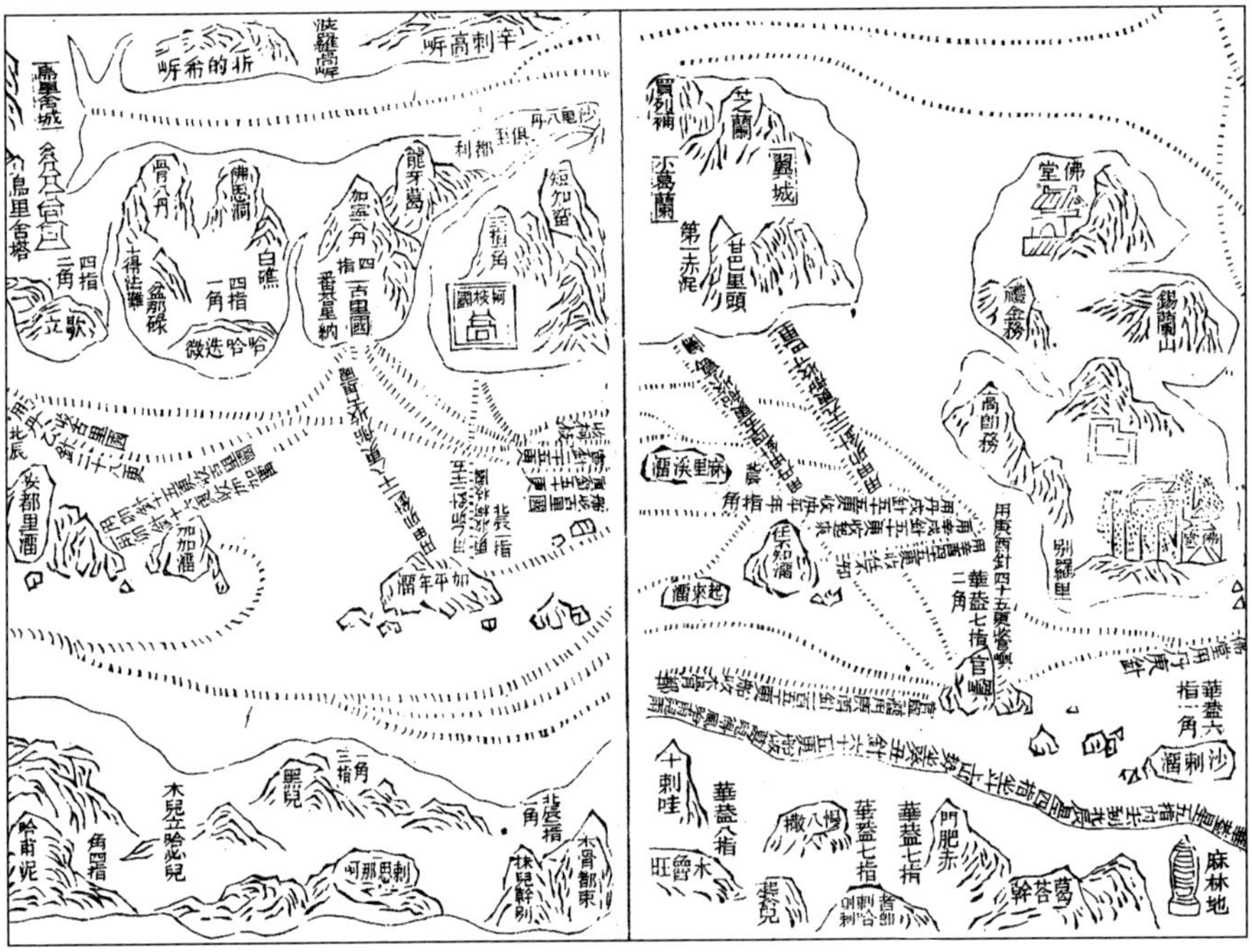

鄭和航海図　鄭和の航海のはるか後、明の時代に兵法書『武備志』（1621）に航海図として収録された。もとは巻き物状の海図で、鄭和の大航海で用いられたと考えられている。

鄭和の大航海　1405～1433年

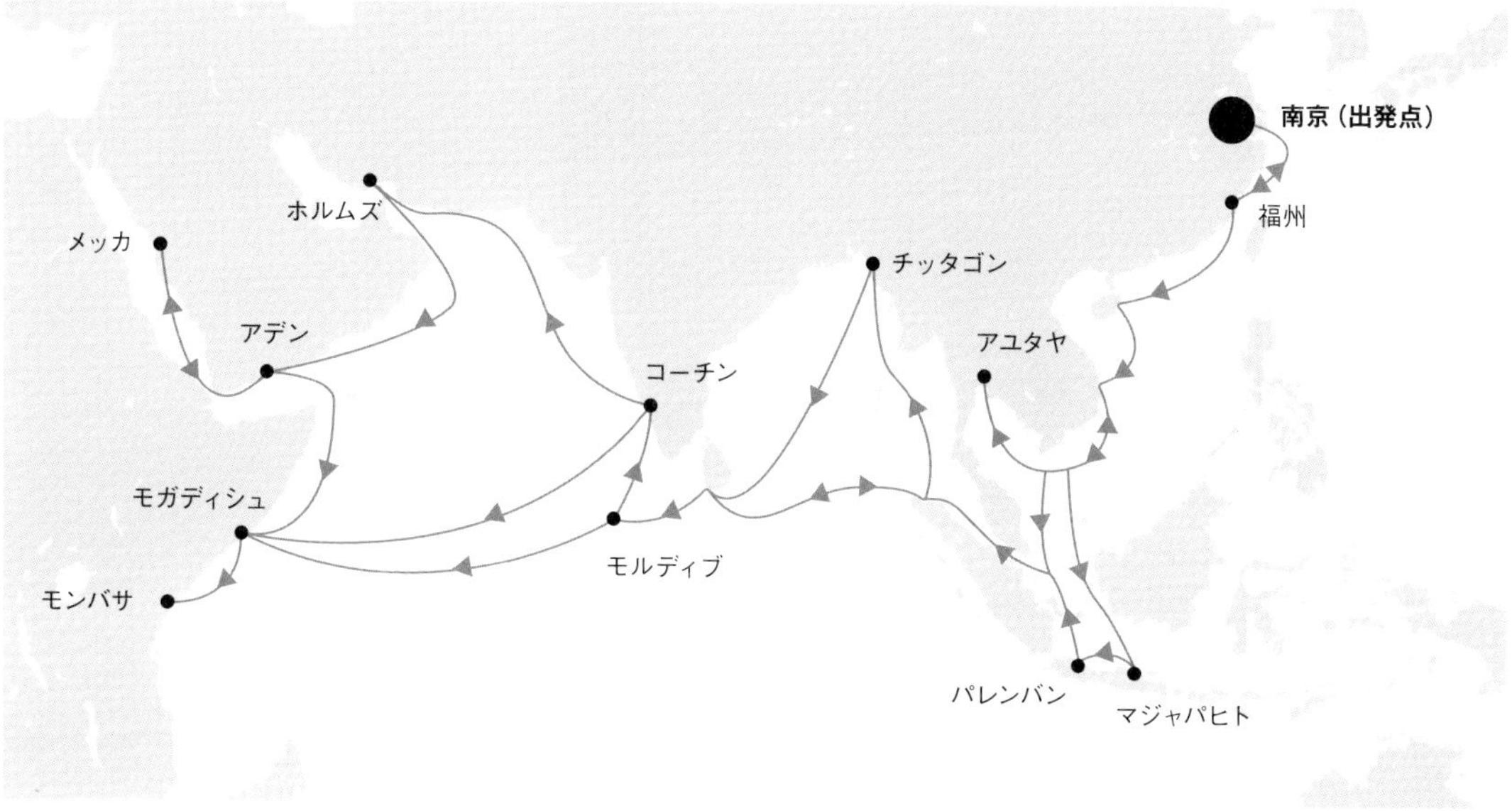

ヨーロッパの探検家

従来の西洋史では鄭和の探検よりもイベリア半島の有名な船乗りの航海のほうが、よく知られている。だが、その航海の実態は私たちが考える以上に複雑だ。

１４９２年、スペインのイザベル女王の力を借りて、航海に出たクリストファー・コロンブスは、クリストファ・コンボ（リグリア語、ジェノヴァの言語）、クリストフォロ・コロンボ（イタリア語）、クリストバル・コロン（スペイン語）と同一人物である。コロンブスは「アメリカに上陸」したと言われるが、この「アメリカ」が「アメリカ合衆国」を意味するのであれば、彼は上陸していない。最初の航海でコロンブスが到達したのはバハマ諸島だった。2度目にはイスパニョーラ島（現在のハイチとドミニカ共和国）でタイノ族を１５００人捕え、セビリアの奴隷市場に送った。彼の指揮のもと、スペイン人はタイノ族を攻撃。ヨーロッパから病気（とくに天然痘）がもち込まれたことや強制労働をさせられたこともあって、タイノ族は30年のうちにほぼ絶滅した。

こうした人口の減少を埋め合わせるために連れてこられたのが、アフリカからの奴隷だ。そのため、間接的ながら、コロンブスにも大西洋奴隷貿易が始まったことへの責任があると言えるだろう。コロンブス・デーは南北アメリカで広く祝われているが、アメリカの多数の市や

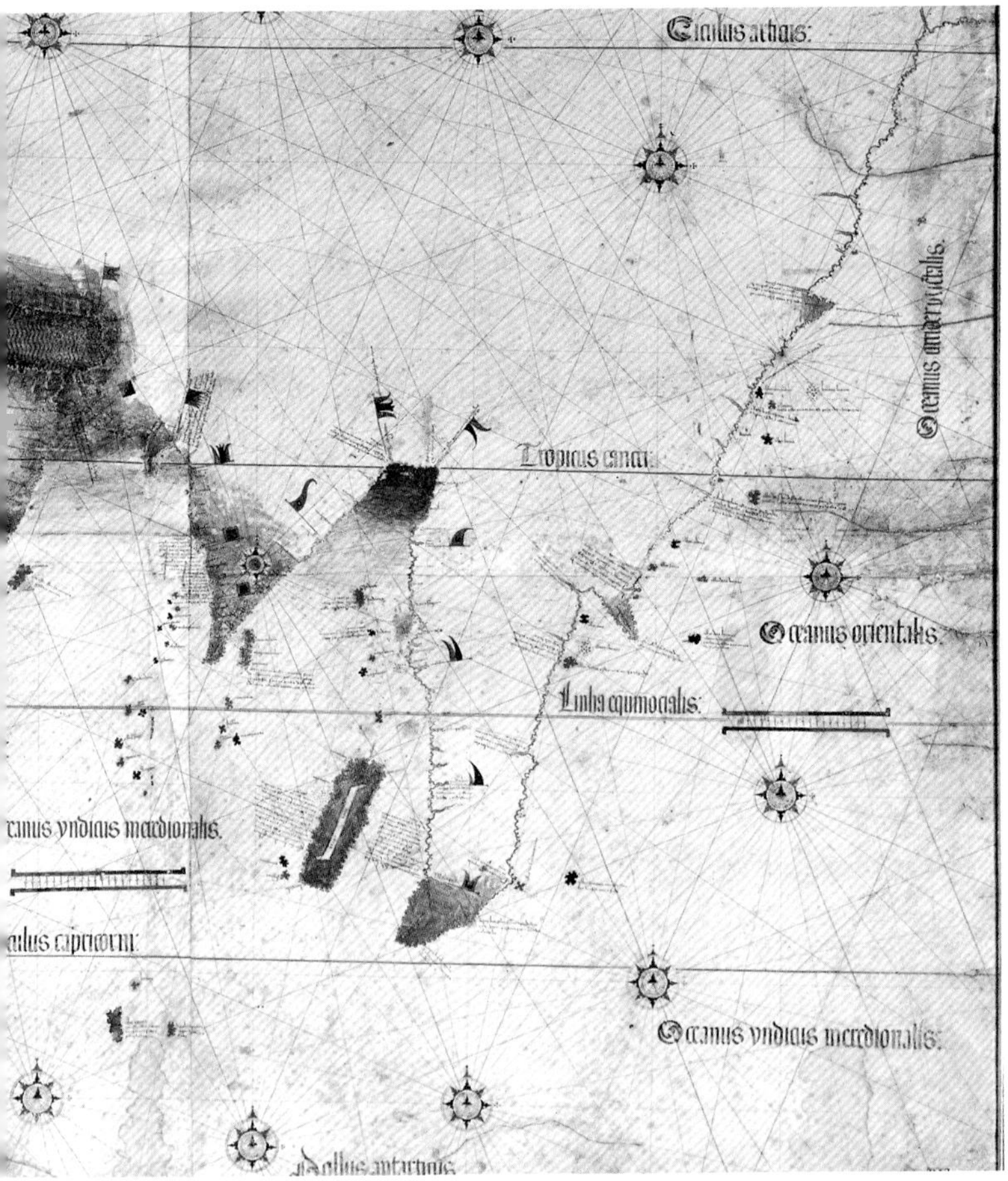

1502年に作成されたカンティーノ図は、クリストファー・コロンブス、ガスパル・コルテ＝レアル、ヴァスコ・ダ・ガマ、ペドロ・アルヴァレス・カブラルがそれぞれ到達した、南米・中米、ニューファンドランド島、インド、ブラジルを示した現存する最古の地図である。

南アメリカの国々でこれを「先住民の日」などに変える動きがみられるのも理解できる。

ヨーロッパの探検家として、アメリゴ・ヴェスプッチ（1454〜1515）も大きな役割を果たした。アメリカという地名は彼の名前に由来する。コロンブスは自分がアジアの東端を発見したと信じていたが、ヴェスプッチはそれが新大陸で、アジアに行くにはもう1つ大海（太平洋）を横断しなければならないことを示した。「レッド・インディアン」「インディオ」「西インド諸島」などの不適切な名称は、コロンブスの思い込みから生まれたものだ。

もう1つの重要なできごとは、ヴァスコ・ダ・ガマ（1469ごろ〜99）のインド航路発見（1497〜99）である。喜望峰経由のこのルートなら、武装した危険な仲介者が関税を取り立てる地中海や中東を通らなくて済んだ。ガマはケニア南東部のマリンディからインド南西岸

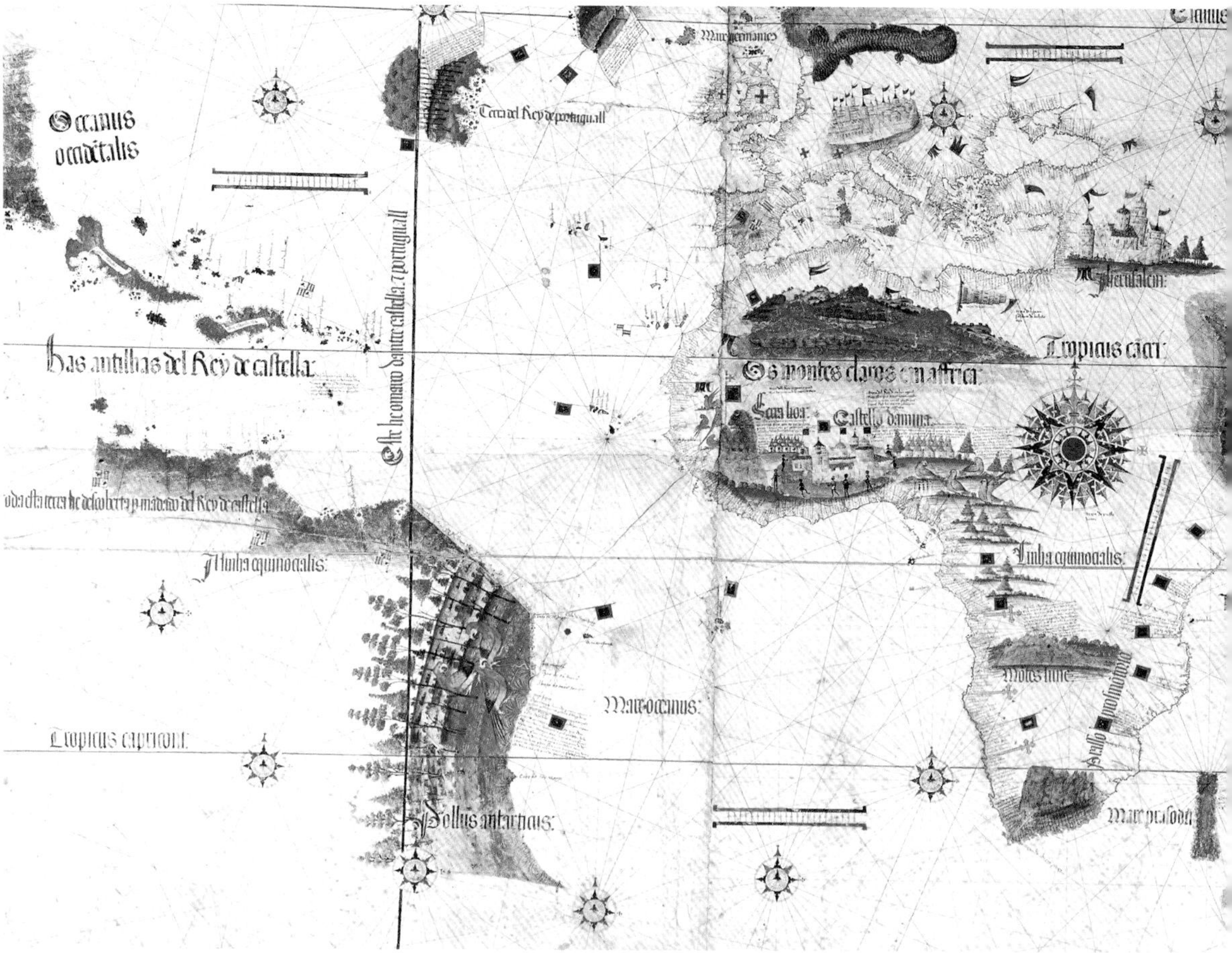

のカリカットまでの最後の航程を、地元の水先案内人の助けを借りて進んだ。東アフリカとインドを結ぶ交易路は古くから開拓されていたため、案内人はルートを熟知していた（4）。

誰が最初に、どこに到達したのかは、よくできた神話や半端な真実によってあいまいである。しかし、国や宗教の枠組みを越えて、世界規模での動きとして歴史が語られるようになると、それもきっと正されていくだろう。世界のさまざまな地域は海や陸を越え、民主的な手続きで時間をかけて結ばれてきた。有名な探検家ばかりに目を向けていても、本当のようすはわからないが、彼らの探検や航海を契機に、貿易、帝国、植民地、布教、そして大規模な人の移動に必要な通信網の基盤が築かれていったのは間違いない。

第3章　古くからある宗教と人の移動

現在は、互いに寛容であることや、諸宗教間の対話や協力をめざすエキュメニズムが一般的だが、古くからある宗教の多くでは、真の教え、真の信仰は1つしかないと固く信じられていた。そして、その信仰は伝道者によって広められ、巡礼や公会議によって新たにされ、異端者を排除することによって守られなければならなかった。宗教のこの3つの側面はどれも人の移動に大きな影響を及ぼした。

伝道者

タルソスのサウロ（ユダヤ名）（?～60以後）は最初の偉大な伝道者だった。彼は、ダマスカスに赴く途中で回心してキリスト教徒となり、パウロと呼ばれるようになった。おそらく誰よりも熱心な信者で、キリスト教が世界宗教として発展するのに貢献した。彼は、アンティオキア（現在のトルコ）やギリシア、ローマに旅をする途上で、手紙を書き、福音を説き、教義の体系化を進めた。これらの手紙は新約聖書におさめられている。その後、神の言葉を広めるための伝道は世界中で行われるようになった。英国聖公会宣教協会は植民地主義とともに拡大し、現在は40カ国で活動している。南アメリカでは、スペイン人入植者が片手に銃、片手に聖書をもって布教した。今日、キリスト教の布教で中心的な役割を果たしているのはアメリカだ。推定では、世界にいる宣教師40万人（2010）のうち、12万7000人がアメリカから派遣されている(1)。

聖パウロ、最初の偉大な伝道者（12世紀）

古くからある他の宗教も人の移動と無関係ではない。イスラーム教はムハンマドのヒジュラ（メッカからメディナへの移住）によって発展の基礎が築かれた。ゴータマ・ブッダ（釈迦牟尼仏）は6年間放浪したものの、悟りを開くにはさらに移動しなければならなかった。「伝道」という言葉はあまりに西洋的で、仏教に使うには適していないという声が聞かれるが、ブッダが45年間「人々の目のくもりをとり除く」ために教えを説いたのも、上座部仏教の僧が人々を「新しい考え方」に転向させようと熱心に活動するのも、実質的には伝道だ(2)。仏教はインドやスリランカ、ミャンマー、タイ、ラオス、カンボジア、ベトナム、インドネシア、中国（人口の18・2%にあたる2億4400万人が仏教徒）へと広まっている。ここからも、伝道活動が広く行われていたことがわかる。

巡礼と公会議

ムスリムのメッカ巡礼についてはのちほど述べることにし、ここでは、歴史家のダーク・ヘルダーがカトリック巡礼の「黄金時代」と呼んだ11～14世紀の状況を見てみよう(3)。巡礼者は中東とヨーロッパを縦横に進み、荷車、馬、人のための道や、宝石、イコン、香水など、小さな品を売買するための交易路を開いていった。巡礼地のなかでとくに多くの人々がめざしたのが、エルサレム、ローマ、サンティアゴ・デ・コンポステーラ（スペイン）である。巡礼者は聖遺物（明らかに偽物といえるものもあった）をおさめた聖堂を訪れた。新たな聖堂も建設された。聖骸布、聖顔布、いばらの冠、キリストの磔刑に使われた十字架の一部や釘、そして、さまざまな聖人のベールや遺骨などの聖遺物が

ゴータマ・ブッダを描いた仏画

多数の巡礼者を引き寄せた。「ローマ詣で（Rome-faring）」が人気を呼び、それを短縮した「roaming」という語が（古英語とゲルマン基語から）英語に入ってきた。１２１１年に奉献されたサンティアゴ・デ・コンポステーラの大聖堂は、聖ヤコブが埋葬されたとされる場所に建っている。この言い伝えを信じている巡礼者のみならず、毎年多くの人々がこの地にやってくる。２０１７年には30万人が徒歩か自転車で「巡礼路」をたどった。人々の動機はさまざまで、宗教的理由の他にも、何らかの精神的体験を求めて訪れる。

巡礼の他に、教会の指導者が集まる大規模な会議のためにも人は移動する。１２１５年のラテラン公会議には、４００人の司教、８００人の修道院長が出席し、どの出席者も10人ほどの従者や聖職者を連れていた。

19世紀の画家が描いた、サウジアラビアのメディナにある、預言者のモスク

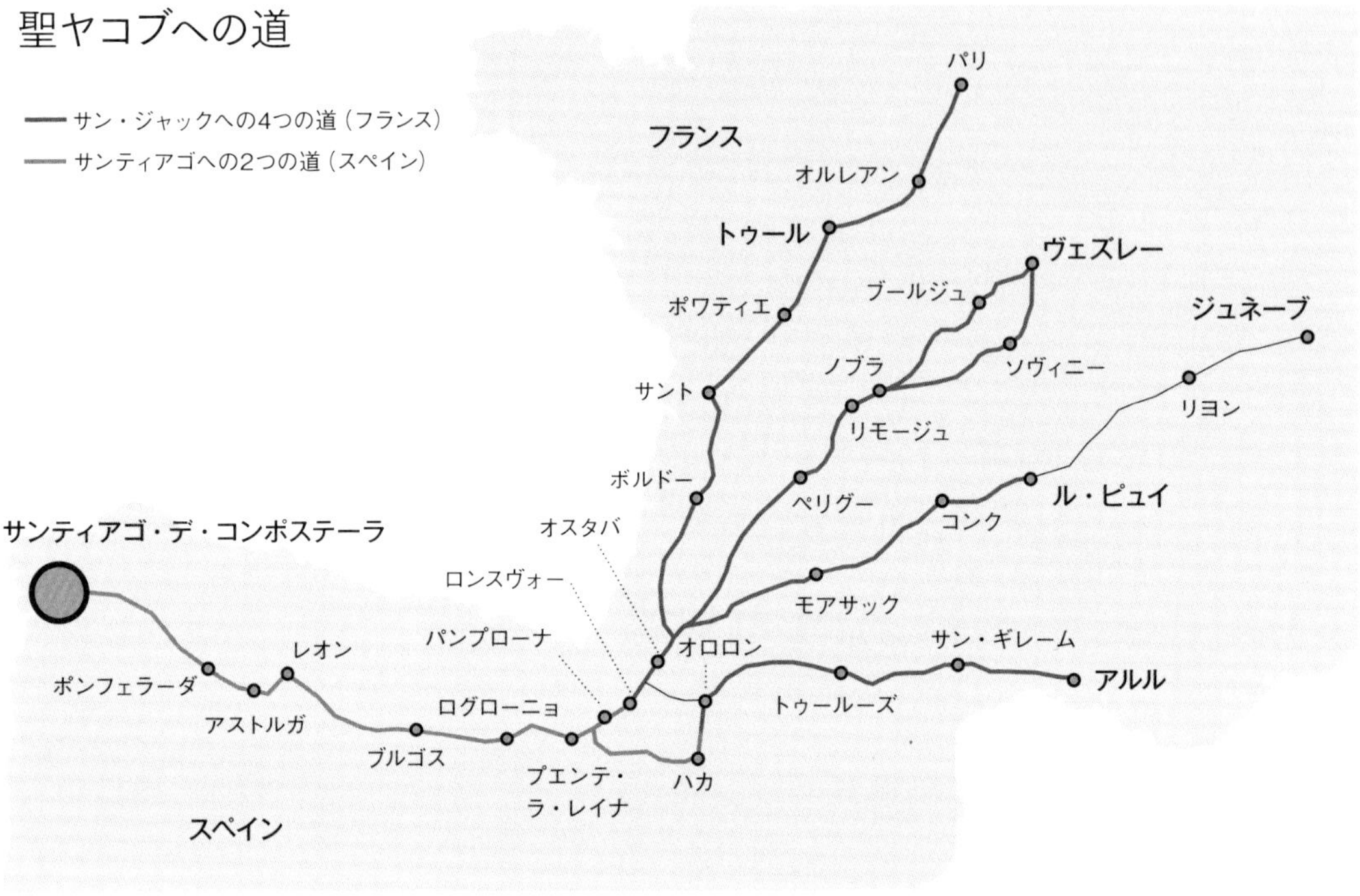

排除

1つの宗教だけを真理とする考え方は大規模な排除につながった——中世と近代初期のヨーロッパでは、ユダヤ人とムスリムが排除の対象とされることが多かった。ユダヤ人は1290年にイギリスから追放され、その後もヨーロッパの多数の国で同じ経験をした。だが、長期にわたって最大規模の排除を行ったのはスペイン（1492）である。5年後にはポルトガルがそれに続いている。

スペインでのユダヤ人追放は、1492年のアルハンブラ勅令に基づいたものだった。勅令の主な目的は、秘かにユダヤ教を信奉していると考えられるコンベルソ（ユダヤ教からカトリックへの改宗者）の取り締まりにあった。異端審問所の大審問官、トマス・デ・トルケマダ（1420〜98）は、改宗しない者を全員処刑した。ムスリムやユダヤ教徒が、トルケマダのような人物の怒りを買うくらいなら改宗したほうがまし、と考えたのは当然だったかもしれない。それでも、コンベルソの一部はユダヤ教の隠れ信者で、真の改宗者ではないと疑われたことから、約20万人のユダヤ人がスペインを去った。こうして、独自のラディノ語を話したセファルディ（ヘブライ語で「スペインの」の意）のユダヤ人は世界各地へ散らばっていった。

　グラナダが陥落したのも1492年のことである。アル・アンダルス（ムスリムによる「イベリア半島」の呼称）に残っていたムスリム勢力の最後の砦、グラナダ王国が、カトリックであるアラゴン王国のフェルナンド2世とカスティリャ王国のイザベル1世の手に落ちたのだ。モリスコ（カトリックに改宗した元ムスリム）はむずかしい立場におかれながらも、その後1世紀ほど、スペインにとどまることができた。しかし、1609年、フェリペ3世がモリスコの追放令を発令。コンベルソ同様、彼らも多くが信仰を捨てていないと見なされたのだ。

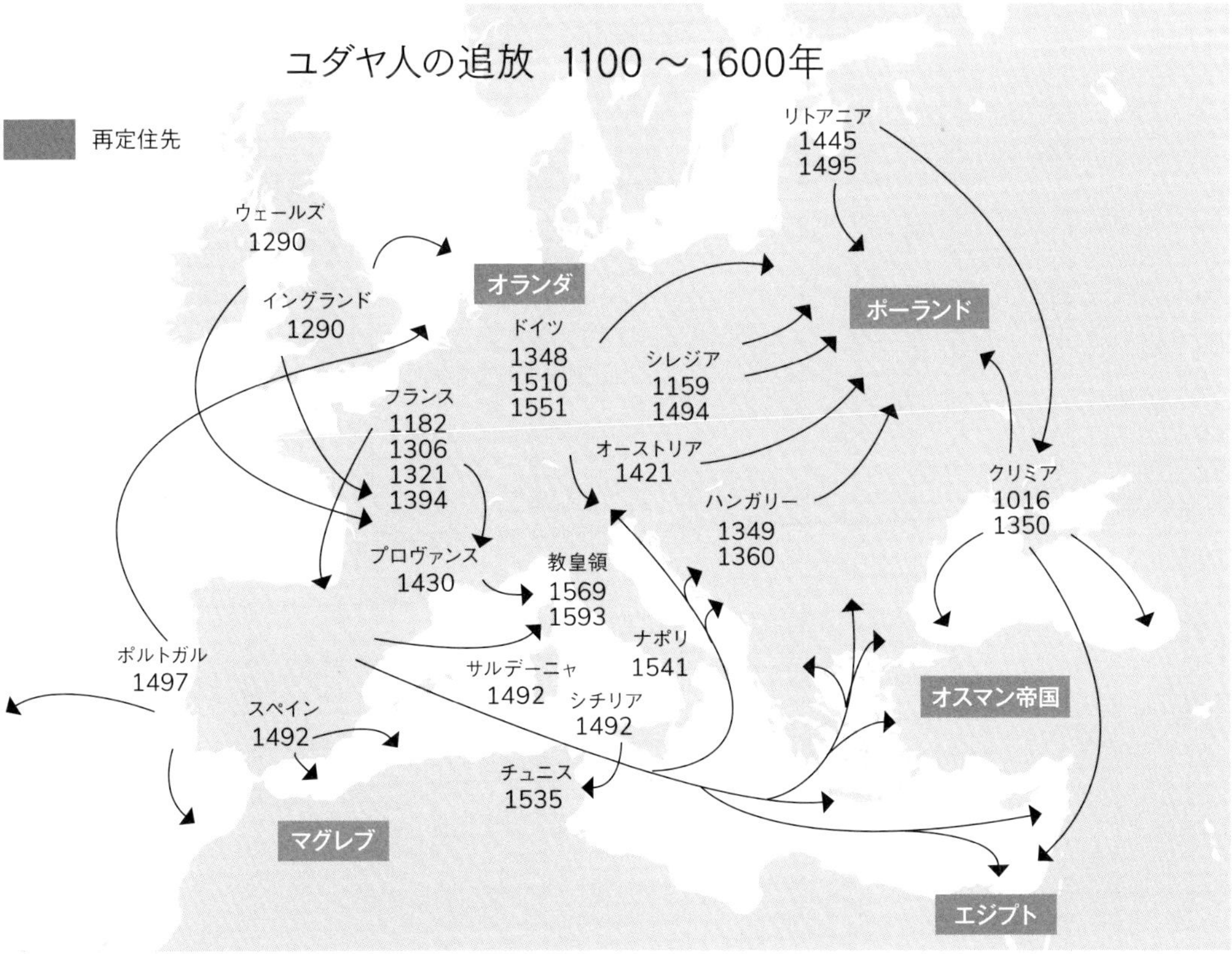

第4章　遊動民[*1]　指導者のいない社会から帝国へ

人類は長い間、狩猟採集生活を営んでいた。彼らはバンドという小さな社会集団をつくり、季節に応じて移動し、水を求め、生存に不可欠な動物を追う暮らしをしていた。その後、多くの人は、穀物を育て家畜を飼う定住生活を選んだが、遊動的な生活様式もなくなってはいない。

現代の遊動民は、半砂漠地帯や熱帯雨林地帯、離島、北極地帯など、限られた場所で暮らしている。そうした狩猟採集社会には、ほとんどの場合、指導者がいない。つまり、リーダーシップが発揮されるような体制が整っておらず、国家からはほど遠い。しかし、遊動民は常に小集団であると考えるのは間違いだ。バンドやクラン〔氏族〕と呼ばれる集団がカリスマ的な指導者のもとで団結し、広大な土地を支配したり、大帝国を築いたりする例もみることができる。本章では「プレーンズ・インディアン」として知られる小集団と、モンゴル帝国について考えることにしよう（次章では、ロマと呼ばれる遊動民と、トラベラーについて述べる）。

サバイバー

大まかな定義に従うと、世界には3000～4000万人もの遊動民がいる(1)。だが、狩猟採集民の小さな共同体は存続の危機にさらされている。なぜなら、彼らの住む土地に観光業、林業、鉱業、プランテーションなどが入り込んできているからだ。アマゾン川流域をはじめとする地域では、アブラヤシ（化粧品、燃料、食品の原料となるパーム油がとれる）のプランテーションを建設するために熱帯林の伐採が進み、多数の先住民族の生活が脅かされている。プランテーションは過去10年の間に急速に拡大し、総面積は2700万ヘクタールに達している。ニュージーランドと同じ広さだ。

採掘業の進出も進んでいて、北極圏でも石油開発が始まり、先住民がこれまで通りの暮らしができるのか懸念されている。アマゾン川流域、オーストラリア北部及び中央部、カラハリ砂漠、中央アフリカの森林地帯、インド、ラテンアメリカ南部、カナダ、アラスカ、グリーンランドには、生活を脅かされながらも、なんとか生活している遊動民がいる。まさかと思われるかもしれないが、「未接触部族」もまだいるだろう。未接触部族はときおり話

アラスカ先住民とエクソン・バルディーズ号原油流出事故

石油業界による環境汚染で最も深刻なものの1つに数えられるのが、1989年に原油タンカー、エクソン・バルディーズ号が引き起こした事故である。アラスカ沖で座礁し、25万7000～75万バレルの原油を流出させたのだ。その影響を即座にうけたのが、この地域で暮らすアラスカ先住民（部族の数は227にのぼる）だった。タティットレックという村に住む先住民の1人は窮状をこう説明した。「タティットレックには店がない。腹が減ったら外に出て、アザラシかシカを狩るか、サケを捕まえるか、貝をとる……汚染されていない食料を探している間に飢え死にするかもしれないと村の者たちは心配している」。タティットレックの別の住民はこう言った。「村の損失を考えると、悲しいと言うだけではとても言い足りない」(3)。アラスカのポート・グラハムの村長、ウォルター・メガナックの言葉も人々の心に強く訴えかけた。「水が死んだ日」と題したスピーチで彼はこう述べている。「先住民のストーリーは白人のストーリーとは異なっている。それは生き方が違うからだ。価値観が違い、水や土地、植物や動物をどうとらえるかも違う。白人がスポーツや娯楽として、あるいはお金のためにやっていることを、私たちは生きるために、肉体を維持し、精神性を保ち、古くからの文化を守るためにやっている。魚を捕るのも狩猟も採集も私たちの伝統であり、日々、それを繰り返して生きている。休暇を楽しんでいるわけでも、雇われてやっているわけでもないのだ」(4)。

題になることがある。たとえば２０１８年11月には、アンダマン諸島のセンチネル族が、「サタンの最後の砦」に「キリストの教えを伝え」ようとした宣教師を弓矢で殺害したと報じられた（2）。

グレートプレーンズの人々

ヨーロッパ人がやって来るはるか以前から、カナダのプレーリーやアメリカのグレートプレーンズではさまざまな部族が遊動生活をしていた。カナダにいたのはブラックフット族やソートー族。アメリカには、ハリウッド映画でおなじみのアパッチ族やシャイアン族、コマンチェ族、クリー族、クロウ族がいた。こうした人々の総称として、カナダでは「ファースト・ネーション」、アメリカでは「ネイティブ・アメリカン」という言葉が使われるようになっている。グレートプレーンズに住む先住民は、とくに18世紀から19世紀前半にかけて、独自の文化、社会、経済を発展させた。かつての「プレーンズ・インディアン」という呼称はあまり聞かれなくなったが、これは、グレートプレーンズにそうした人々がいたことを示している。

プレーンズ・インディアンのなかには半定住生活をする部族もいたが、大半は平原にいるバイソンの群れを追う暮らしをしていた。彼らは馬に乗り、バ

19世紀半ばにプレーンズ・インディアンが住んでいた地域
（オレンジ色の部分）

イソンを1カ所に追い込んで仕留めた。18世紀末には6000万頭ほどのバイソンがいたものと思われる。バイソンは手ごわい動物だったが、白人の入植者はそれを銃で倒した。

1850～95年には白人による乱獲で平原は戸外のと畜場と化し、バイソンの数は1000頭まで減った。プレーンズ・インディアンにとってこれほどひどい話はなかった。彼らは自分たちの土地に侵入してきた入植者に何度か勇敢に立ち向かったが、やがて遊動民として生きてきた彼らの文化は崩壊し、子孫は現在、小さな保留地で暮らしている。

画家のジョージ・カトリン（1796～1872）は、自分たちの生き方を守るため苦難に勇敢に立ち向かうプレーンズ・インディアンの姿を記録した。

モンゴル帝国

１２０６年にチンギス・ハン（１１６２ごろ～１２２７）が建国したモンゴル帝国は、１２５９年には「人類史上最大の帝国」となり、東南アジアから東ヨーロッパに至る領域を支配していた。人口は1億人を超えていたものと推定される（５）（当時の世界人口は約３億６０００万人だった）。モンゴル帝国は３つの要素――機動的な軍隊、牧畜、貿易――を備えていた。征服と帝国の防衛は、疾走する馬の背にまたがって多数の弓を放てるかどうかにかかっていた。それを可能にしたのが金属のあぶみである。小さな発明品だが、これがあると騎兵は体を安定させた状態で前進し、敵と並走し、逃げることが可能になる。つまり、自軍の死傷者は最低限に抑え、敵には大きなダメージを与えることができた。

モンゴル帝国の勢力拡大は軍事力だけでなく、牧畜によっても支えられた。彼らが飼育していた動物は、重要な順に並べると、ウマ、ヒツジ、ラクダ、ウシ、ヤギである。牧草を求めて家畜を移動させたが（移牧）、農業も行われた。モンゴルの強大な軍事力は治安の確保にもつながり、遠隔地貿易が盛んになった。東西を結ぶ交易ルートは、高価な中国の絹が西方へ運ばれていたことから「シルクロード」として知られて海上の交易路ともつながっていた。コンスタンチノープル（現在のトルコ、イスタンブール）から中国の杭州にもさまざまな品がもたらされた。

＊1　nomadの訳語は遊牧民という語があてられることが多い。ここでは、生業が遊牧以外の人々をも含むことを意識して、最近使用され始めた遊動民と訳出した。

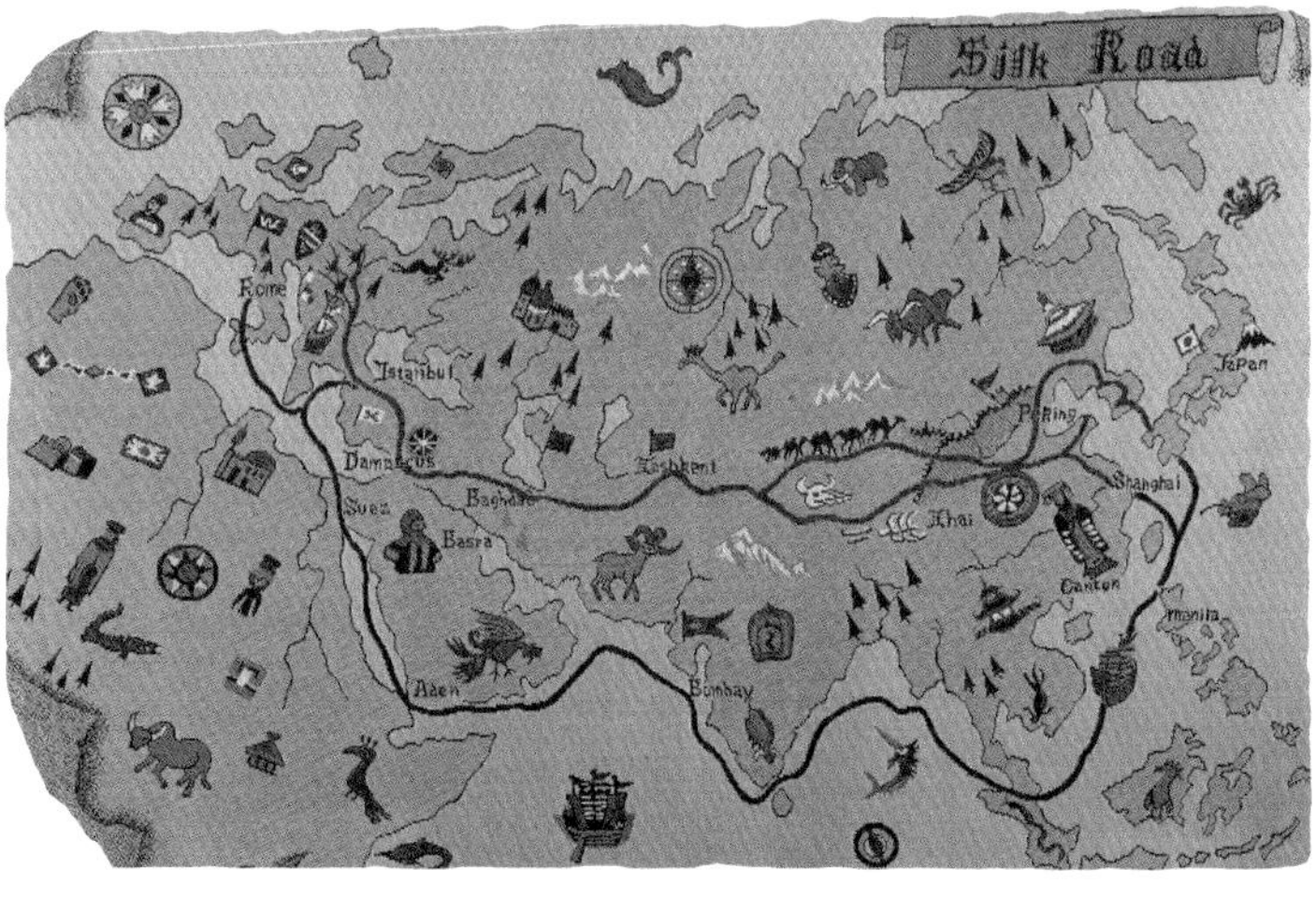

シルクロード（赤い線で表示）という名が不適切なほど、このルートでさまざまな商品が取引された。

第5章 ロマとトラベラー

遊動民は、狩猟採集民、遊牧民、そして「サービス・ノマド」〔サービス業に従事する移動労働民〕――定住社会と深く関わり合いながら遊動性を保っている人々――に分けることができる。サービス・ノマドはとくに把握がむずかしい。世界に遊動民がどれほどいるのか、見解はさまざまだ。ある百科事典では3000〜4000万人とされている(1)。

「サービス・ノマド」のロマ

ヨーロッパで最もよく知られているサービス・ノマドはロマである。ロマという言葉は知らなくても「ジプシー」なら聞いたことがある人もいるかもしれない。中世の英語には「ジプシャン（Gypcian）」という言葉がある。ヨーロッパで移動生活をしていた人々はエジプトから来たという誤解から生まれた言葉で、「ジプシー」という言葉はここから派生したとされている〔この名称は差別的な意味を含むため、自称であるロマと呼ばれることが多い〕。現在では、遺伝学、言語学、文化の観点から、彼らの起源はインド北西部にあるという説が有力だ。だが、イギリス、ウェールズ、スウェーデンのロマには遺伝的浮動がみられ、ヨーロッパの他の民族との混合も進んでいる(2)。

現在、ヨーロッパで暮らすロマは500〜600万人と推定されている。その大半はルーマニア、ブルガリア、ハンガリーに住んでいるが、ロシア、スペイン、セルビア、

車輪　1971年の世界ロマ会議で採択されたロマの旗

ロマの移動　900～1720年

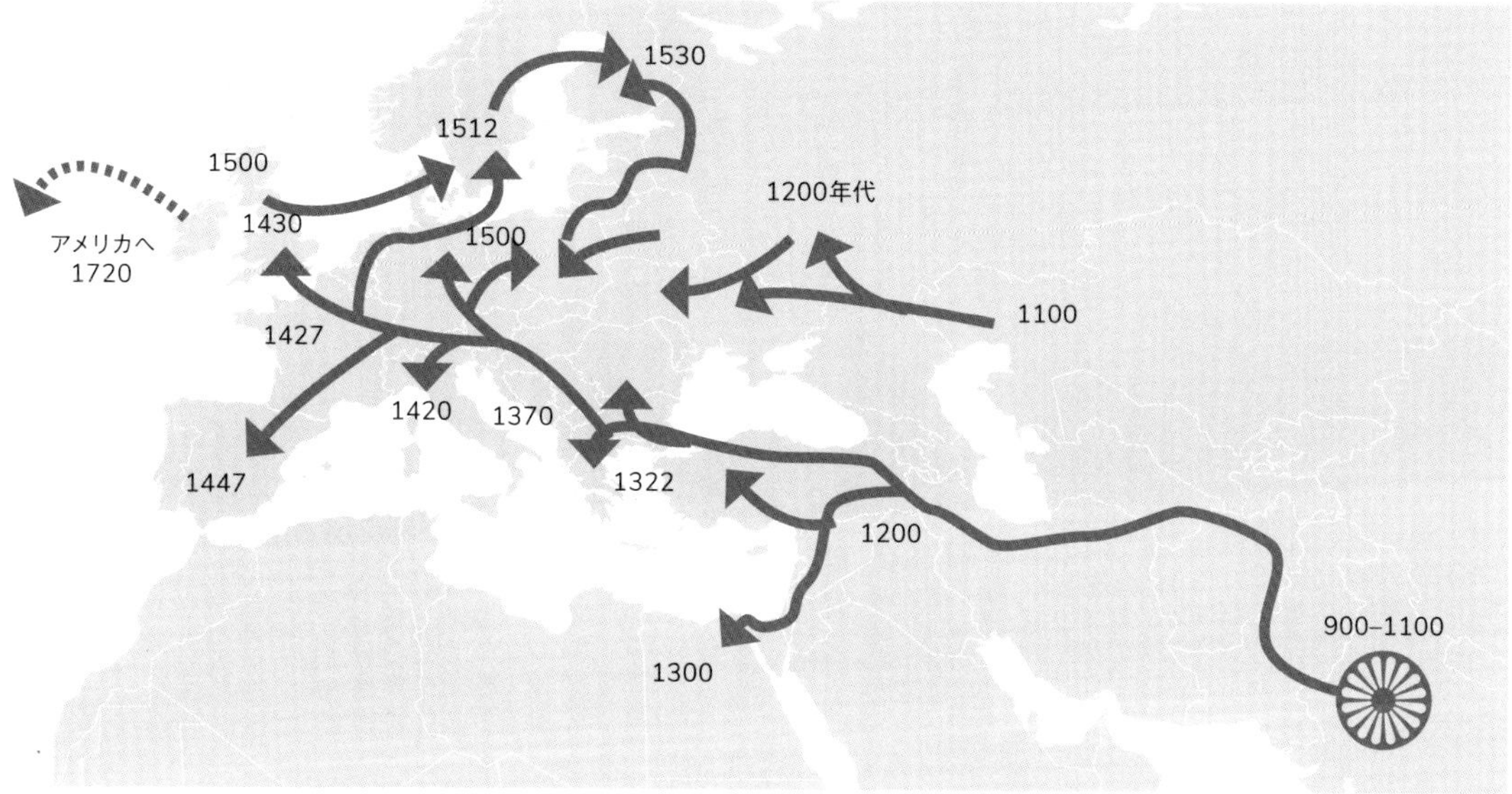

スロバキアにも25万人ほどいる(3)。

ロマは季節労働者として農業に従事したり、金属スクラップや中古の車、家具、アンティーク、骨董品の売買をしたりしている。催し物会場や市場、サーカスで働く人もいる。女性はちょっとした装身具、花、花束などを売り歩き、水晶玉やタロットカードを使って占いをする人も少なくない。定住型の貧しい労働者がおかれている劣悪な環境とは対照的に、ロマの生き方は、フィンセント・ファン・ゴッホの絵からもわかるように、ロマンティックにとらえられることが多い。

しかし、その生き方が感傷的に描かれる一方で、ロマはあからさまな差別をうけ、子どもを誘拐する、魔術を使う、伝染病をもたらす、スパイだ、泥棒だと不当な扱いを受けることも多かった。あるＮＧＯとロマの組織の依頼で作成されたイギリスの報告書によると、ロマとトラベラーの子どもは10人に9人が「民族差別」をうけていて、怖くて学校に行けない子が多数いた。幼児の死亡率も高く、寿命は一般人口に比べ12年短い(4)。ロマは差別の解消などをめざして活発な政治活動を展開するようになり、１９７１年以降、世界ロマ会議を9回開催、権利や代表権を獲得するにはどうすべきかを話し合っている。

ロマが伝統的に行ってきた国境を越えての移動も、ヨーロッパの多数の国でナショナリズムが高まるなか、

フィンセント・ファン・ゴッホ作「ジプシーのキャンプとキャラバン」(1888)

むずかしくなってきている。新たな措置に適応しなければならないケースも出てきた。フランスに滞在するロマに関するある研究には、彼らが新しい移民法にどう対応してきたかが示されている。２００１～０２年にルーマニア、ブルガリアの国民はシェンゲン領域国にビザなしで入国することが認められ、３カ月の滞在が可能になった。しかし、両国のロマの言葉を借りるなら、これは、パスポートを「クリーンにする〔オーバーステイをしてパスポートに「傷がついたりしない」ようにする〕」ために本国と領域国との間をこれまでより頻繁に行き来しなければならないことを意味していた(5)。

トラベラー、ティンカー、その他の遊動民

ロマとは遺伝的に関係のない遊動民もいる。韓国のサーカスの曲芸師や芸人、スウェーデンのタッタレ、ノルウェーのターテレ、フィンランドのシイェーナレ、イスラエルやその周辺地域に住むベドウィンなどだ。ベドウィンは古くから遊牧生活をしてきたが、イギリス諸島のトラベラーやティンカーは、土地の整理や立ち退き、貧困、飢饉などによって移動を余儀なくされた人々である(6)。「ティンカー」は、家々を訪ねて台所用品、とくに鍋ややかんの修理をする鋳掛屋《いかけや》を指す言葉だった。トラベラーはアイルランドで遊動生活に追い込まれた人々で、その数は当初、驚くべきものだった。1834年の救貧法に関する王立委員会の推定によると、その年、アイルランドには路上生活をする物乞いとその家族が、一時的なケースも含めると238万5000人いた。社会の主流からとり残されたため、アイリッシュ・トラベラーは大半が集団内で結婚相手を見つけるようになり、徐々に1つの少数派グループを形成し、アイルランドの民族集団として認識されるようになった。2011年の国勢調査によると、アイルランドには約2万9500人のトラベラーがいる。

仕事中のティンカー

グローバル・ノマド(グロマド)

20世紀が終わるころ、意外にも、遊動型の生活を選択する人や、それにあこがれる人が再び現れはじめた。バックパッカーや、海外へ赴任する親についていく子ども、もっと新しいところでは、伝統的な仕事場とは別の場所で働く人(デジタル・ノマド)などだ。ライフコーチや未来学者は、こうした新しい形の遊動的ライフスタイルを推奨している。甘い親がいて、働かなくても入ってくる収入があり、パスポートやiPhone、ノート型パソコンがそろっていればグローバル・ノマドになれる、という皮肉な見方をする人もいるだろう。だが、グローバル・ノマド(グロマド)の立場から言うと、この新しい生き方は郊外に定住する生活に対するそれとない批判でもある。郊外で暮らすというライフスタイルはすっかり定着し、多くの人が1つの場所に縛りつけられている。そして、住宅ローンのために達成感のない仕事をし続けなければならず、別の文化を体験しようにも選択肢は限られているのだ。

第6章 液状の大陸 太平洋諸島の住民

「液状の大陸」。なじみのない表現だが、これは、陸で暮らす私たち——著者と読者の大半——が太平洋を理解するには、「陸中心」の見方を改めなければならないことを教えてくれる。

ある人物が自著で述べているように、「世界の島の約80%は東京、ジャカルタ、ピトケアン島を結ぶ三角形のなかにおさまっている」(1)のだ。

この液状の大陸への道を見つけた人々は、偉大なる海とともに生きるすべを身につけた。

彼らは潮流、海流、風に敏感である。ジュゴンやアザラシ、サメと隣り合わせで暮らし、イルカに親しんできた。大海を横断しながら、海鳥の通り道を知り、目には見えない植物のにおいを感じとり、ある島にはいつ訪れて真水や食料を手に入れたらよいのかを学んだ。彼らは海の文化を育ててきたのだ。

太平洋に暮らす人々が、正確にはいつごろから液状の大陸を探検しはじめたのかは、常に議論の対象であり、科学的データも更新されてきた。最初は、長い航海をするには浮材をつけた丸木舟が必要だっただろうと考えられていた。そうした船は多数の文化にみることができる。だが、その種の丸木舟がつくられるようになったのは、人の移動が始まったと現在考えられている時代よりあとだった可能性がある。したがって、島から島への移動には、おそらく竹製の筏《いかだ》のような、もっと簡単なものが使われていたと考えるほうがよいだろう(2)。

では、航海はなぜ行われたのか。人口が増えすぎた、あるいは食料不足が生じたなどの理由で、移動の必要に迫られたのだろうか。それとも、勇敢な冒険家や船乗りとして海に乗りだしていったのだろうか。

伝統的な浮材をつけた丸木舟

従来の情報に基づいた太平洋における移動経路

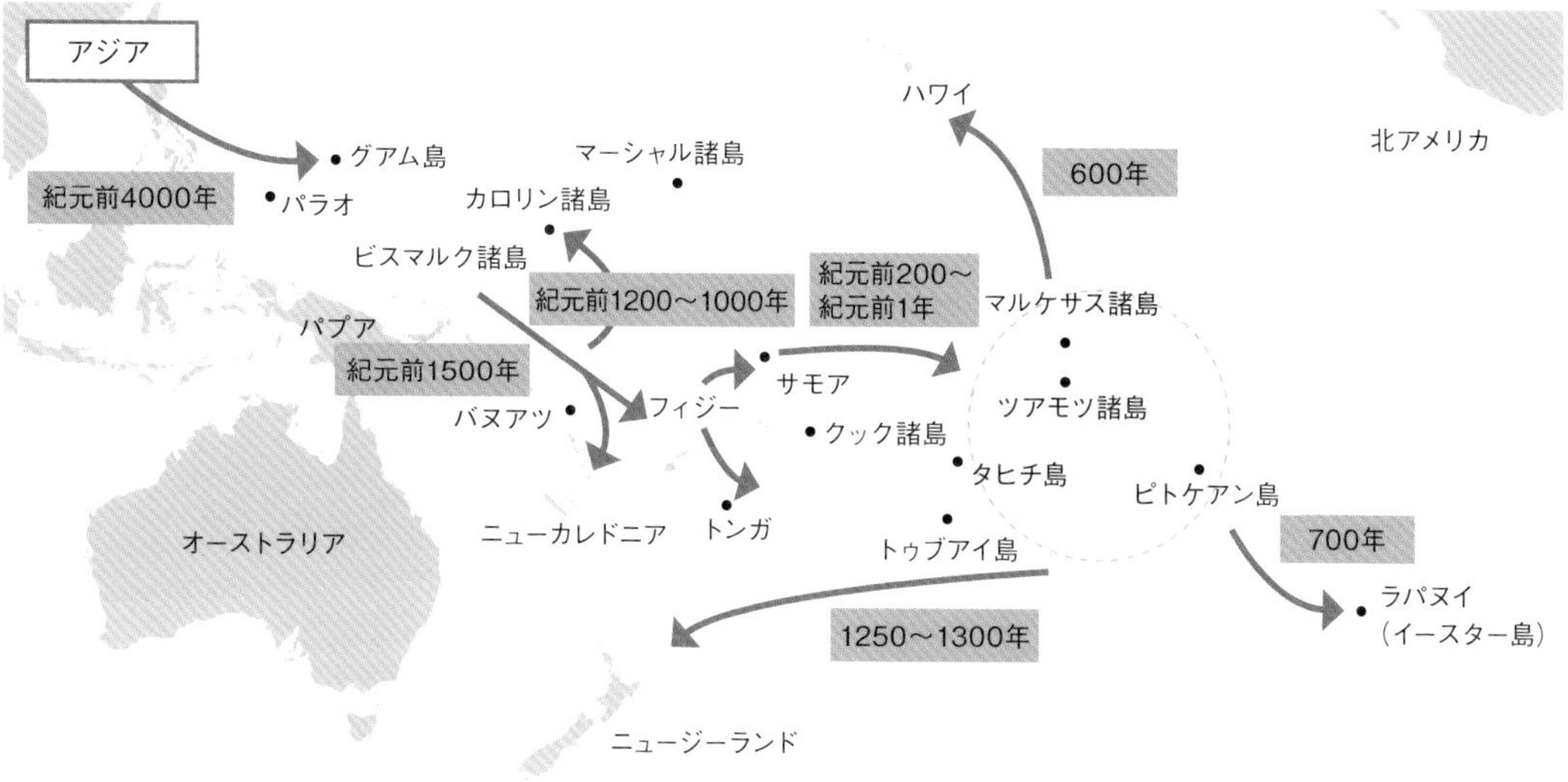

遺伝子マーカーに基づいた太平洋における移動経路

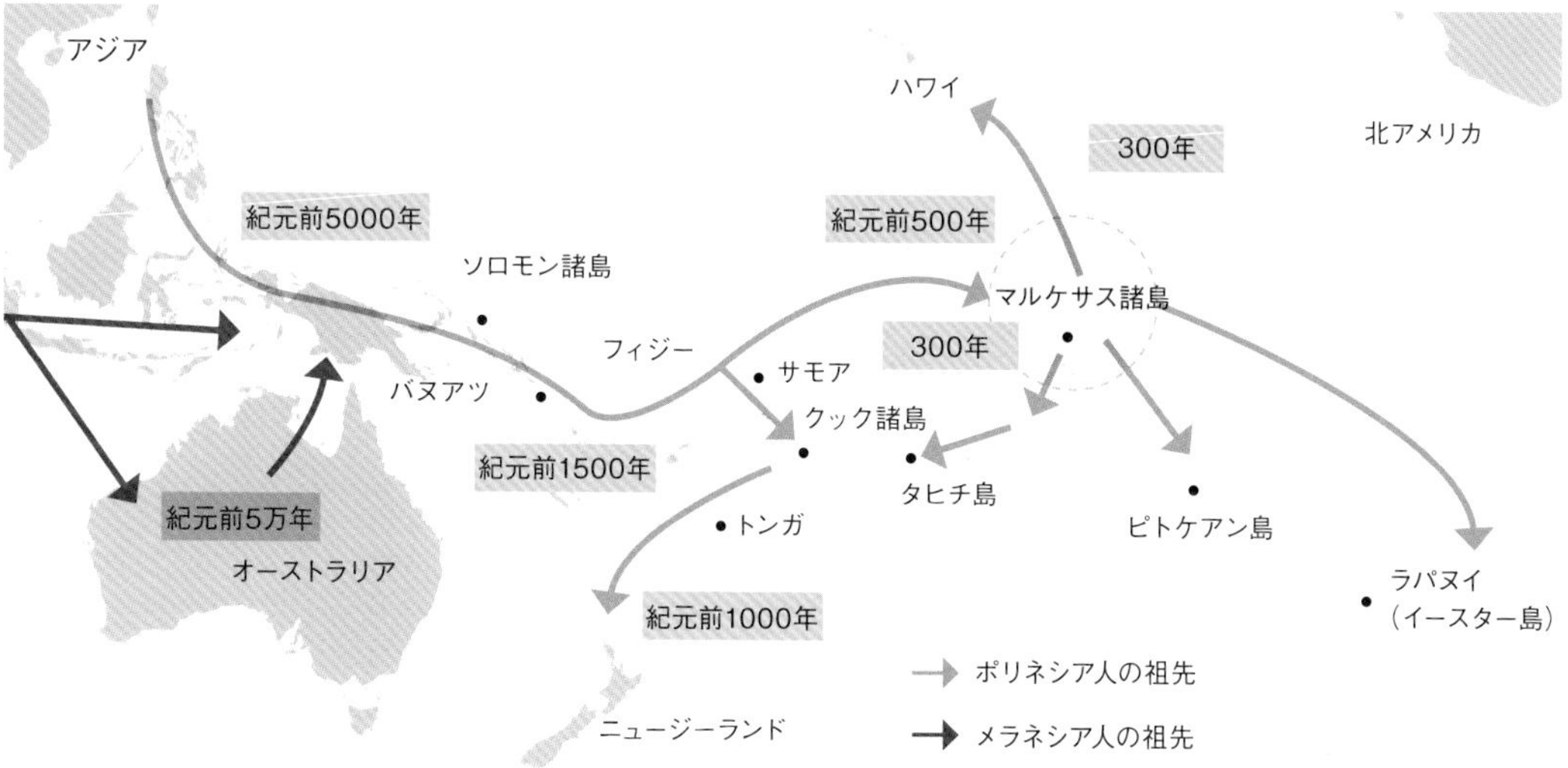

多分、その答えはどうということのないものだっただろう。たとえば、高速道路や幹線道路を走るドライバーは、そのうちガソリンスタンドがあるものと考えている。ガソリンスタンドが見つかれば、給油して食べ物や飲み物を買えばいい。同じように、はるか昔、海の文化を育てた太平洋の人々も、島の多いこの海域を船で進めば、そのうち島が見つかるはずくらいに考えて海に出ていったのではないだろうか。

古代の人々はどのような経路で太平洋の島々に散らばっていったのだろう。広く受け入れられてきた説と、近年の説を示す2枚の地図がある。1枚目は、ニュージーランドの歴史について述べた信頼できる文献（1966）に基づいたもので、古生物学、考古学、言語学の分野の情報をもとに作成された。2枚目は、遺伝学的情報をとり入れている。2枚は同じような人の流れを示しているが、移動の時期が大きく異なっている。DNA配列のような遺伝子マーカーを調べると、古くからその土地にいた住民とあとから入ってきた住民の遺伝的祖先が明らかになる。これが移動の時期や方向、範囲を知る新しい手がかりとなるのだ。

人の移動と社会空間

「液状の」大陸に住む太平洋の人々は、人の移動を文化に根差した社会的なつながりのための空間と考え

らは、新天地を求めて遠い国への危険な旅に出たリスクを恐れない者として自らをとらえていたからだ。一方マオリは、自分たちのニュージーランドへの探検、移住をこれほど劇的なものとは考えていなかった。そして、ゴールディの思いとは逆に、絵は多くのマオリの反発や怒りを買った。マオリは1250～1300年ごろ、あるいは、遺伝学的情報に従うなら、もっと早い時期に島にやってきたのに、この絵は彼らが島への最初の入植者であるということに疑問を呈しているように思えたからだ。自らが国を建国したと考えるマオリと入植者たちは、ニュージーランドが「二文化主義」あるいは「二民族主義」という考え方をとり入れたことで、完全な和解とまではいえないものの、互いの主張をある程度認め合うようになったようだ。ただし、この考え方については今も議論が続いている。

テオドール・ジェリコー作「メデューズ号の筏」（1818～19）

るようになった。これはサモア人のvāという考え方に似ている。あるサモア人研究者によると、malaga（人の移動）とは何度も行き来することであり、これはさまざまな社会的、文化的理由から生じる。たとえば、結婚を申し込む、法的に認められた結婚を祝う、子どもの誕生を知らせる、出産に立ち会う、葬儀に参列する、称号を授ける、宿泊施設を開く、学校を開校する、教会を開所する、入れ墨を入れたり入れてもらったりする、聖職者の叙任をする、卒業式に出席するといったことだ。最近では、教育や健康、経済的機会のための移動もvā malagaという概念のなかに入れられるようになり、慣習的に認められた必要性のある移動という考え方は、以前より適用範囲が広がっている（3）。

だが、これまで社会的な理由によって移動をしてきた人々が、今、海面上昇を理由に移動しなければならない事態に直面している。ソロモン諸島ではサンゴ礁で囲まれた島が少なくとも8つ完全に失われ、他の島でも海岸の浸食が進んでいる。残念だが、古くから海とともに生きてきた彼らは、将来、気候変動が原因で避難民になってしまうのだろう。

ルイス・ジョン・スティール作「マオリのニュージーランド到着」の下絵（1901）
完成画ではマオリはもっとやせ衰え、必死なようすに描かれている。

ニュージーランドの主要な画家の1人であるチャールズ・フレデリック・ゴールディ（1870～1947）は、フランスでも絵を学んだことがあり、マオリの人々の肖像画でよく知られている。マオリの立場をよく理解した、本質をとらえた肖像画だ。とはいえ、肖像ばかりを描いていたわけではない。彼の最も有名な作品は、かつての師であるルイス・ジョン・スティールとの共作で、ニュージーランドに到着したマオリを描いた大作だ。これは、テオドール・ジェリコーの「メデューズ号の筏」（モーリタニアの沖で難破したフランスのフリゲート艦の生存者を描いた作品）へのオマージュでもあった。非常に印象的な作品だが、上陸目前の疲れ切ってやせ衰えたポリネシア人の姿は史実に反していた。そして、マオリの勇敢さを称えるつもりで描いたこの絵は、むしろ白人入植者の心をとらえた。彼

第7章　大西洋奴隷貿易

奴隷制とは、簡単に言うと、人の移動の自由を奪い、その労働力を所有する制度で、さまざまな形が存在する。多数の社会でみられたのが家内奴隷で、イスラームや古代ギリシア、ローマの文献に多数の記述が残されている。

家内奴隷は、まだヨーロッパが進出していない時代のアフリカにも存在した。しかし、アメリカが奴隷を必要とするようになると、西アフリカから奴隷が輸出されはじめ、奴隷制は規模も性格も大きく変わった。奴隷は財産として所有され、家内労働に従事するのではなく、戸外でグループに分かれて常に監視のもとで働くようになった。過酷な仕打ちもうけた。奴隷（とその子孫）はモノとされ、売買、贈与、相続の対象となった。ついに奴隷制が法的に廃止されたときには、奴隷の所有者は財産を失ったとして賠償金を請求し、受けとることに成功した。

アフリカでは新興国――とくに現在のガーナに位置するアシャンティ王国、マリ帝国、ソンガイ王国――が奴隷貿易に力を入れていた。海岸では、木材、金、象牙などの取引に使われていた交易所が「奴隷城」に変わった。西アフリカのゴールドコーストには、奴隷城に変わった建物や奴隷城として新たにできた建物が40ほどあった。その1つ、ケープ・コースト城の地下牢には、出航を待つ奴隷を1000人収容することができた。

当時は「三角貿易」が行われていた。ヨーロッパの商人は銃器や雑多な工業製品をアフリカに輸出。そこで得た奴隷をアメリカに運び、奴隷と交換で手に入れた綿花、カカオ、砂糖などの熱帯産品をヨーロッパに送った。このうちアフリカの奴隷を西インド諸島やとアメリカに運ぶ航路を「中間航路」というが、よく論じられるのがその劣悪な環境である。トリニダード・トバコの元首相

ケープ・コースト城、ガーナ

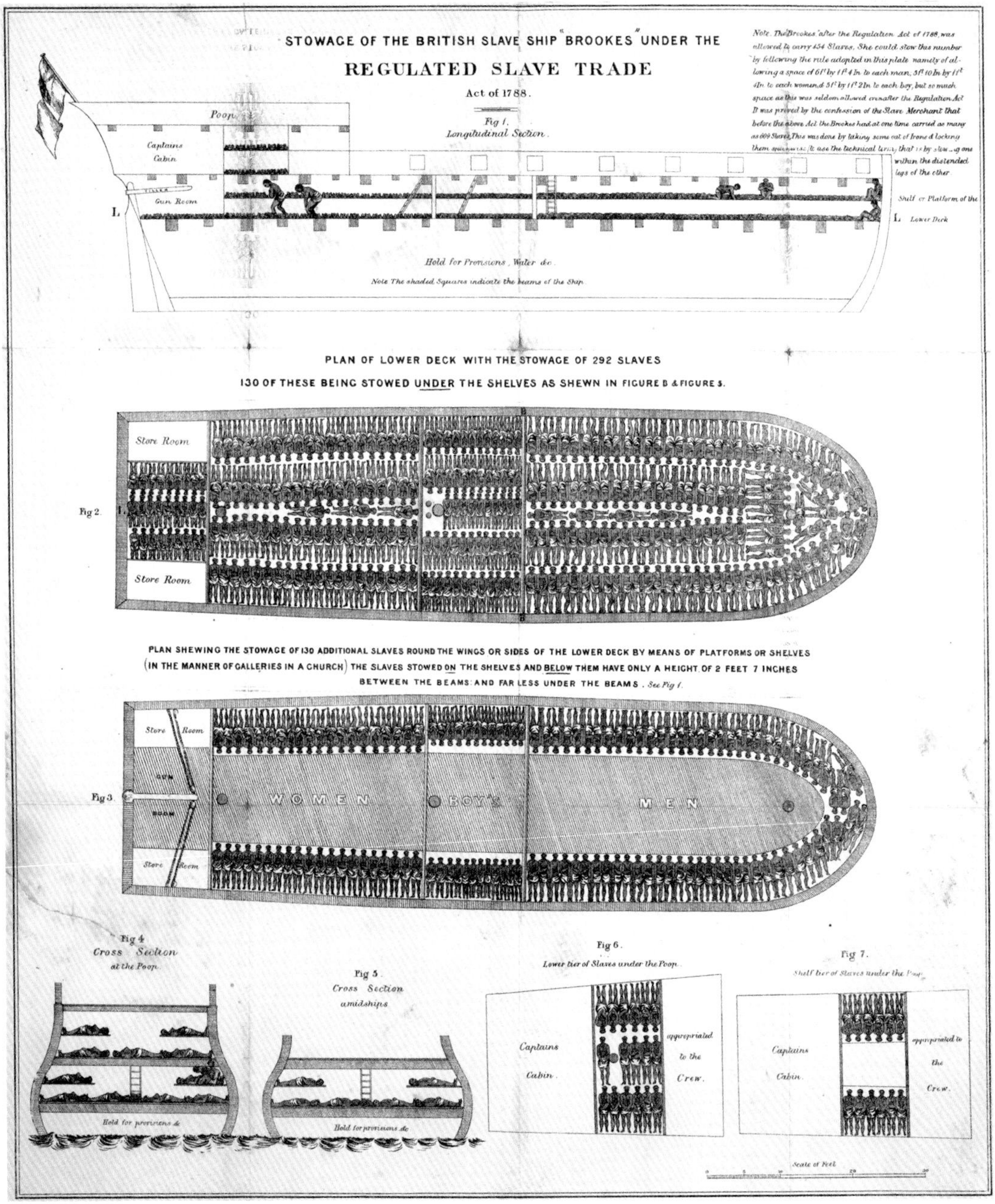

イギリスの奴隷船の積み込み計画

で、資本主義と奴隷制の関係について研究した歴史学者のエリック・ウィリアムズは、奴隷廃止論者が社会の支持を得るために中間航路の「恐ろしさ」を大げさに言い立てたのだと言う(1)。だが、その劣悪さは誇張ではない。奴隷１人あたりのスペースは１・68メートル×41センチメートルほどで、棺のなかより狭かった。多数の奴隷が命を落としたのは、この過密状態と、ときおり発生する伝染病のためだった。暴力もふるわれたが、結局のところ奴隷は貴重な商品であるため、その所有者は、できる限り多くの奴隷がよい状態でカリブ海やアメリカの港に到着することを願っていたのだ。

こうした「商品」の積み出しに関しては詳細な記録がある。そのデータを最初にまとめたフィリップ・カーティンによると、９５６万６０００人のアフリカ人奴隷が生きて大西洋を渡った(2)。一方、奴隷城に運ばれるまでや、運ばれてから、あるいは航海の最中に亡くなった奴隷の数についてはさまざまな説があるが、膨大な数――おそらく１５００万人程度――にのぼったはずだ。

大西洋奴隷貿易　1701～1810年

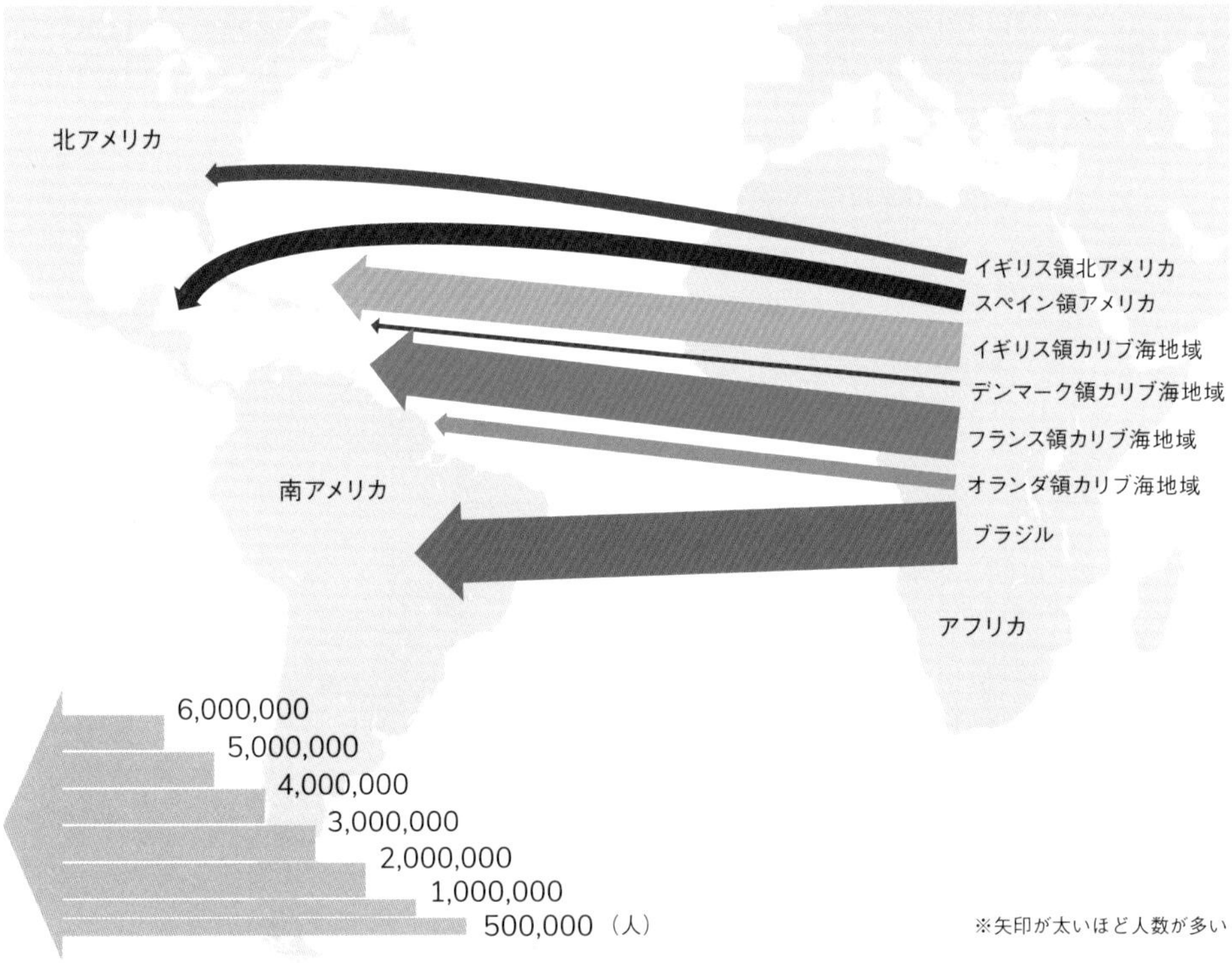

大西洋奴隷貿易の影響

ヨーロッパの多くの国や会社が行った大西洋奴隷貿易は、さまざまな影響をもたらした。アフリカ人研究者やアフリカを専門とする研究者は、若くて元気な成人を多数失ったことでアフリカはじわじわとよくない状況に追い込まれていったと言う。アフリカの開発があまり進まない原因を奴隷貿易だけに求めるのは行き過ぎだが、アフリカが精神的、経済的に今も癒えない深い傷を負ったのは確かだ。１９９０年代には賠償を求める声が世界的に高まり、現在も活発な動きがみられる。

奴隷の売買と搾取という大きな道徳的過ちは、人道主義者や奴隷廃止論者が声を上げ、その後いくらか正された。奴隷商人の子孫のなかにも抗議に加わる者はいた。19世紀になるころには女性主導の大規模な不買運動が始まり、奴隷制反対へと世論を高めるのに役立った。イギリスではペッカム女性アフリカ反奴隷制協会（Peckham Ladies' African and Anti-Slavery Association）が「紅茶に砂糖を入れますか」という質問に答える詩を発表し、西インド産の砂糖の不買を訴えた。

いいえ、私は結構です！
潔癖すぎるとお思いかもしれません
でも、西インド諸島の砂糖を入れると紅茶が台無しです
そんなものはとても飲めません（3）

カリブ海地域では大半の島で、奴隷の子孫が人口の大半を占めるようになった。そして奴隷が反乱を起こし、長期に及ぶ戦いの末、フランスから独立したハイチのような例もあるが、カリブの島々は20世紀に入ってから平和裏に独立を果たした。ブラジルの北東部も奴隷の子孫の人口比率が高く、アフリカ色の濃い宗教が広まっている。アメリカでは非ヒスパニック系黒人が人口の12・3%を占めている。平等や尊厳を求めて闘うアフリカ系アメリカ人の姿を描いた映画や物語が多数生みだされて人気を呼び、マーティン・ルーサー・キングが指導した公民権運動は多くの国の抑圧された人々に力を与えた。しかし、２０１８年になっても受刑者の37・7%がアフリカ系アメリカ人で、警官に撃たれて亡くなる人の割合も高い。アフリカ系アメリカ人の平等実現はまだ先の話である。

Health to the Sick
Honour to the Brave
Succeſs to the Lover
Freedom to the Slave
反奴隷制のメッセージが入った茶器

第8章 インドの年季奉公人

1834年にイギリスの大半の植民地で奴隷が解放された。奴隷という「財産」を失った、プランテーションの経営者には賠償が支払われ、そのあと新たな労働力を求めて世界中を回った。年季奉公人は日本や中国などからも集められたが、ほとんどはインド人だった。

奉公人は大多数がナタールや英領ギアナ、フィジー、トリニダード、セイロン〔現スリランカ〕、マラヤ〔マレー半島〕、ビルマ〔現ミャンマー〕、モーリシャスのサトウキビプランテーションに送られた。また、ケニア、ウガンダ間の鉄道敷設など、港や鉄道の建設に従事する者もいた。

年季奉公は労働によって債務を返済する奴隷労働の一種で、奉公人は1人の雇用主と契約を交わし、多数の規則にしばられることになる。インドの年季奉公人は通常、5年契約を結び、その見返りに渡航費を受けとった。住まいや医療が提供され、賃金もわずかながら支払われる。10年働くと、多くの場合、インドへの帰りの船賃が全額、あるいは一部補助された。年季奉公制は1834年から1917年まで続いた。正確な数字は不明だが、この間に約150万人のインド人が奉公人として海を渡ったものと推定されている。

ヒュー・ティンカーは、海外に出ていったインド人労働者の歴史について詳しく述べた自著で、イギリスの元首相ジョン・ラッセルの言葉を引用し、年季奉公制は「新たな奴隷制」だったと糾弾している。労働者は全員、合意したことを示す契約書に署名していた（あるいは、署名の代わりに十字を記していた）が、その多くは仲介者に駆り集められ、マドラスやカーライッカールの乗船場まで無理やり歩かされた

イギリス領東アフリカでのウガンダ鉄道の建設（20世紀初め）

インドの年季奉公人　1830年代〜1917年

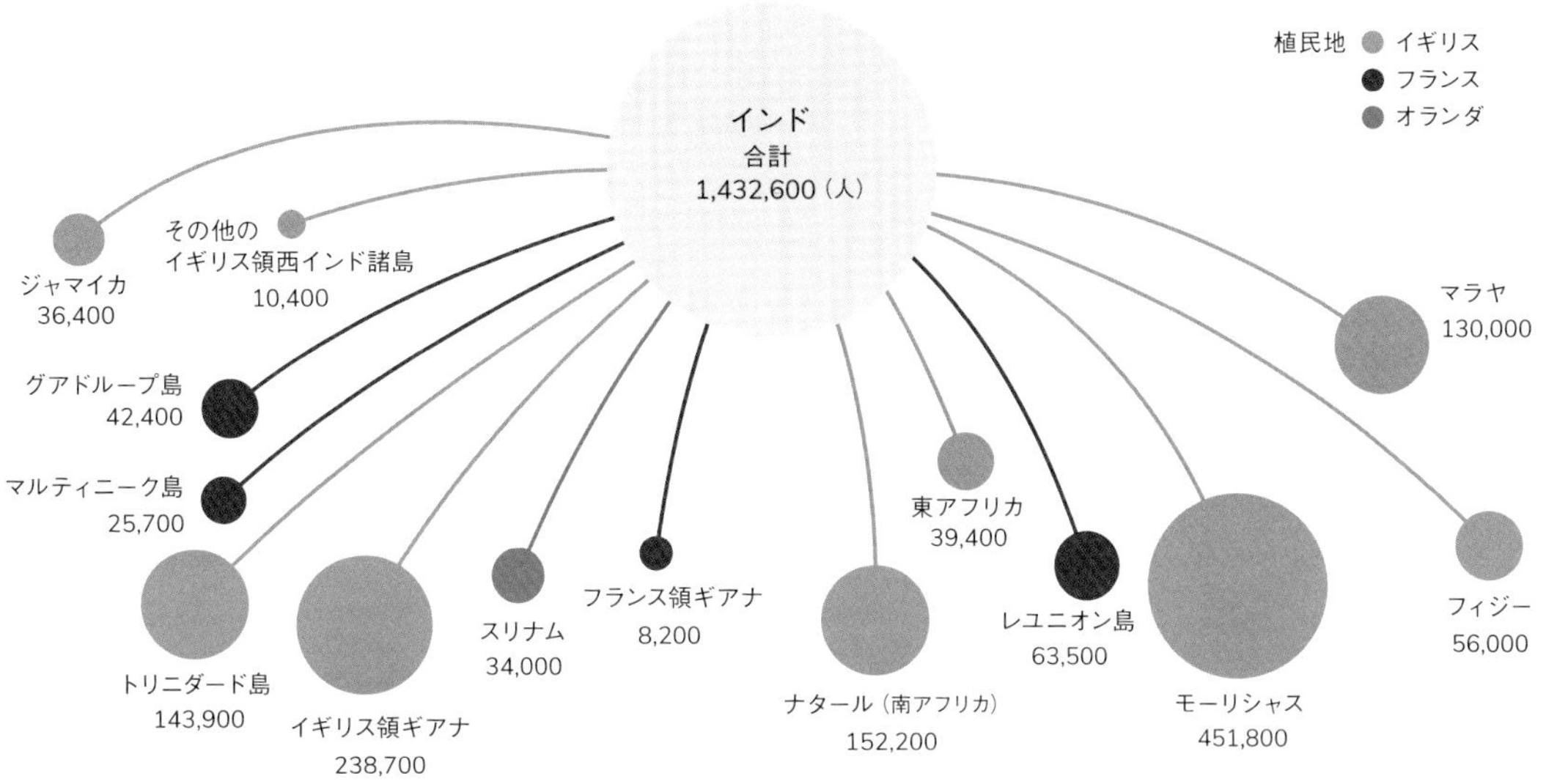

人々だった。船でどこへ向かうのかも知らされていなかった。過酷な旅や労働に耐えられるかどうか調べるために行われた健康診断も、形だけのものだった。航海中の死亡率の高さ（たとえば、1856年に西インド諸島に向かった船では平均17％以上）、ひどい住まいと健康状態、ごくわずかの賃金、そして何よりも、制裁が頻繁に加えられるという点で、年季奉公制は奴隷制と変わらなかった(1)。

イギリスの当局は奉公人が下船する港に「保護官」をおいた。しかし、彼らはほとんど役に立たなかった。たとえば、フィジーでは1892年に成人の年季奉公人の40％以上が労働法に違反したとして有罪判決をうけたが、同じ年、奉公人の訴えで有罪となった雇用主は1人だけだった。また、奉公人が本国に帰国する権利を行使したとしても、結局は困窮する結果になることもあった。スリナムで15年働いたタークル・ガジャダールという人物がカルカッタの移民保護官宛てに書いた「ささやかな嘆願書」が今も残っている。「無一文で、誰にも相手にされず、助けを得ることができません……故郷のバンダに鉄道で帰れるようお取り計らいください。ここでは誰もびた一文、私に貸してはくれません」(2)。彼の願いが聞き入れられたかどうかはわかっていない。

実際のところ、年季奉公人の大半はインドに帰らなかった。そして、その子孫の多くが社会で大きな成功をおさ

トリニダードに到着した年季奉公人

めた。2人紹介しておこう。シュリダス・ランファルはイギリス連邦の事務総長やガイアナの外務大臣を務めた人物だ。彼の曾祖母は1881年に年季奉公人としてインドのカルカッタ〔現コルカタ〕からガイアナの首都ジョージタウンに渡った。ヴィディアダハル・スラヤプラサド・ナイポールは暗い植民地の生活を描いてノーベル文学賞を受賞したが、祖父母はトリニダードに送られた年季奉公人だった。

現在、インドでは専門的な知識をもつ人が海外へ進出していくようになっている。年季奉公人は、こうした世代と比べると階級も仕事内容も大きく異なっていた。しかし、今日のインドが文化的、経済的に広く世界へ進出しているのは、19の植民地に散らばっていった年季奉公人の存在があったからである。

作家のヴィディアダハル・スラヤプラサド・ナイポール

複合社会の形成

植民地では、インドから多数の移民が流れ込んだことで、集団間の関係に大きな影響が及んだ。

・トリニダードとガイアナでは民族間対立がみられるようになった。だが、アフリカ系住民とインド系住民がほぼ同数だったことから、暴力という最悪の事態は回避することができた。

・フィジーには、少数派とはいえ、無視できない数のインド系住民がいる。しかし、彼らは不安定な立場におかれている。フィジーに古くから住むメラネシア系の住民が、インド系の土地所有を認めようとしないのだ。そして、何度か生じたクーデターの背後にはインド系がいたと主張。両者は対立し、インド系の人々は国を出るようになった。インド系が大多数だったのは1956年から1980年代後半までで、2017年には総人口88万5000人の37.5%まで比率が低下している。

・南アフリカにはナタールのサトウキビプランテーションで働く年季奉公人の他に、「自由なインド人」と呼ばれる商人やビジネスマンも移住してきた。彼らは新興植民地ですぐにニッチ市場を開拓した。1948年に人種隔離《アパルトヘイト》政策が打ち出されると、インド系住民は権利が損なわれ、抑圧されている多数派の黒人と共闘した。

・海外に住むインド系で政治的にも数の上でも優勢を保っているのは、モーリシャスに渡った人々である。彼らは政権を握り、行政でもビジネスでも専門家としても重要な地位を占めている。植民が始まったとき、島には先住民がおらず、中国系、フランス系、アフリカ系、マダガスカル系など、さまざまな民族がうまく融和していた。クレオール語も生まれた。近年はモーリシャスと「母なる国インド」との関係が再び深まり、インド系であることを前面に出す人が増えている。

マヘンドラ・チョードリーは1999年5月19日にフィジー初のインド系首相に就任した。ところが、翌年、クーデターが発生して人質となり、大統領に解任される。その後再びクーデターが起き、チョードリーは2007年に財務大臣に就任した。

第9章 帝国 その労働力と軍事組織

Empires: Their Labour and Military Regimes

世界の皇帝たちは大規模な公共事業を好んだ。なかには市民に新鮮な水を供給するローマの水道橋のような有益な事業もあった。しかし多くは、神の怒りを鎮める、強大な力をもつ支配者のエゴを満たす、民を感心させる、敵を威圧するなどの目的で行われる無意味なものだった。

ある記録によると、エジプトのギザにある大ピラミッドの造営に携わった人々は10万人ずつ、2つの集団に分けられ、一方の集団が一定期間働くと、もう一方の集団と交代した。それぞれの集団は2万人ずつ、5つのユニットに分けられていた(1)。メキシコのチョルラのピラミッドはギザのピラミッドの倍の大きさだった。ピラミッドをつくるには、石を切り出し、形を整え、所定の場所に据えなければならない。ロープや滑車が使われたが人手も必要で、多数の労働者を遠方から連れてきて働かせなければならなかった。

帝国には兵士も必要だった。ローマ帝国には市民権をもつ兵で構成される正規軍と、属州から徴発された兵で成る補助軍があった。また、周辺の「蛮族」出身の傭兵もいた。奴隷の反乱の指導者として有名なスパルタクスは、トラキアの遊動民の出身とする記録が残っている。ローマ軍の規模は２１１年に最大となり、兵士の数は45万人に達した。帝国のどんな場所にも部隊をおくことが可能で、たとえば、帝国領のブリタニア〔グレートブリテン島南部〕に北方のピクト人などが侵入するのを防ぐために築かれた城壁、ハドリアヌスの長城にも兵が配備されていた。歯と骨の同位体分析などから、

ローマのトラヤヌス帝記念柱のレリーフ。市民兵が隊列を組んで進んでいる。

テオドール・デ・ブリーの版画（1590～1600）。ポトシ銀鉱の劣悪な労働環境が表現されている。

アフリカ人の兵が守りを固めていたものと考えられている。

ヨーロッパの植民地帝国

その後も、帝国は強制労働と兵士の補充によって発展を図ってきた。スペイン、ベルギー、フランスが築いた植民地帝国でも事情は同じである。スペインの支配下にあったアメリカ大陸では、エンコメンデーロと呼ばれる植民者に土地と労働力が与えられた。エンコメンデーロは、30～300人の「インディオ」の物質的ニーズ（衣食住）と精神的ニーズ（キリスト教）を満たすことを条件に、彼らを使役し、生産物を収取することを認められた。農園も整備されたが、スペイン王のいちばんの関心は金山、銀山の開発にあった。1545年にボリビアで銀鉱が発見されると、翌年、鉱山の町ポトシが建設され、その後200年の間に4万トンを超える銀が採掘された。銀山には先住民が送り込まれ、アフリカからも3万人の奴隷が連れてこられた。その多くは水銀中毒（銀の精錬に水銀が使われた）や過酷な労働のために命を落としている(2)。

これほどひどい話はないように思われる。だが、もっと恐ろしいことをやってのけたのがベルギーのレオポルド2世だった。彼はコンゴを私領とし、住民にゴム原料の採取を命じた。抵抗した者は暴行をうけ、死に至る者もたいへんな数にのぼった。フランスのあるジャーナリストは当時のコンゴについてこうコメントしている。「私たちは人の森のなかで人を切り倒す伐採者である」(3)。このような暴政を告発したのが、リベラルな改革者であるE・D・モレルをはじめとする人々だった。モレルは『赤いゴム』を発表し、王の私設軍である公安軍の残虐行為を暴いた。非難をかわせなくなった王は、コンゴ自由国をベルギー王国に譲渡した。

スペイン、ベルギーの例ほど知られてはいないが、フランスの植民地でも当初は強制労働が行われていた。1896年にマダガスカルを植民地にしたとき、フランスの総督は50万人の奴隷を解放したが、その年の12月には夫役を導入した。夫役は労働で納める「税」とみなされ、国は成年男子を毎年一定の日数、公共事業に駆りだすことができた(4)。しかし、

強制労働や軍への動員で多数の人が亡くなったことからフランス本国で非難の声が高まり、強制労働は廃止され、契約労働者に対する夫役は無効とされた。だが、フランスの他の植民地でも徴兵と夫役が廃止されたのは１９４６年になってからのことだ。

フランスは帝国の治安を維持するために植民地兵を大いに利用した。ベルベル人と「アルキ」（アルジェリアで徴用されたムスリムの補充兵）は、アルジェリア戦争でフランス側に立って戦ったため、同胞からは「裏切り者」とみなされることが多かった。植民地兵で最も有名なのは「ティライユール・セネガル」と呼ばれた部隊である。第一次世界大戦では、42の大隊がフランスに送られた。アフリカ人の部隊は非常に規律正しく、厳しい寒さのなかでの塹壕戦となっても、大損失を被っても、屈したりはしなかった。ヴェルダンの戦いの90周年式典では、シラク大統領が第一次世界大戦で亡くなった7万人の植民地兵に敬意を表した（5）。

1万6000人の兵から成るレオポルド2世の私軍は、住民に過酷な労働を課し、ノルマを果たせないと、殺す、手足を切り落とす、村を焼く、餓死させる、人質をとるなどの行為を行った。この写真は、コンゴでの残虐行為を糾弾するために、宣教師のアリス・シーリー・ハリスと夫のジョン・ハリスが撮影した。

ティライユール・セネガルの兵士。19～20世紀、アフリカにあるさまざまなフランスの植民地からこの部隊に人が送り込まれた。

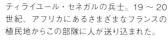

第10章 ハッジ イスラーム教の第5の行

ムスリムに課された五行の1つがハッジ、つまりメッカへの巡礼である。ムハンマドが迫害をうけ、メディナに逃れたものの、何年もたってから征服に成功した場所だ。身体的、経済的な理由から例外も認められているが、一生に少なくとも一度はメッカに赴くことがムスリムの「義務（ファルド）」とされている。「純粋な心」でハッジを行えば、どんな罪も許される。

ウムラと呼ばれる、ハッジの時期以外に行われる第2の、もしくは追加の小巡礼も一般的だ。世界には10億人（２０１８）の成人ムスリムがいることから、巡礼者数は膨大な数になる可能性がある。２０１８年には２００万人以上が巡礼の義務を果たした。

イスラーム教はインドネシアからサハラ砂漠南縁のサヘル地域の西の端まで広まっている。古くから信仰されているが、アラビア半島以外の場所に住むムスリムにはハッジの機会がほとんどなかった。鉄道や飛行機が発達すると、１９６０年代から巡礼者数が急増し、２０１２年には３１６万人にもなる。当局は翌年から巡礼者受け入れ数を制限した。次のページの地図に巡礼者の多い国を示す。

巡礼では、火事や混乱、そして、病気が広まる、人が殺到して死者が出るといった事態が生じることもあり、サウジアラビアは運営能力を試されてきた。対策を怠っているわけではない。サウジアラビア政府は２０００年以降、宗教施設の改修や空港、道路の整備、人の流れをコントロールし、安全を確保するための策に、毎年約２０００万ドルを投じてきた。また、メッカの東８キロメートルにあるミナの町には、エアコン付きのテントが10万用意され

巡礼者の数　1920～2018年

年	計（人）	年	計（人）	年	計（人）	年	計（人）
1920	58584	1990	827200	2000	1913263	2010	2789399
1921	57255	1991	720100	2001	1944760	2011	2927717
1922	56319	1992	1015700	2002	2041429	2012	3161573
1941	24000	1993	992800	2003	2012074	2013	1980249
1950	100000	1994	997400	2004	2164479	2014	2085238
1950年代	150000	1995	1046307	2005	2258050	2015	1952817
1960年代	300000	1996	1865234	2006	2378636	2016	1862909
1970年代	700000	1997	1942851	2007	2454325	2017	2352122
1980年代	900000	1998	1832114	2008	2408849	2018	2371675
1989	774600	1999	1839154	2009	2313278		

注：000で終わっている数字は概数

巡礼者数の多い国、上位10カ国　2017年（人）

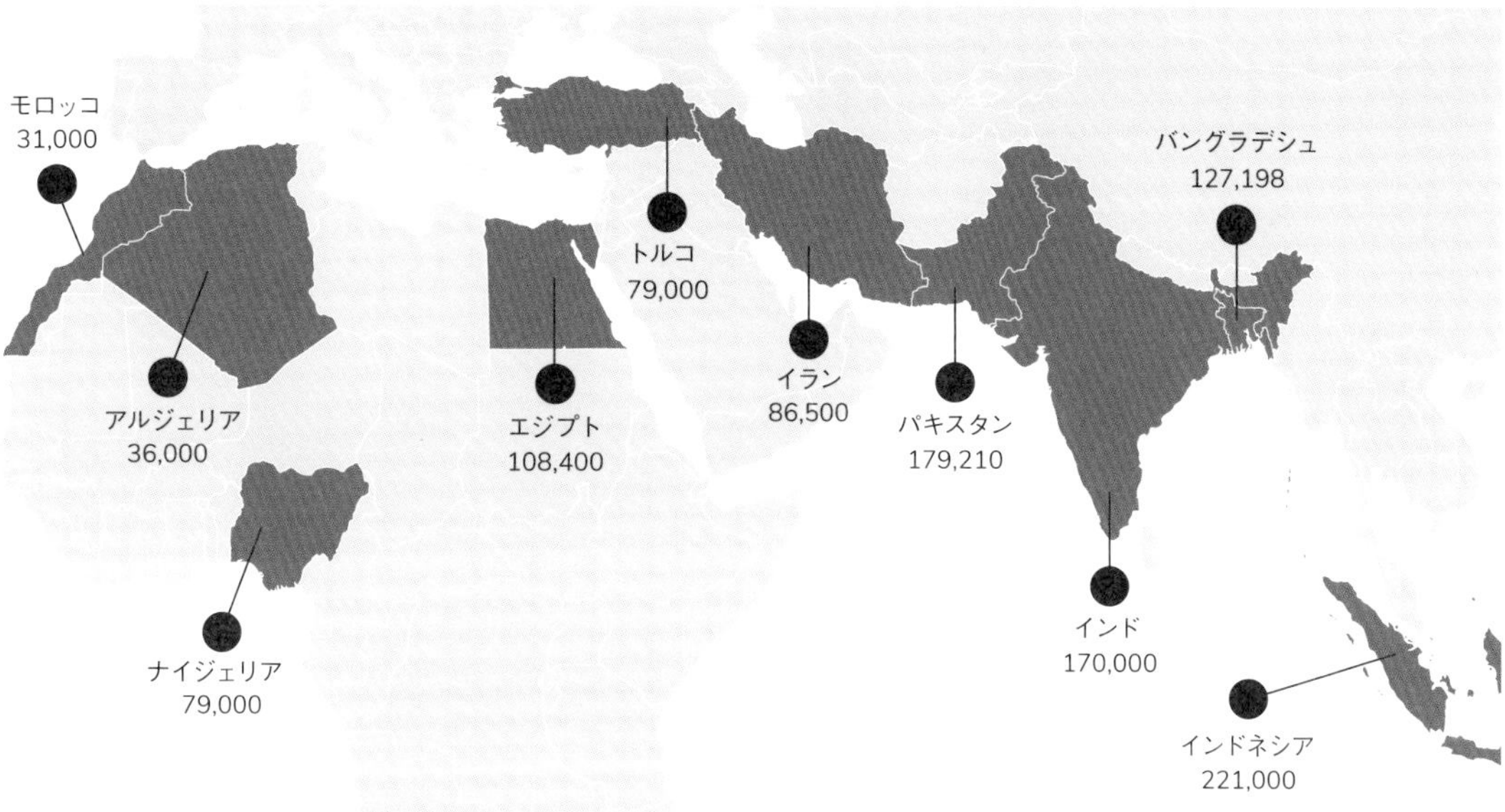

ハッジの期間中、メッカの近くのミナに設営された多数のテント

ている。運営スタッフやガイドは、ハッジを取り仕切るのは毎年オリンピックを主催するようなものだと言う（1）。

ハッジの目的をよく理解している旅行会社は、巡礼者向けに精神性と実用性を兼ね備えたガイドブックを用意している。だが、人間の悲しい性か、巡礼をしたいと考えるムスリムの思いにつけこむ旅行業者が存在し、毎年多数の人が被害にあっている。イギリス巡礼協会（Association of British Hujjaj (Pilgrims) UK）の事務局長ハリド・パルヴェーズによると、２０１３年には前年をはるかに上回る３０００件の苦情が協会に寄せられた。「あれは詐欺です……ハッジ専門のツアー会社から５つ星ホテルに泊まれると聞かされたのに、実際に行ってみると、２つ星ホテルということがあります。業者は誤った印象をもたせて、金を巻き上げるのです。代金だけ受けとって、何もしない業者もいます」（2）。英国旅行業協会は詐欺にあわないよう注意を喚起している。

もちろん、巡礼者の大半は滞在中優雅に過ごそうなどとは思っておらず、困難な状況のなか、巡礼を果たす人も多い。たとえばセナド・ハジッチは、ボスニア・ヘルツェゴビナに住む47歳のムスリムで、「神にメッカに招かれて」２０１１年12月に国を出た。ボスニア、セルビア、ブルガリア、トルコ、シリア、ヨルダン、サウジアラビアと、５６９７キロメートルの行程を歩き通して２０１２年10月にメッカに到着。ハッジに間に合った。旅の間、彼はモスクや公園、通りで眠り、紛争地域を通るときはパスポートの代わりにコーランを見せた。「私は本当に満足しています。ここは世界一美しい場所です」。英紙『インディペンデント』のインタビューに彼はそう答えた（3）。

イスラーム教には、「聖人の廟、イマーム（指導者）などの墓、殉教者の墓所を訪ねる」参詣の旅もあり、ズィヤーラと呼ばれる。年に一度のハッジはムハンマドの足跡をたどる儀式であり、ムスリムの精神生活にとって大きな意味をもっているため、ズィヤーラは忘れられがちだが、それでも実践者は「数百万人」もいる（4）。「移住」という狭いくくりではなく、一般的な人の移動について考えると、巡礼や、他の宗教的理由によるものについての研究はあまり進んでいない。しかし、仏教、道教、キリスト教、ヒンドゥー教でも巡礼は大切なこととされ、巡礼者がたいへんな数にのぼることもある。たとえば、クンブ・メーラはヒンドゥー教の宗教行事で、３年ごとに、４つの聖地で、場所を変えて行われる。２０１３年にアラハバードで開催されたときは、ガンジス川とヤムナ川、そして「目に見えない」サラスワティ川が合流するこの地を、２カ月間で１億２０００万人が訪れた。

ハッジの行程

雑誌『アル・ジュムア』は、タマットゥ〔ムラを終えてからハッジに移行する巡礼形式〕の仕方を、順を追ってわかりやすく、カラフルな色刷りで説明している。あなたも正しい巡礼を。

1. イフラーム

全身を洗浄（グスル）し、イフラームと呼ばれる2枚の布（巡礼服）を着用する。ウムラに入ることを心で意図する。タルビヤの言葉を唱える。イフラームにおける諸々の禁止行為を行わないよう心する。

2. ウムラ

カアバ神殿の周りを反時計回りに7周回り（タワーフ）、イブラーヒームの立ち所の後ろ側で2度の跪拝（ラクア）を行う。そのあと、サファーとマルワという丘の間を3往復半する（サアイ）。髪を切り、イフラームを解く。

3. ミナに行く

巡礼月8日正午：イフラームを再び身につける。ハッジに入ることを心で意図する。ミナに行き、その日はそこにとどまる。5回の礼拝を、ズフルから始め、最後のファジュルを9日（アラファの日）にする形で行う。

4. アラファに行く

巡礼月9日朝：朝アラファに向かい、日没までそこにとどまる。アラファの領域内ならどこにいてもよい。アラーを賛美し、祈願を繰り返し、罪を悔い、アラーに許しを請う。礼拝（ズフルとアスル）も行う。

5. ムズダリファに行く

巡礼月9日日没後:日没後、すぐにムズダリファに移動する。マグリブとイシャーの礼拝を行う（イシャーは2ラクアに短縮する）。そこで夜明けを待ち、ファジュルを行う。

6. ミナに戻る

巡礼月10日日の出：日の出の少し前にムズダリファを出てミナに戻り、石投げに向かう。大きな石柱（ジャムラ・アル-アカバ）に向かって小石を7つ投げる。それが終わったら、動物を屠って、犠牲として捧げる。頭髪を剃る、あるいは切る。イフラームを解く。イフラームの禁止事項が、交接以外、解除される。

7. タワーフ・アル＝イファーダ

巡礼月10日以降：カアバ神殿の周りを歩き（タワーフ・アル-イファーダ）、サファーとマルワの間を歩くサアイを行う。タワーフ・アル-イファーダが終わると、イフラームの禁止事項がすべて解かれる。

8. ミナに戻る

巡礼月10、11、12、13日：タシュリーク（巡礼月の11日から13日まで）をミナで過ごす。その間毎日、ズフルを終えたら投石をする。小さな石柱から始め、最後はジャムラ・アル-アカバに向かって投げる。12日の投石で行を終えてもよい。

9. 別れのタワーフ

巡礼月13日：メッカに行ってタワーフと2ラクアを行う。これでハッジの行をすべて終わらせる。

10. 家路につく

メディナにある預言者のモスクを訪れることが望ましいが、ハッジの一部というわけではない。

エリス島へ向かう移民たち。ニューヨークの港に入ると、自由の女神が見える（1910年代）。

第2部

近・現代の人の移動

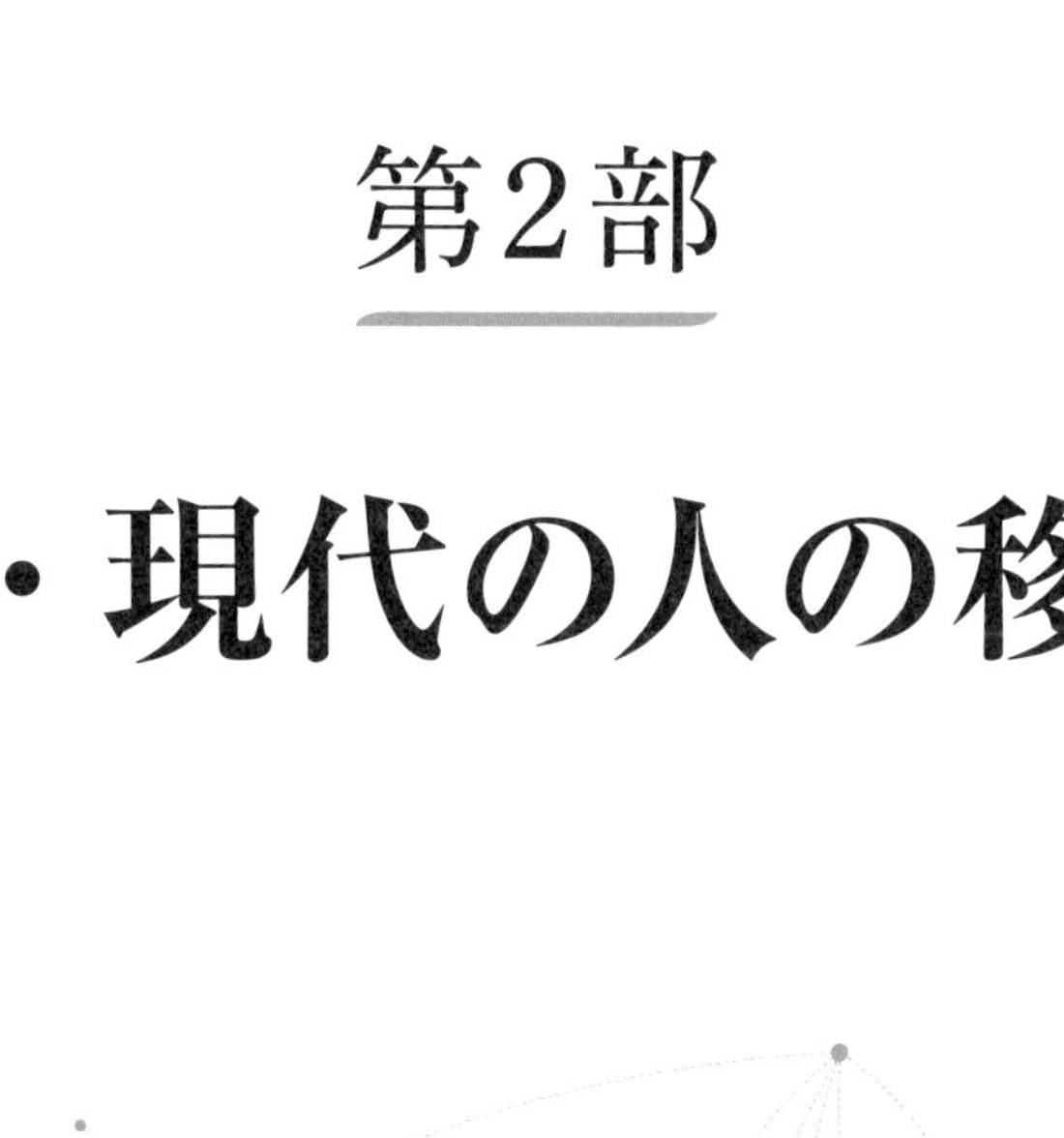

第11章｜アイルランド人の移動と「ジャガイモ飢饉による大移住」

ドイツのフリードリヒ・エンゲルスは共産主義運動の偉大な創始者の1人である。
彼は、父が共同経営しているマンチェスターの紡績工場をまかされていたが、そんな立場にありながら、
著名な同志、カール・マルクスとともに『共産党宣言』（1848）を執筆。
その3年前には、主にマンチェスターでの見聞をもとに『イギリスにおける労働者階級の状態』を書いている。

なぜドイツから来た工場の責任者がイギリスの労働者階級のおかれた状況を熟知していたのか、と思うかもしれない。答えは、エンゲルスが20年近く一緒にいた家政婦の恋人、メアリー・バーンズだ。彼は、少なくとも一部は、メアリーを通じて労働者階級への理解を深めた。メアリーはイギリスで生まれたが、両親はアイルランドの出身で、マンチェスターの「リトル・アイルランド」と呼ばれるスラム街のような一画で暮らしていた。メアリーは典型的な労働者階級だった。アイルランド人で、9歳のころから「スカベンジャー」（紡績工場で床に落ちた綿毛や端切れを拾う）として働き、それから家政婦となり、その後はもしかしたら娼婦をしていたのかもしれない。エンゲルスはアイルランドの移民労働者と暮らすことで、その実態を把握したようである（1）。

産業革命の時代にアイルランドの労働者がイギリスに移住した。この重要な歴史的経験をもとにマルクスは人の移動について考えた。そして、彼の理論を基盤に、今も従来の考え方に疑問を投げかける新たな考え方が生まれている。マルクスはまず、一般的に「人口が資本を押し上げている」と広く考えられているが、実際には、「資本が人口を押し上げている」ことに気がついた。資本家は新しい工場のために安価な労働力を十分確保しようとする。しかし、農民経済を破綻させてはならない。なぜならば、農村経済を守ることで、労

ローワン・ギレスピー作「絶望感を漂わせながら船に向かってとぼとぼ歩く人々の像」（アイルランドのダブリンの波止場、1997年除幕）

「ジャガイモ飢饉」による人の移動　1845～1851年

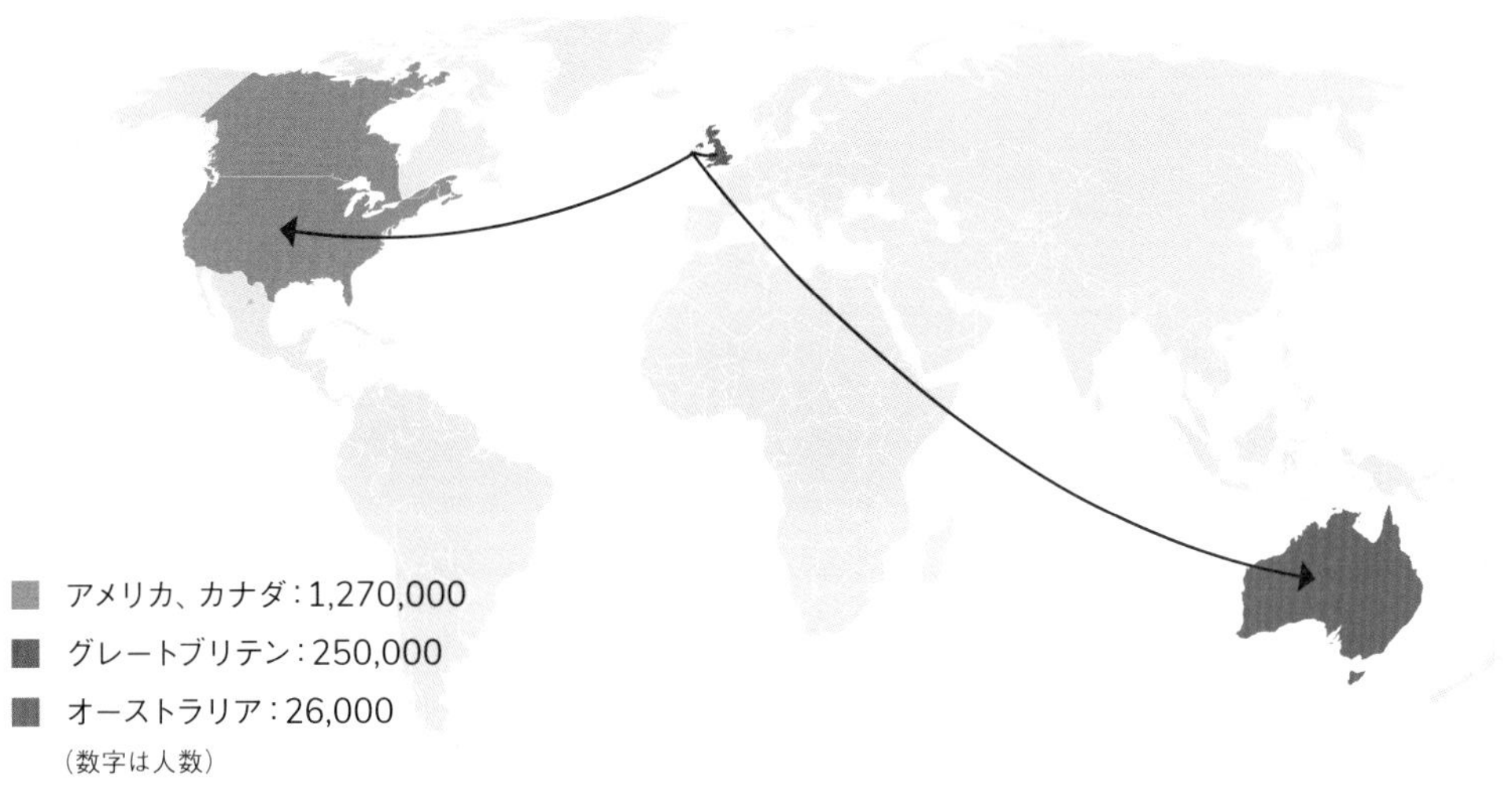

働者を再生産するためのコスト（出産前の食事、出産、子育て、教育、親の看護）を、資本家が支払うのではなく、労働者を送り出す国や地域に負担させることができるからだ。そうすれば、資本家は出稼ぎ労働者を必要なとき雇い、不要となれば解雇することができる。また一方で、移民ではない地元の労働者の交渉力を抑えることも可能になる。

明快な説明で、なるほどと思わせる。しかし、相反するさまざまな力がこのようにバランスのとれた形におさまるとはとても思えない。19世紀半ばにはどんなに抜け目ない資本家でも、大きな転換点を迎えたアイルランドの農民経済を存続させるのは無理だった。マルクスとエンゲルスがあの『共産党宣言』を発表したころ、アイルランドはジャガイモの病気が原因で大飢饉（１８４５～５０）に見舞われていた。このとき国を離れたアイルランド人は１５０万人にのぼる。大半は北アメリカに移住したが、オーストラリアやイギリスの他の地方に渡った人もいる。

海外移住という選択をする人は以前からいた。その多くはアルスター地方からアメリカに移住する「スコッツ・アイリッシュ」や貧しい農民だった。彼らは別の土地からアルスター地方に移ってきたが、新しい土地でも小作人としてやっていくのはむずかしかったのだ。しかし、大飢饉による移住は規模もスピードもそれまでとは桁違いで、移住者のプロフィールも異なっていた。以前はプロテスタントが一家で移住するケースがほとんどだったが、飢饉が起き

アイルランドのコークにある彫像。ワシの羽根がボウルの形を成している。
アイルランドが大飢饉に見舞われたとき、チョクトー族から寄付をうけたことを後世に伝えるためにつくられた。

てからは、コンノートやマンスターのようなもっと貧しい地方の若いカトリックの単身者が多数国を離れた(2)。

ジャガイモ飢饉による移住はアイルランドにいつまでも消えない心理的、文化的傷跡を残した。一文無しの飢えた移民の姿が国民の記憶に刻まれたのだ。彼らの乗った船は「棺桶船」と呼ばれ、その環境の劣悪さは大西洋を渡った奴隷船とあまり変わらなかった。病気などで渡航者の30%が到着前に亡くなったようだ。ダブリンの波止場近くにはジャガイモ飢饉の死者を追悼する像が立っている。

アイルランド人は、イギリスでもアメリカでもよく差別や中傷の対象となった。彼らのつらい体験をあざ笑う人もいた。英語には「ポット・リカー（Pot-Lickers）」という表現がある。大飢饉で鍋底までなめるようにして食事をしたアイルランド人を指す言葉だ。アメリカの都市で暮らすアイルランド人は、奴隷として連れてこられた貧しいアフリカ系アメリカ人と比較された。アメリカのアイルランド人は、アメリカに古くからいる白人と同じように黒人を差別することで「白人になれた」と論じる人もいる(3)。

幸い、この大飢饉では人間のもっとよい面も見ることができた。とくに人々の心を強く打ったのは、アメリカ先住民、チョクトー族のとった行動だろう。飢餓に苦しむアイルランド人のために170ドル（現在のお金に換算すると4700ドル）を寄付したのだ。彼らはアンドリュー・ジャクソン大統領のもとで行われた、「涙の道」として知られる強制移動を経験した人々だった。

アイルランド人の移住が及ぼした影響

アイルランド人の移住はアメリカ、アイルランド双方の社会、文化、政治面に大きな影響を及ぼした。

アメリカ

- カトリックは早い時期に入植した清教徒やプロテスタントに疎んじられたが、今ではアメリカ社会にしっかりと根づいている。
- アイルランド系移民は民主党と関係の深いタマニー協会（「タマニー・ホール」として知られていた）を利用して、選挙の候補者指名や官職の任命に影響力を及ぼした。
- タマニー・ホールは1960年代に解散するが、有力なアイルランド系カトリックの一族は富の力で子どもを高い地位につかせた。息子のジョン・F・ケネディがアメリカ初のカトリック系の大統領になったジョセフ・P・ケネディ・シニアは、そのよい例だろう。
- セント・パトリック・デーには、アイルランドの文化や伝統を祝って、アメリカ各地でパレードが行われる。

アイルランド

- アイルランドでは、アメリカへ移住する人々の送別会「アメリカン・ウェイク」が行われるようになった。
- アメリカ人、通常、アイルランド系アメリカ人が、アイルランドで開かれるお見合い祭りに参加する。
- （遠い）先祖がアイルランド人というアメリカの政治家は、アイルランド系アメリカ人の票を得ようと、よく「エメラルドの島」と呼ばれるアイルランドを訪れる。
- アイルランドの元大統領、メアリー・ロビンソン（在任1990～97）は、「アイルランドから追放された人、移住した人のためにいつも明かりをともそう」と、公邸の窓にろうそくをおいていた。

アイルランドの村、バリポリーンを訪れたレーガン大統領
「今日、私は、貧民墓地に埋葬された人々の子孫としてここに帰ってきました」（1984）

第12章　南アフリカの鉱山労働者

南アフリカでは、ケープ北部のキンバリーで1867年にダイヤモンドが発見され、その19年後にトランスヴァールのウィットウォーターズランドで金鉱脈が見つかると、「黄金熱」が高まり、すぐに労働力が必要とされるようになった。金鉱に送り込まれた労働者は19世紀末までに約10万人に達した。地元のアフリカ人は危険で体力を消耗する採掘の仕事を敬遠した。一攫千金を狙う白人が流入して肉や野菜の需要が急増し、地元農業が好調とあっては、なおのことだった。

３００もの会社が新たに設立されたが、ボーア戦争〔南アフリカ戦争〕（１８９９～１９０２）のために人手は不足。戦争終結後、鉱山会社はイギリスの総督ミルナーに人手不足を解決するよう求めた。

ミルナーはしぶしぶ応じ、「アジアから移民や商人がやってくるのは断じて認められない」が、「アジアの年季奉公人なら管理しやすいだろう」と考える(1)。そして、１９０４年から０７年までに６万４０００人のいわゆる苦力《クーリー》が渡ってきた。ところが、その労働条件のひどさに人道主義者から抗議の声が上がり、中国人労働者の受け入れは中止、奉公人はほぼ全員送り返された。

地表近くの金はすぐに掘り尽くされ、深層鉱山の開発が始まると、コストが膨れ上がった。鉱山会社は比較的賃金の高い地元のアフリカ人労働者を避け、初めは「原住民指定地」、その後はアフリカの他の地域から人を雇い入れようとした。とくに多数の労働者を送り出したのがポルトガル領東アフリカ（現在のモザンビーク）だった。そのころには人手の確保を請け負う業者も登場していた。彼らは労働者をかき集め、この商売が円滑に進むよう、アフリカ人の族長や役人にわいろを贈った。鉱山会議所は、何をしでかすかわからない、こうした貪欲な業者を相手にしなければならないことにいら立ち、自ら労働者を募集することにした。そのために設立されたウィットウォーターズランド原住民労働協会（ＷＮＬＡ：Witwatersrand Native Labour Association）は世界最大の労働者募集組織となり、ヨハネスブルクを中心とする産金地帯のウィットウォーターズランドに多数の労働者を送り込んだ。

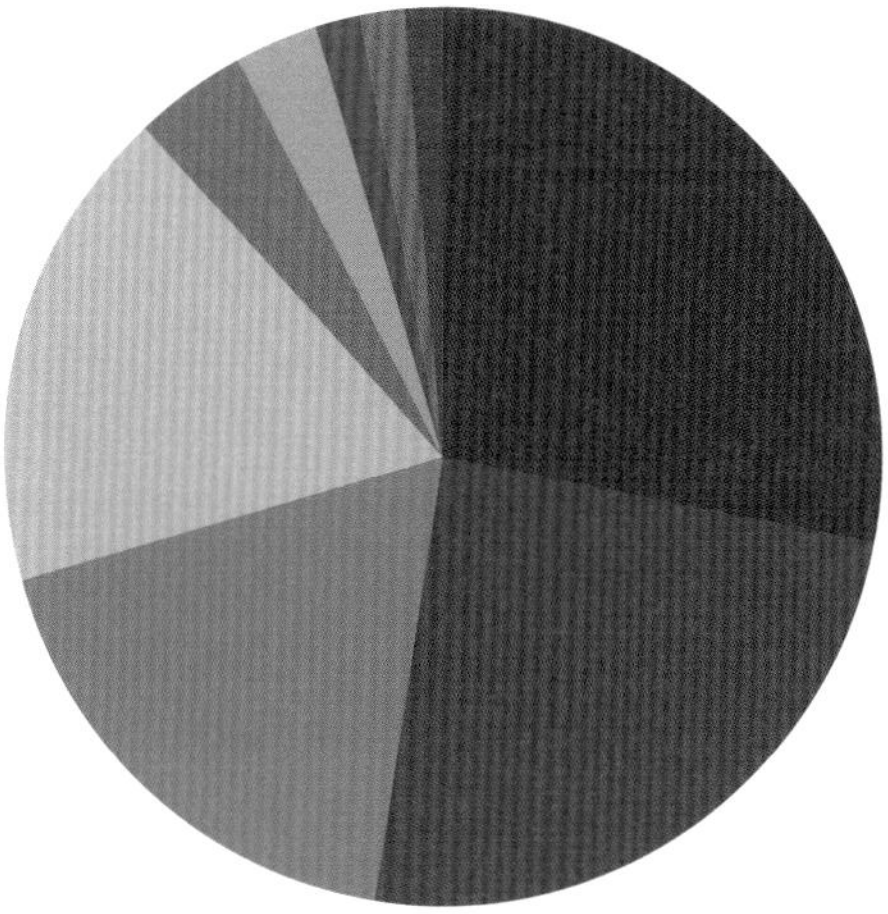

鉱山労働者の出身地　1970年

- モザンビーク (28.2%)
- 熱帯諸国（主にマラウイ） (24.5%)
- ケープ州 (17.9%)
- レソト (17.7%)
- ボツワナ (4.1%)
- トランスヴァール (3.1%)
- オレンジ自由州 (1.7%)
- ナタール州、ズールーランド (1.5%)
- スワジランド (1.3%)

安全ランプを手にした金鉱労働者（南アフリカ、ウィットウォーターズランド、1939）

労働者の募集地と移動ルート

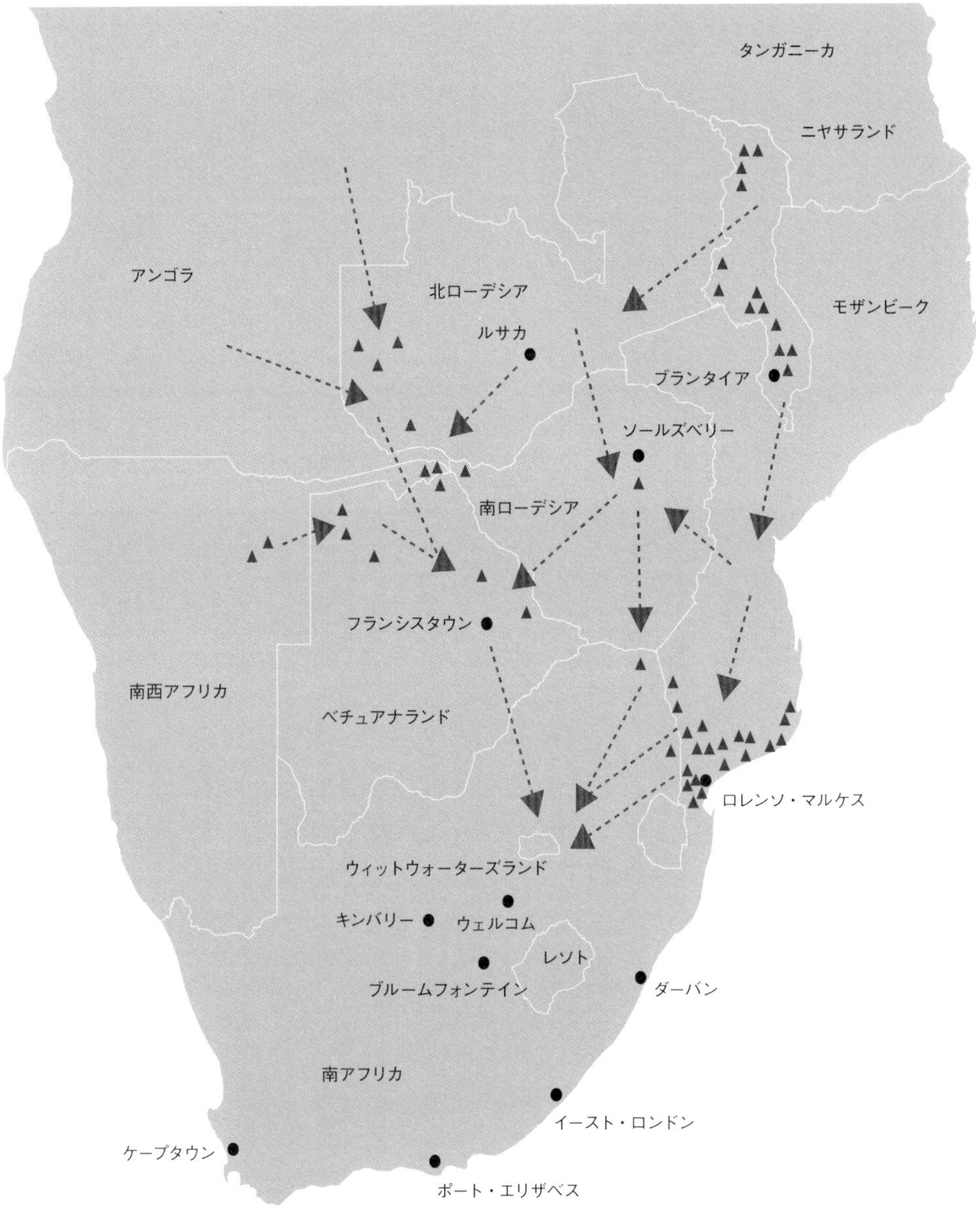

1970年代、WNLAは周辺諸国でも広く労働者を募集した。

WNLAは内陸部に向かって道路をつくり、鉄道車両を発注し、最終的には多数のトラックや飛行機まで入手して労働者を鉱山に運んだ。そして、契約期間が終わると故郷まで送った。周辺国のいくつかは、鉱山労働者の家族への送金や、採掘会社の地方政府への支払いを当てにするようになった。

鉱山は過酷で危険な場所だった。アフリカ人の大半は、耐えても2年と考えていた。一定期間働いてお金を稼ぐつもりの若者を安定的に確保することはできたが、人的損失は大きかった。1945～84年に5万人以上が鉱山で亡くなったのだ。地下のじめじめした環境は、とくに「トロピカルズ」と呼ばれる労働者――南緯22度線より北の地域の出身者――に悪影響を及ぼし、多数の人が肺炎や結核にかかった。

1948年以降、南アフリカではより徹底した人種隔離政策（アパルトヘイト）がつくり上げられた。人種差別はアフリカ人労働者の雇用にも及び、鉱山労働者もその対象となった。「白人居住区」には多数のアフリカ人が住んでいたが、余剰労働力とともに彼らは排除された。そして、土地の再区分によって居住地域が人種ごとに分離され、アフリカ人には「バントゥースタン」と呼ばれる地域が割り当てられた。そのなかの4つ（トランスケイ、ボプタツワナ、ヴェンダ、シスケイ）はホームランド〔のちに見かけ上の独立を与えた〕となった。アフリカ人は各バントゥースタンの市民とされ、住居やその地域の市民としての権利を与えられた。だが、「ホームランド」の外、職場のある南アフリカでは「出稼ぎ外国人労働者」として扱われることになった。このような「ホームランド」に住まわされた多数の労働者は、毎日、長時間かけて辺鄙な土地から職場まで通わなければならなくなった。

1994年にネルソン・マンデラが大統領に選ばれると、状況は好転した。バントゥースタンは廃止され、南アフリカの黒人は市民権を獲得し、国内を「パス」なしで移動することが可能になった。金鉱の労働環境も改善され、1993年に鉱山で亡くなった人の数は615人だったが、2009年には167人に減少し、2016年は過去最少の73人になった。2018年2月には、1980年代に全国鉱山労働者組合の書記長を務めたシリル・ラマポーザが大統領に就任している。

第13章 囚人から「テン・ポンド・ポム」まで
イギリスからオーストラリアへの移住

イギリスからオーストラリアへの移住にはいくつかの公的な段階があった。最初にオーストラリアに渡ったのは入植者で、次に囚人が送り込まれ、そのあと児童、そして最後に移民制度を利用した家族が続いた。1770年、イギリス海軍のジェームズ・クックはオーストラリアの東海岸に上陸し、先住民であるアボリジニの権利を無視してそこをイギリスの領有地と宣言した。囚人移送は1788年に開始された。囚人を乗せた11隻の船団が現在のシドニーに到着し、彼らによる植民地建設が始まった。

囚人植民地はタスマニア（１８０３）と西オーストラリア州のスワン川流域（１８５０）にもできた。それ以外の土地は「自由移民」のためのものだったが、開拓に囚人の労働力を利用するところもあった。囚人の移送は１８６８年まで続いた。オーストラリアの初期の移民は多くが囚人で占められていたことがこのグラフからわかる。

先祖がイギリスから渡ってきたオーストラリア人の多くは、囚人の子孫であることを誇りに思っている。そして、オーストラリアの歴史家は、「囚人という汚点」を引け目に感じる必要はないと熱心に論じる。イギリス諸島からオーストラリアに送られた囚人は、女性が2万４９０６人、男性が13万２３０８人だった（1）。そのなかには微罪を犯して「流刑」となった人が多数いた。また、土地をもたない労働者や、土地を追われ、厳しい工業都市でなんとか生き延びようとしていた「路上生活者」、さらには、ナポレオン戦争が終わって除隊となった水兵、兵士も含まれていた。浮浪者取締法が成立して彼らのような状態は違法とされ、投獄に

ニューサウスウェールズ州のイギリス人入植者

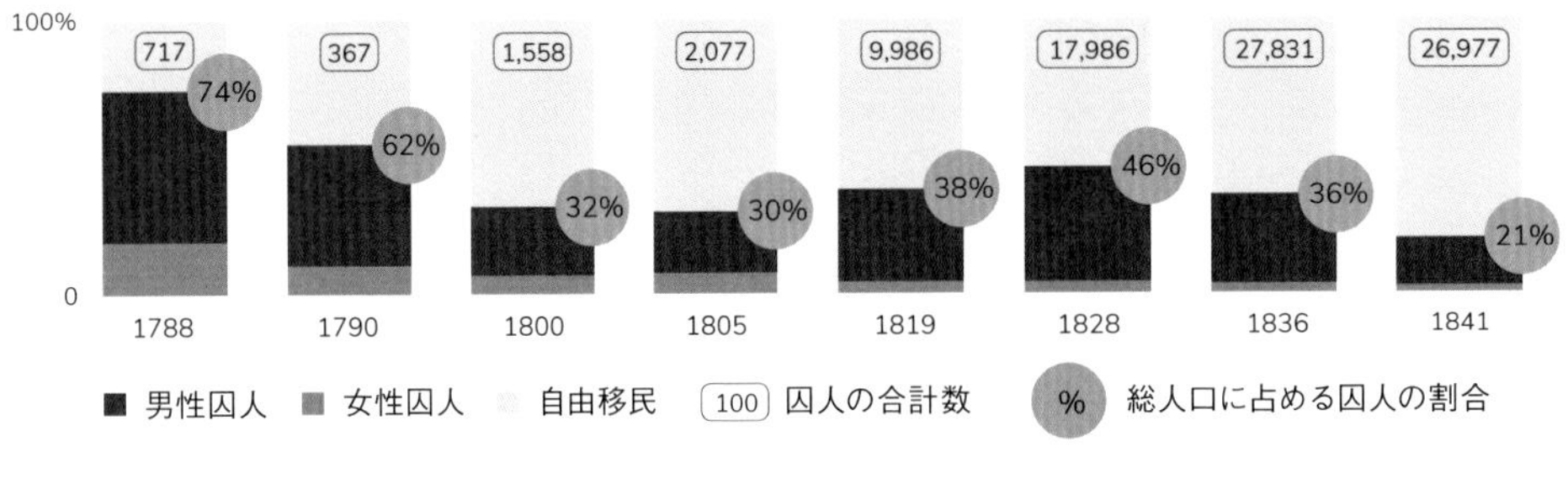

西オーストラリア州、ピンジャラのフェアブリッジ・ファーム・スクールでサッカーをするイギリスの児童移民（1933）。
彼らは児童移民協会を通じて移住した。

代わる実際的な刑罰として流刑が執行されたのである。

19世紀にはオーストラリアに送られた女囚にとくに厳しい目が向けられ、多くが「娼婦」とみなされた。しかし、彼女たちは娼婦などではなく、それは今日では通用しないような道徳観に基づいた思い込みだった。当時のイギリスの労働者階級には、結婚せずに一緒に暮らす例が多数みられたが、それが不特定多数を相手にする売春と一緒にされたのである（2）。堕落した女性という見方は、すぐに人を裁こうとする当時のキリスト教に基づいたもので、イギリスの貧しい女性が直面していた厳しい現実には目を向けていなかった。

子どもの移民

犯罪者を植民地に送るというやり方は、本国での受け入れ態勢を整えるより手軽だった。イギリスの福祉担当部局は、親が養育を放棄した子どもや非行児への対応策にも、移民という方法を選択した。これには少なくとも14の団体（児童移民協会、ドクター・バーナード・ホーム、チャーチ・アーミー、イギリス国教会孤児協会など）が関わった。特別プログラムが実施されたが、その多くが王室の支持を得、イギリスとオーストラリアの政府から補助金を支払われていた。なかでも有名なのが、ビッグ・ブラザー・ムーブメントである。１９２４年にスタートしたこのプログラムは、しっかりと暮らしを立てているオーストラリア市民が本国からの移住者を兄のように支えるという趣旨のもとに行われた（3）。

オーストラリアの総人口（アボリジニを除く）に占める イギリス、アイルランド出身者の割合

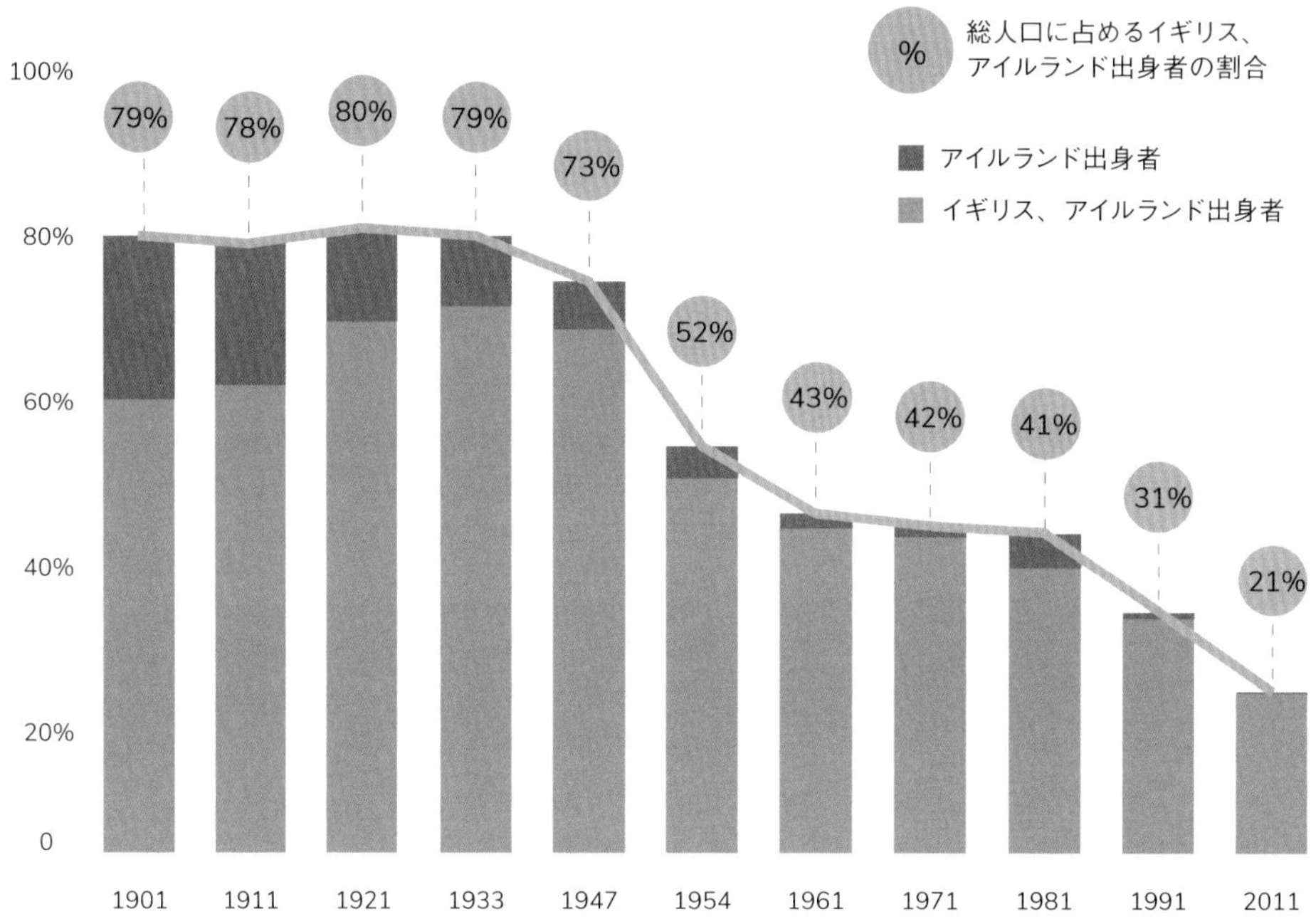

児童移民政策は、1912〜70年代初めまで続き、この間に6000〜7000人の児童がオーストラリアに移住した。太陽が輝く気候のよい土地で恵まれない子どもたちが生活を立て直す機会を得るという触れ込みだったが、彼らが成長し、自分の思いを伝えられるようになると、その実態がわかってきた。多数の子は、立ち直った、逆境を切り抜けたと話したが、農家で労働を強いられる、里親が冷淡だなど、つらい経験を訴える子どももいた。だが、最も厳しい非難を浴びたのは孤児院や農園だった。その多くがキリスト教系のものだったが、そこで長期にわたって性的虐待をうける事例があったのだ。

「テン・ポンド・ポム」

1938年にパース大司教が児童移民を歓迎してこう述べた。「ゆりかごが空であることが過疎の一因となっている時代には、供給源を外部に求める必要があります。そしてもしこの不足を我々と同じ人種で補うことができなければ、我々は近隣地域に住む多産な無数のアジア諸種族の脅威に自らの身をさらすにまかせることになるはずであります」(4)。この発言が白人であるイギリス人の移住を促し、第二次世界大戦後、オーストラリア政府は移住助成制度という形でこれを実現した。移住希望者は手数料として10ポンド支払えば、政府の用意した船か飛行機でオーストラリアに渡ることができたため、1945年以降にこの制度を利用してオーストラリアに移住したイギリス人を、口語で「テン・ポンド・ポム」と呼ぶようになった。〔ポムはpommyの略語で、イギリスからの新移住者の意味〕

この制度の利用者は膨大な数にのぼった。1945～72年までに125万人以上がイギリスを離れ、計画的な移住としては極めて規模の大きなものとなった。初期の政策とは異なり、この制度では子どものいる家庭や、技術や意欲のある者の移住が期待されていた。イギリスでの配給生活を思うと、渡航費が補助され、住まいや仕事も用意されるというのは夢のような話で、制度が始まった年だけで40万人近くが申し込んだ。テン・ポンド・ポムのなかには、ジュリア・ギラードのような人物もいる。ギラードは子どものころウェールズを離れ、やがてオーストラリア初の女性首相（在任2010～13）となった。アデレードのシニアタウンで暮らす彼女の父は、インタビューでこう話した。「私たちは、懸命に働いて娘たちに教育を受けさせたい、そんな思いを抱いてここにやってきました」。そして、ウェールズでは労働党に所属していたこともあって、母はこう言い添えた。娘は「最高の首相になるでしょう。マーガレット・サッチャーみたいにならない限りは」(5)

移住助成制度は大成功をおさめたが、「本国」のイギリス人以外は差別するという致命的な欠陥があった。これは明らかにイギリス人を増やし「血統」の純粋さを保つための制度だった。だが、1970年代になるころには、そのような考え方は時代に合わなくなっていた。最終的に「白豪」主義は否定され、移民政策はオーストラリアの経済的ニーズを満たし、技術不足を解消するものへと変わった。こうしてアジア系をはじめとする非イギリス系の人々に道が開かれ、イギリス、アイルランド生まれの人口比率が低下した。

オーストラリア出身の俳優、ヴィンセント・ボールが、テン・ポンド・ポム制度を利用して両親と一緒にシドニーに移住する子どもと話をしている。（ロンドン、オリンピア、1956）

第14章 アメリカへの「大西洋大移住」

1836年から1914年までに3000万人のヨーロッパ人がアメリカに渡った。これは人の自由な移動としては最大規模のものだった。移民の大半は母国での過酷な状況から逃れてきた人々で、一方、アメリカは労働力の確保を必要としていた。アッパー・ニューヨーク湾内にある小さな島、エリス島には1200万人の移民が到着した。移民を迎えたのは1886年に完成した巨大な自由の女神像。像の台座にはエマ・ラザラスの有名な歓迎の詩が刻まれている。

疲れし者、貧しき者を我に与えよ
自由の空気を吸わんと熱望する人たちよ
身を寄せ合う哀れな人たちよ
住む家なく、嵐にもまれし者を我に送りたまえ
我は、黄金の扉にて灯を掲げん

エリス島にやってきた移民の物語は今も語り継がれ、多数の小説や映画になっている。島にある移民博物館には毎年200万人が訪れる。「自由の国(land of the free)」「卑賤から身を起こす(from rags to riches)」「黄金の扉(the golden door)」という表現はエリス島で生まれた。そして、「人種のるつぼ(melting pot)」という考え方が生まれたのも、やはりここだった。「身を寄せ合う人」たちのなかには豊かになって、1908年にブロードウェイで人気を

イズレイル・ザングウィルの戯曲『メルティングポット』の当初のプログラムの表紙

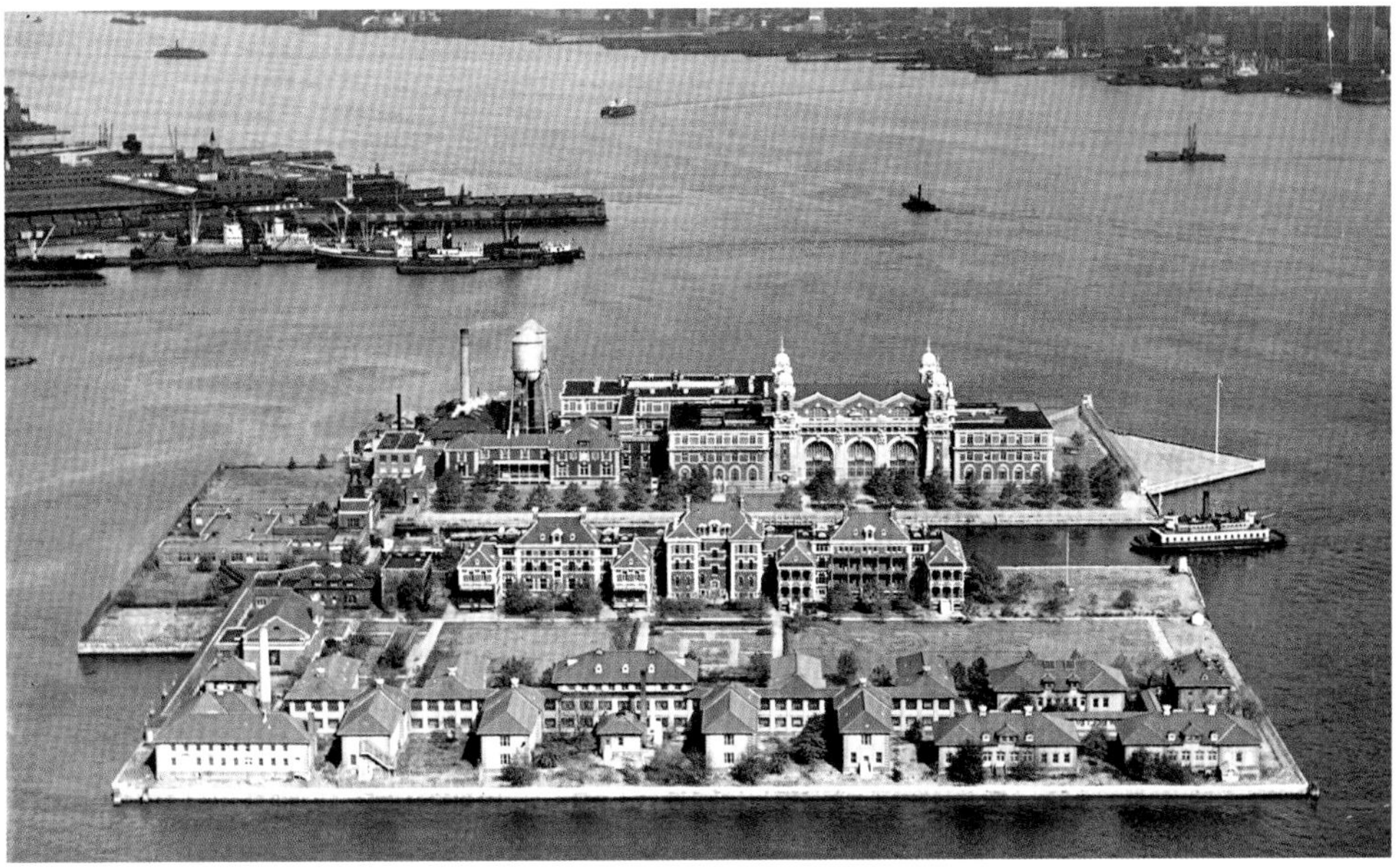

空から見たエリス島（1955）。ここから1200万人の移民がアメリカに入国していった。〔1954年にエリス島の移民局は閉鎖され、現在は文化遺産として観光名所の1つになっている〕

ヨーロッパからアメリカへの移住　1815～1914年

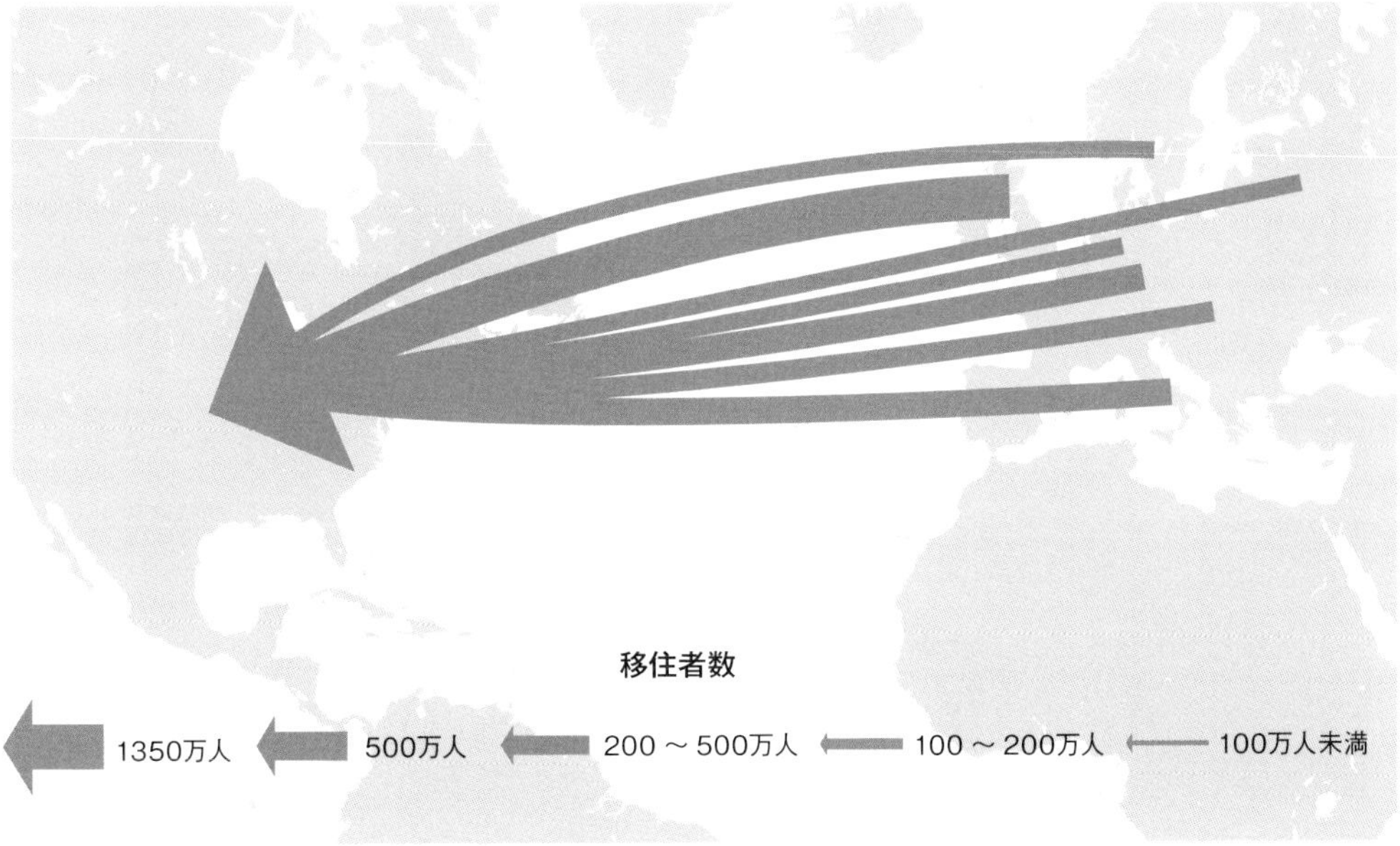

呼んだ戯曲『メルティングポット』のチケットを買った人もいただろう。イズレイル・ザングウィルが書いたこの作品の主人公は、ポグロムと呼ばれるユダヤ人虐殺で両親を殺された青年だ。青年は、神が介入し、移民のそれまでのアイデンティティは「神の火」によって燃え尽きるだと熱く語る。「ドイツ人、フランス人、アイルランド人、イギリス人、ユダヤ人、ロシア人」、すべての者がるつぼに投げ入れられ、「神がアメリカ人をお創りになっているのだ」。

この物語では、移民は惨めな過去や生活を捨て、チャンスと自由を求めて片道切符でアメリカにやってくる。エリス島で入国審査があるが、公式に入国を認められないうちから、子どもたちは島で行われるパレードに旗を振って参加する。

移民は英語を学び、新しい母

エリス島でニューヨーク市の公衆衛生官による健康診断をうける移民の子ども

ヨーロッパからアメリカへの移住　1870～1920年

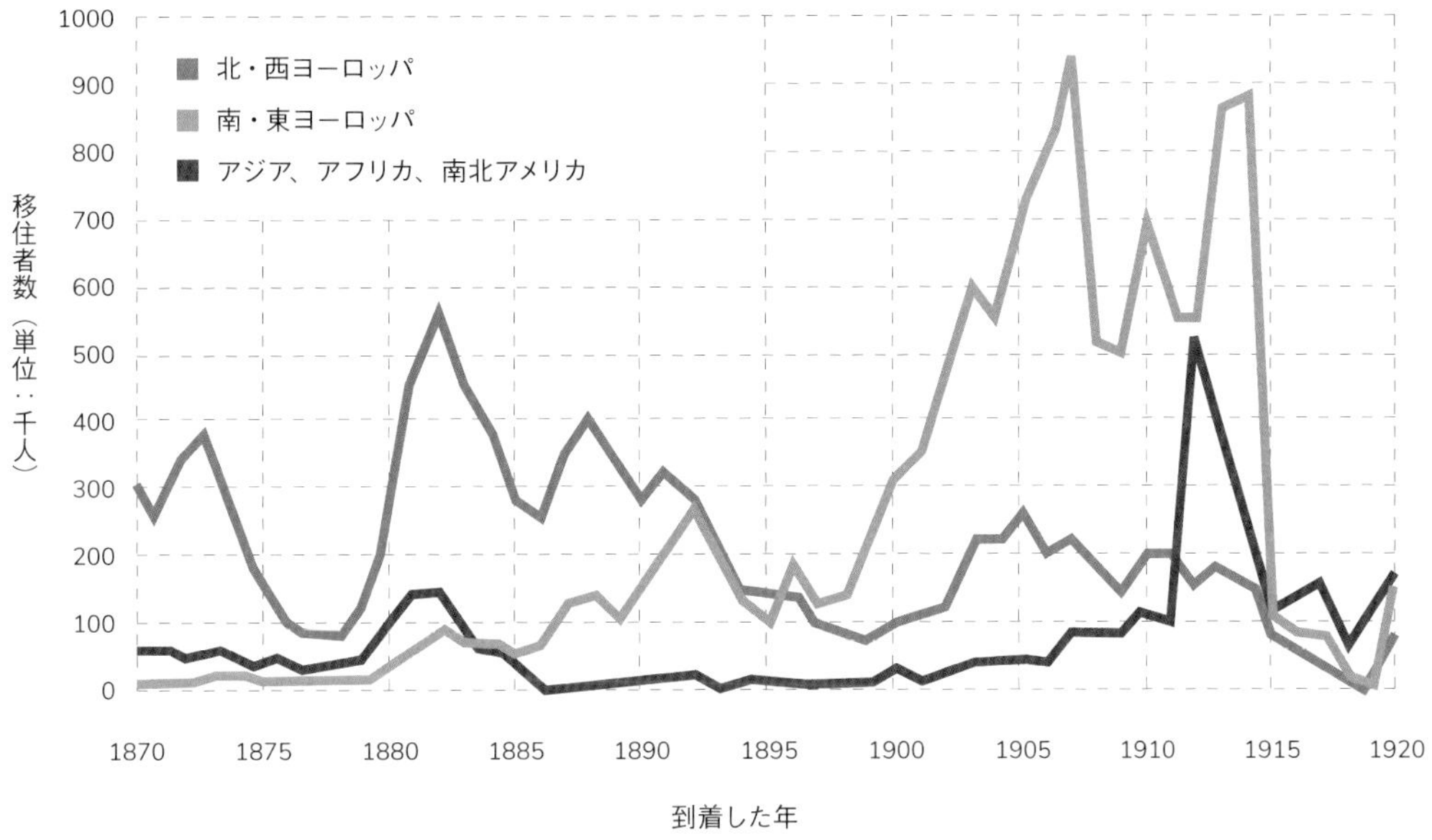

国を愛し、アメリカ建国のために貢献することを期待された。だが、実際にはそうはならなかったという慎重な歴史家もいる。生活状況が変わらず、母国に戻る移民がいたのだ。1930年代の大恐慌の時代は、とくにそうした例が多かった。東欧からの移民は貧困と差別に苦しんだが、戻ったところで多くは期待できないのを知っていた。しかし、スカンジナビア出身の移民はほぼ4分の1、南イタリア出身の移民は半分以上が母国に帰っていった(1)。文化的適応も進まなかった。よく指摘されることだが、アメリカ人になるとは、WASP（ホワイト・アングロサクソン・プロテスタント）にならって彼らに同化することだった。アメリカ人でも黒人は無視され、数が増えてきたアイルランドや南イタリア出身のカトリック、東欧出身のユダヤ人もとり残された。そして、民族的アイデンティティとアメリカへの忠誠という問題をうまくおさめるために使われるようになったのが、イタリア系アメリカ人、ポーランド系アメリカ人といった「○○系」という表現だった。

1790年に制定された帰化法では、「善良な白人の自由市民」に国籍が認められた。ところが徐々に複雑な分類がなされるようになる。1911年にディリンガム委員会が提出した移民に関する実に長い報告書では、初め、人種は5つ——コーカサス、モンゴル、エチオピア、マレー、アメリカ——に分けられていた。ところが、この報告書の第9巻では、アメリカの移民は45の「人種あるいは民族」に分けられ、そのうち36が「ヨーロッパ出身」とされている。南欧からの移民は遺伝的に劣っていると考えられ、その流入を抑えようと、北欧出身者を増やす国別割当制などが導入された。だが、いずれにせよ、第一次世界大戦が始まってドイツのUボートに商船が脅かされるようになると、大西洋を渡る移民は激減した。

それでもヨーロッパからアメリカへの移住は続いたが、太平洋の西側やアメリカ大陸の他の地域からの移住に比べると、重要性は徐々に落ちていった。

汽船と移民の出航地　アントワープ

大陸間の大移動は帆船に代わって汽船が登場したことで可能になった。船は大きくなり、旅は以前より安心、快適で、到着までの日数も5、6週間から2週間以内に短縮された。鉄製の船体とスクリューを備えた船が、移住に拍車をかけたのだ。1870年にはアメリカへの移民の90%以上が汽船を利用していた。船旅は以前ほど過酷なものではなくなったが、それでも等級によって快適さは大きく異なった。豪華な食事や娯楽、贅沢な部屋を提供されるのはわずかの人で、3等船室の客は狭い部屋に詰め込まれ、つらい旅を強いられた。甲板が数層違うだけで大違いだった。

船はさまざまな港(リバプール、ルアーブル、ブレーメン、ハンブルク、グラスゴーなど)から出航したが、当時の姿をよくとどめているのがアントワープである。200万人の移民を送り出した建物のなかに、レッドスターライン博物館がある。みすぼらしい乗客は出発前に身なりを整えなければならなかった。シラミのついた衣服を大桶で煮沸し、シャワーを浴びるのだ。健康診断も行われた。精神障害が疑われる乗客には、エリス島で行われているのと同じような、ちょっとしたパズルやテストが課された。船会社はエリス島で入国を認められなかった乗客を自社の負担で本国まで連れ帰らなければならなかったのだが、出発前にこのようにふるいにかけたことで、送り返されたのは、エリス島に到着した1200万人の2%にとどまった。

とても貧しい乗客のなかに5歳の少年、イスロエル・イジドル・ベイリン(1888～1989)がいた。ベラルーシの出身で、家族と一緒にレッドスターライン社のラインラント号でアメリカに渡ったが、その後名前をアーヴィング・バーリンに変え、作詞・作曲家として多数の作品を残した。アメリカンドリームの体現者であり、アメリカンドリームといえば彼を思い出す人が多いのではないだろうか。バーリンが手がけた「ホワイトクリスマス」や「ゴッド・ブレス・アメリカ」は広く知られている。「アメリカに神の恵みあれ、我が愛する国よ／アメリカを守り、導き給え／夜通し降り注ぐ天上の光」。こう書いたときの彼は、心からそう思っていたのだろう。

レッドスターライン社のポスター。同社はヨーロッパ、アメリカ間の船を運航する主要な船会社の1つだった。

第15章　ナチスの手から逃れたユダヤ人難民

ヒトラーは1933年に権力を掌握し、1940年にナチスは西ヨーロッパへの侵攻を開始した。その間にナチスによる迫害の恐怖から逃れるため、ドイツ、オーストリア、チェコスロヴァキアを出て外国に移り住んだユダヤ人は45万人に達した。戦時中もさらに数千人がなんとか脱出している。残された家族や友人は大半がホロコーストで命を落とした。第二次世界大戦前には800万人のユダヤ人がヨーロッパにいたが、1945年までに600万人近くが殺害された。

ナチスから逃れた著名人

マックス・ボルン
数学者、物理学者

ハンナ・アーレント
哲学者、政治思想家

ジークムント・フロイト
精神分析学者

アルベルト・アインシュタイン
理論物理学者

ヘンリー・キッシンジャー
政治家、政治学者

ビリー・ワイルダー
映画監督、脚本家

1933年、ヒトラーがドイツの首相に就任したこの年、ドイツには約50万人のユダヤ人が住んでいた——全人口の1%に満たない数だ。彼らはドイツ人社会に総じてうまく溶け込み、国民生活のほとんどの領域に関わっていた。法律や医学、科学、芸術、音楽、学術、政治の分野でも貢献度は高かった。第一次世界大戦では10万人を超えるユダヤ人が国のために亡くなった。

だが、ユダヤ人は「真の」ドイツ人にはなれないと多くの人が考えていた。彼らの忠誠心はドイツではなく、いつも同胞に向けられているからだ。また、それはどこの国にいようと同じだと思われていた。20世紀初めには、ドイツだけでなく、ヨーロッパの多数の国やアメリカでも遺伝に関する疑似科学的理論が広まった。ある民族は他の民族よりすぐれている、というのだ。ここから純粋な白人の「アーリヤ人」が「セム人」（ユダヤ人）の国際的陰謀に脅かされているという「神話」が生まれる。ドイツの極端な国粋主義者は、ドイツ、オーストリア、東ヨーロッパのドイツ語を話す民族が最もすぐれた民族だと考えていた。

新生活を始める

ナチスから逃れてアメリカに亡命した人のなかには、１９４０年にアメリカ国籍を取得した物理学者のアルベルト・アインシュタインなどの著名人がいた。彼らの多くはドイツを離れても、音楽家や科学者、学者として仕事を続けることができた。

ユダヤ人難民の多くは何らかの資格をもっていた。だが、１９３０年代の世界恐慌の時代にそれを活かすのは非常にむずかしかった。また、言葉の壁もあり、多数の人は単純労働につくしかなかった。１９３９年９月にドイツに宣戦したイギリスは、ユダヤ人移民は安全上のリスクになる可能性があると考え――ユダヤ人がナチスの迫害をうけているにもかかわらず――拘留キャンプに送った。

避難する子ども

1938年11月9～10日の水晶の夜（ドイツ全土でユダヤ人の住居や商店、シナゴーグが破壊された事件）の数日後、イギリス政府は、ユダヤ人難民委員会（Jewish Refugee Committee）がユダヤ人の子どもをドイツから避難させる計画を進めることを認めた。キンダートランスポートとして知られるようになったこの活動で、第二次世界大戦が始まる1939年9月までの9カ月間に、ドイツ、オーストリア、チェコ、ポーランドに住む2歳から18歳までのユダヤ人1万人が救出された。

キンダートランスポートは1938年12月2日に始まった。荷物は1人2つまでとされた。子どもたちは列車でドイツを経由してオランダまで行き、船でイギリスに渡った。そして一旦収容所に入り、それから受け入れ家庭に送られた。

子どもたちはイギリスでの新生活のさまざまな場面でとまどい、混乱した。「どうしてイギリス人はこんなにべちゃべちゃのお肉を食べるの」。アイリッシュシチューを出されたベアテ・シーゲルはこう尋ねた。救出された子どもの約80%は親にも身内にも再び会うことはなかった。

第二次世界大戦前と
大戦後のユダヤ人人口

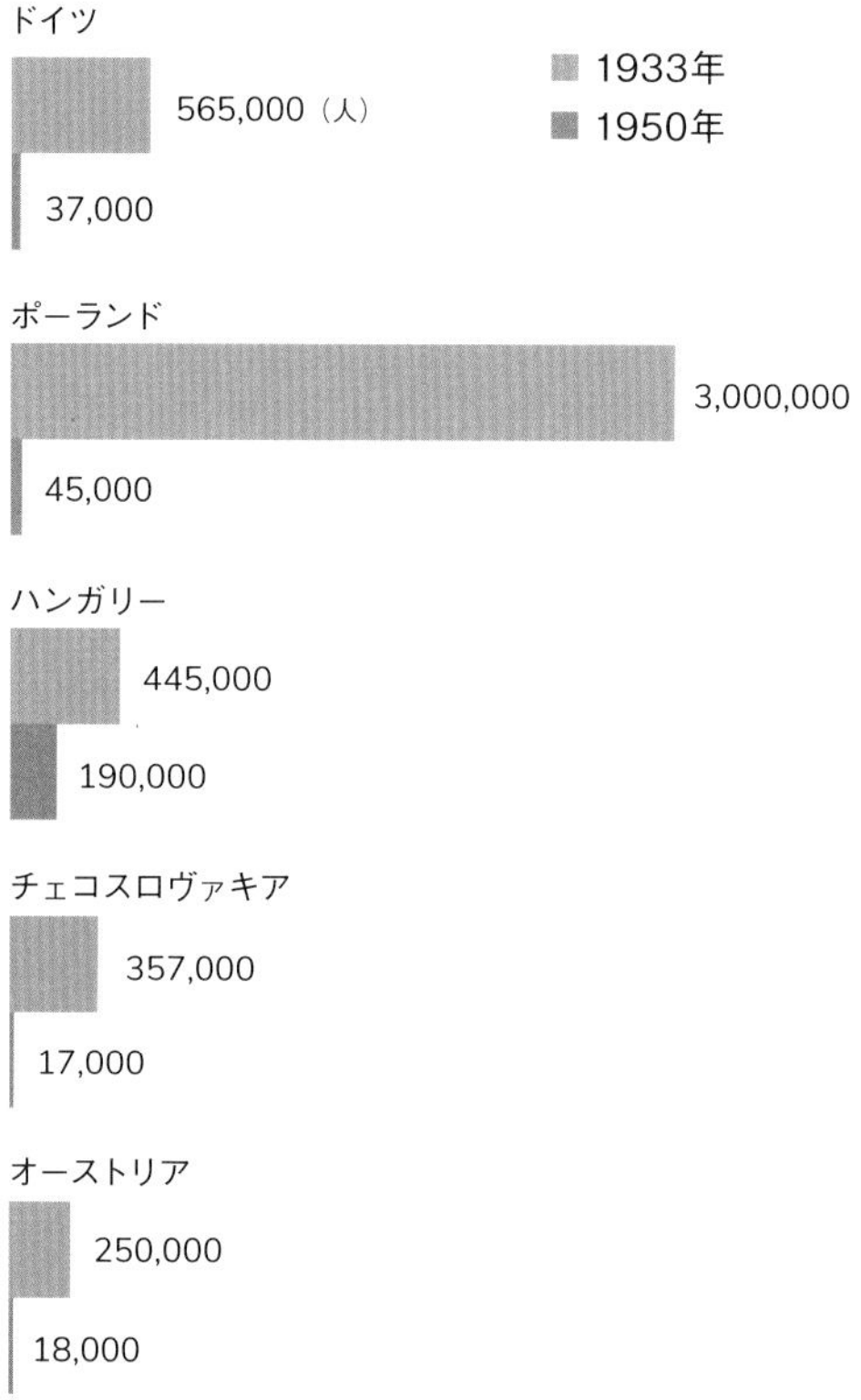

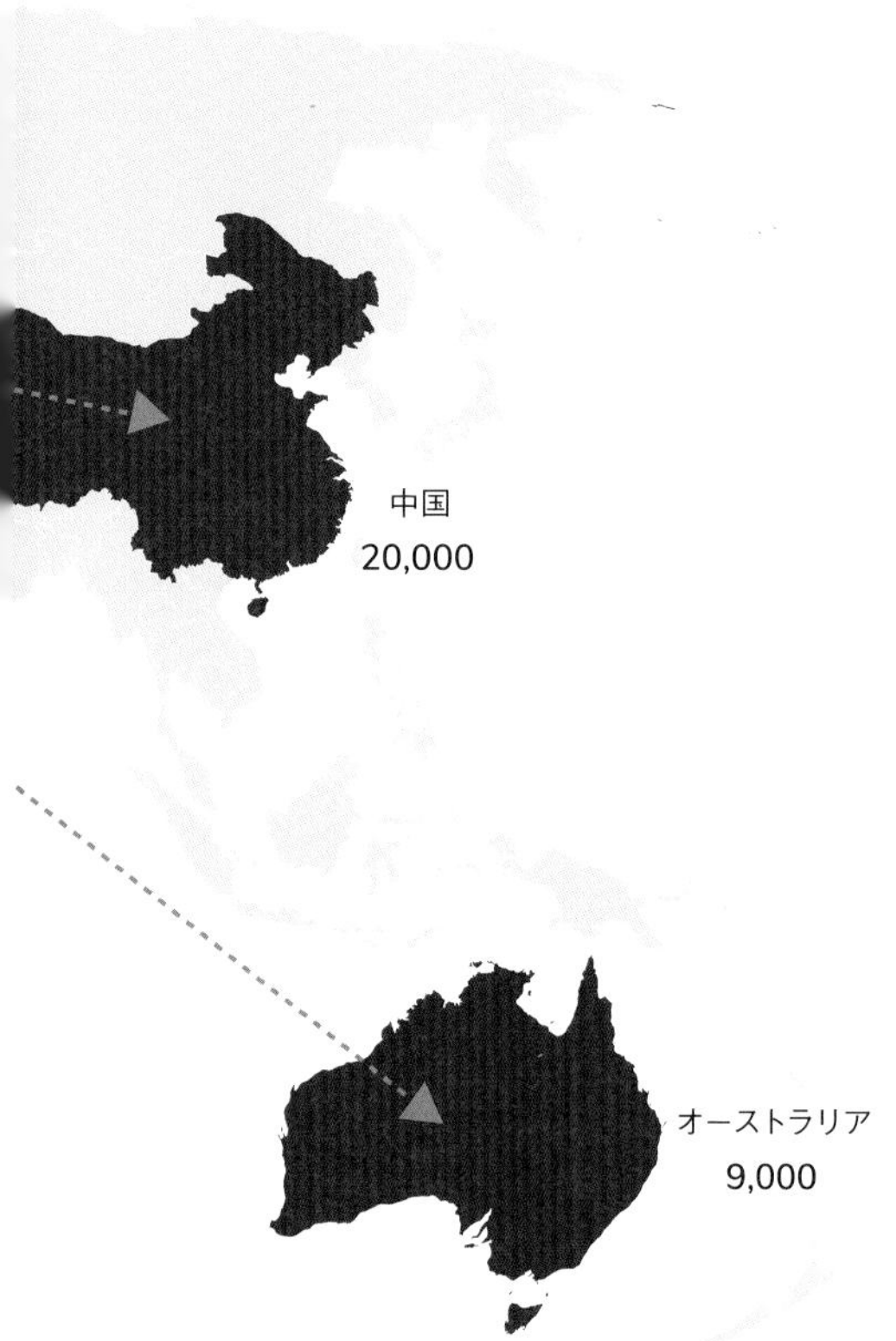

ヨーロッパにとどまったユダヤ人

第二次世界大戦が始まり、１９４０年にはすべての逃げ道が閉ざされた。ナチスから逃れた人々にとっていちばんつらかったのは、あとに残した家族や友人がどうなったかわからないことだった。ユダヤ人のなかには危険が迫っていることを認識せず、逃げ遅れた人がいた。受け入れてくれる国を見つけられなかった人、旅費を用意できなかった人もいた。

ドイツとオーストリアのユダヤ人11万７０００人ほどは、ポーランドやフランス、オランダなどのヨーロッパの国に移り住んでいた。１９３９、４０年にナチスがこれらの国に侵攻し、占領下においた。ユダヤ人たちが収容所行きを免れることは、ほとんど不可能だった。

ユダヤ人のドイツからの移住　1933〜1945年

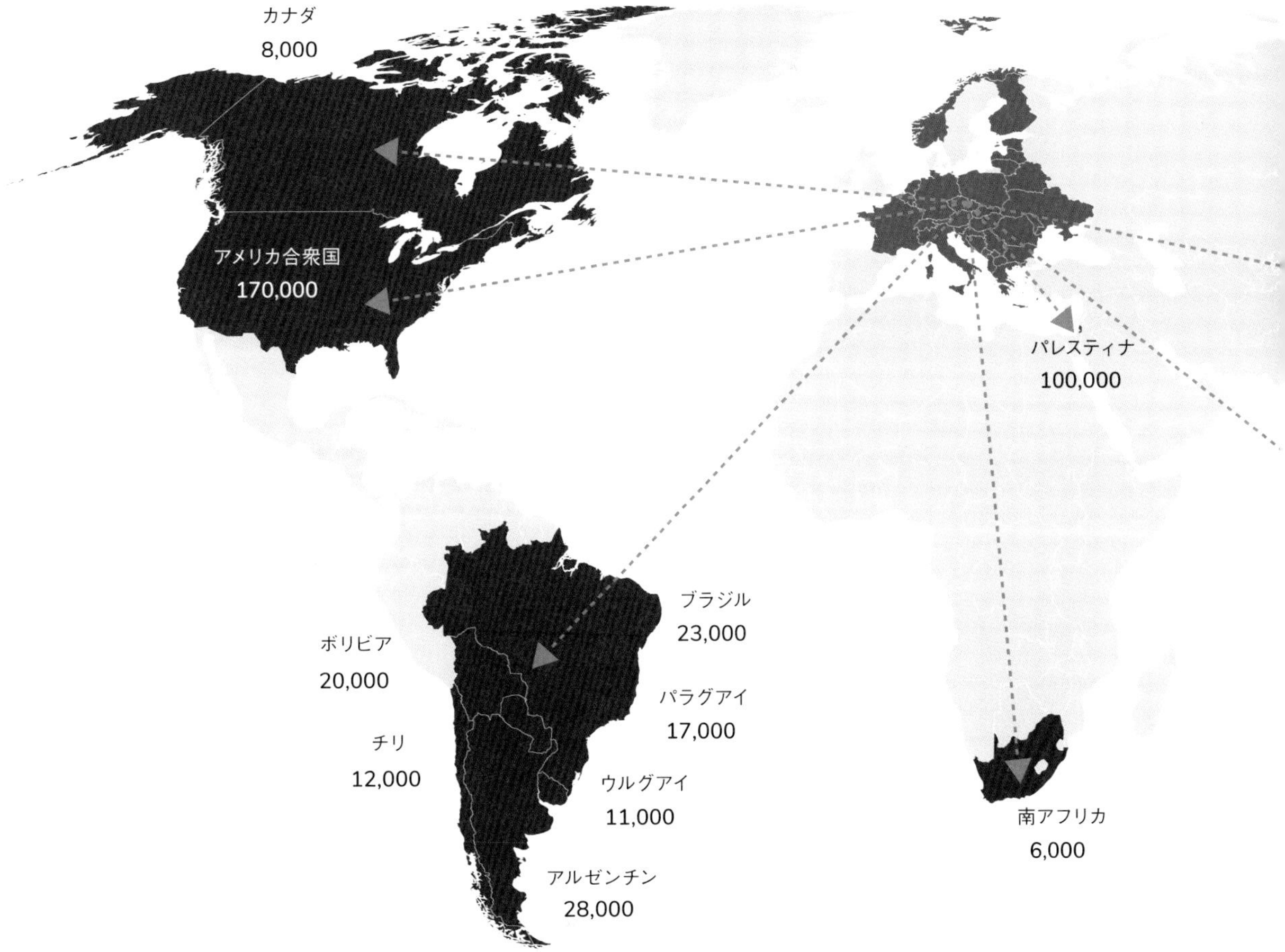

■ 枢軸国の占領下にあったヨーロッパの地域　1943年
■ ユダヤ人難民を受け入れた国　1933〜45年
◀------ ユダヤ人難民の流れ　1933〜45年
数字はユダヤ人難民の数（人）　1933〜45年

第16章 パレスティナ ― ユダヤ人の入植とパレスティナ難民

パレスティナ人とはいったい誰なのか。１９６９年にイスラエルの元首相、ゴルダ・メイアはこう言った。
[*1]「パレスティナ人などというものは存在しなかった。独自の国家をもつパレスティナ人がいついたというのか。パレスティナは、第一次世界大戦前はシリア南部に属し、その後はヨルダンも含む〈イギリス委任統治領〉パレスティナとなった。パレスティナに自らをパレスティナ人とみなす人々がいたのに、そこに我々が現れて彼らを放り出し、国を取り上げた、などという話ではないのだ。パレスティナ人など存在しなかった」(1)

これは、ある民族の代表者が別の民族の存在を強く否定するものだった。ユダヤ人のこの発言に対するパレスティナのアラブ人指導者たちの見方は分かれている。ヨルダン川西岸地区に本部をおくパレスティナ自治政府のマフムード・アッバース大統領はイスラエルの正当性を認めているが、ガザを拠点とするハマスのリーダーは、ユダヤ人をパレスティナに入植して居座る望ましくない存在と考えている。こうした状況がどんな結果を生んだかについては、トーマス・フリードマンがうまくまとめている。「イスラエル人とアラブ人は１００年間、暴力と否定を繰り返し、絶対に、相手にあの地を安住の地と思わせないようにしてきた」(2)

アラブ人にとって最大の痛手は、パレスティナ難民の発生だった。１９４８年にパレスティナ戦争が起きてイスラエルが独立したが、このとき72万６０００人のアラブ人が居住地を追われた。現在はその子孫を含め数百万人の難民がイスラエルの周辺地区や国に住んでいる。故郷を追われたこのできごとを、彼らは「ナクバ」(大災厄)

エクソダス号事件は、ユダヤ人のパレスティナへの移住の正当性を世論に訴える結果となった。

と呼んでいる。

人の移動と政治学

パレスティナの歴史について偏りのない見方をするのはやさしいことではない。事情が複雑なうえに、怒り、偏見、一部だけの真実といったものが加わっているからだ。人の移動という点から考えるなら、国際連盟がもうけた委任統治制度から見ていくとよいだろう。このあたり一帯はオスマン帝国の支配下にあったが、イギリスは委任統治制度により１９２３～４８年までの間、「パレスティナ」の統治を担当し、同地をパレスティナとトランスヨルダンに分離した。ユダヤ人はこのうちパレスティナのほうへの入植を認められ、トランスヨルダン側への移住は禁止された。委任統治の終了までに35万人のユダヤ人が合法的にパレスティナに移住し、５万人が不法に入り込んだ。

ゴルダ・メイアの言葉は正しかった――パレスティナという国民国家が存在したことはない。しかし、ユダヤ人入植者が増えるにつれ、アラブ人のなかでパレスティナ人〔パレスティナに住むアラブ系住民〕というアイデンティティが意識されるようになっていった。イギリスはアラブ人をなだめるためにユダヤ人の入植を制限しようとしたが、

第一次世界大戦後のイギリス委任統治領
パレスティナ

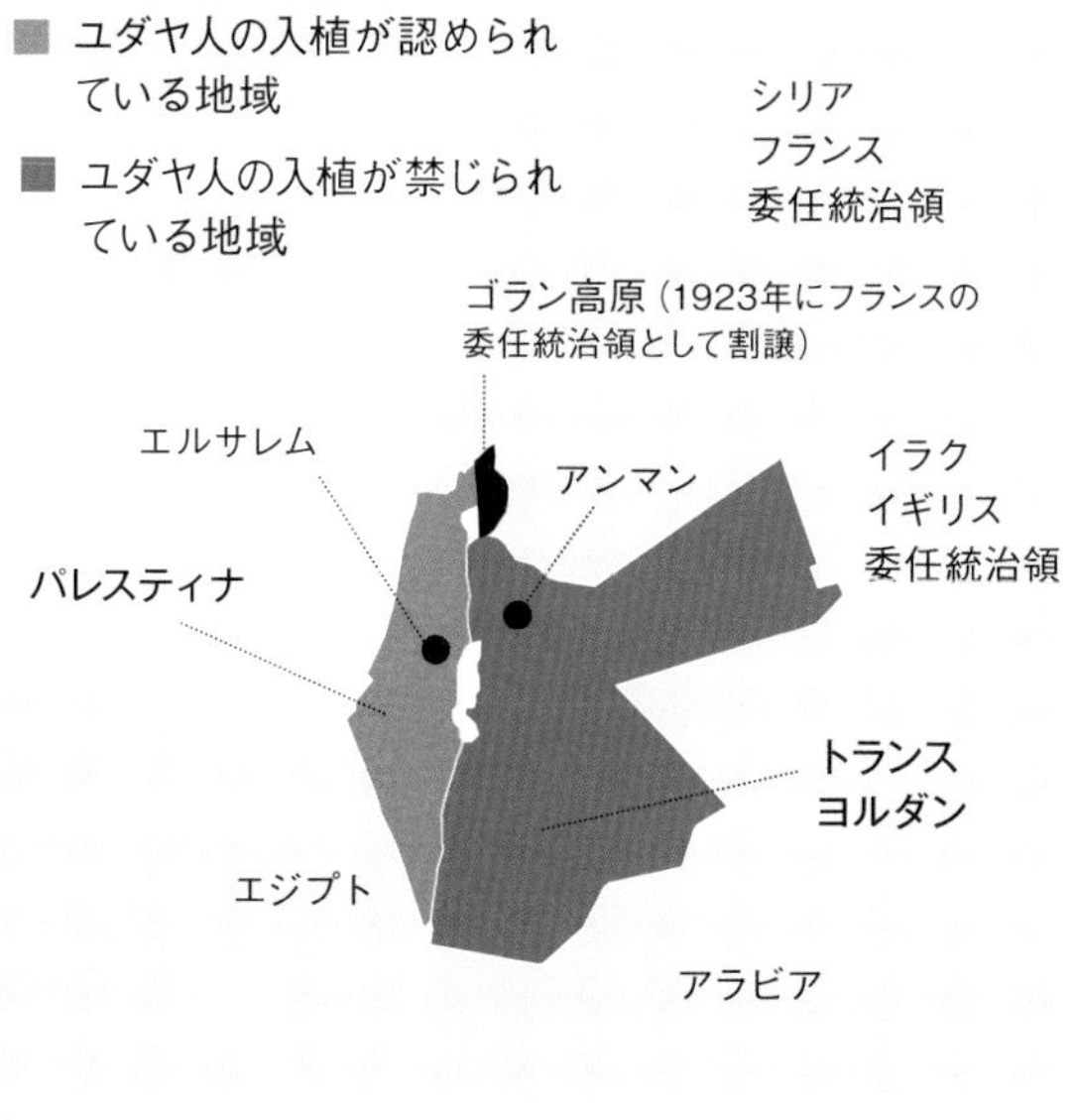

ヨーロッパでナチズムが広がるなか、制限措置をとるのは政治的にむずかしくなっていた。第二次世界大戦後、強制収容所が解放され、生き残ったヨーロッパのユダヤ人が難民キャンプでつらい生活を始めると、イギリスのジレンマはさらに深まった。

1947年7月、ホロコーストを生き延びたユダヤ人4515人を乗せたエクソダス号がパレスティナに向けて出港した。だが、船はイギリス海軍に拿捕され、難民はキプロスとドイツに送られた。とはいえ、強制送還を非難する声が上がり、ユダヤ人のパレスティナ移住を制限するイギリスの方針に反対していた人々にとって、これは実質的な勝利となった。パレスティナをアラブ人国家、ユダヤ人国家、エルサレム特別区に3分割する案が国連で議決され、ユダヤ人武装組織、イルグン（ユダヤ民族軍事機構）の激しい抵抗が続くなか、イギリスはパレスティナ問題を解決できないまま委任統治を終え

パレスティナ難民　1948年

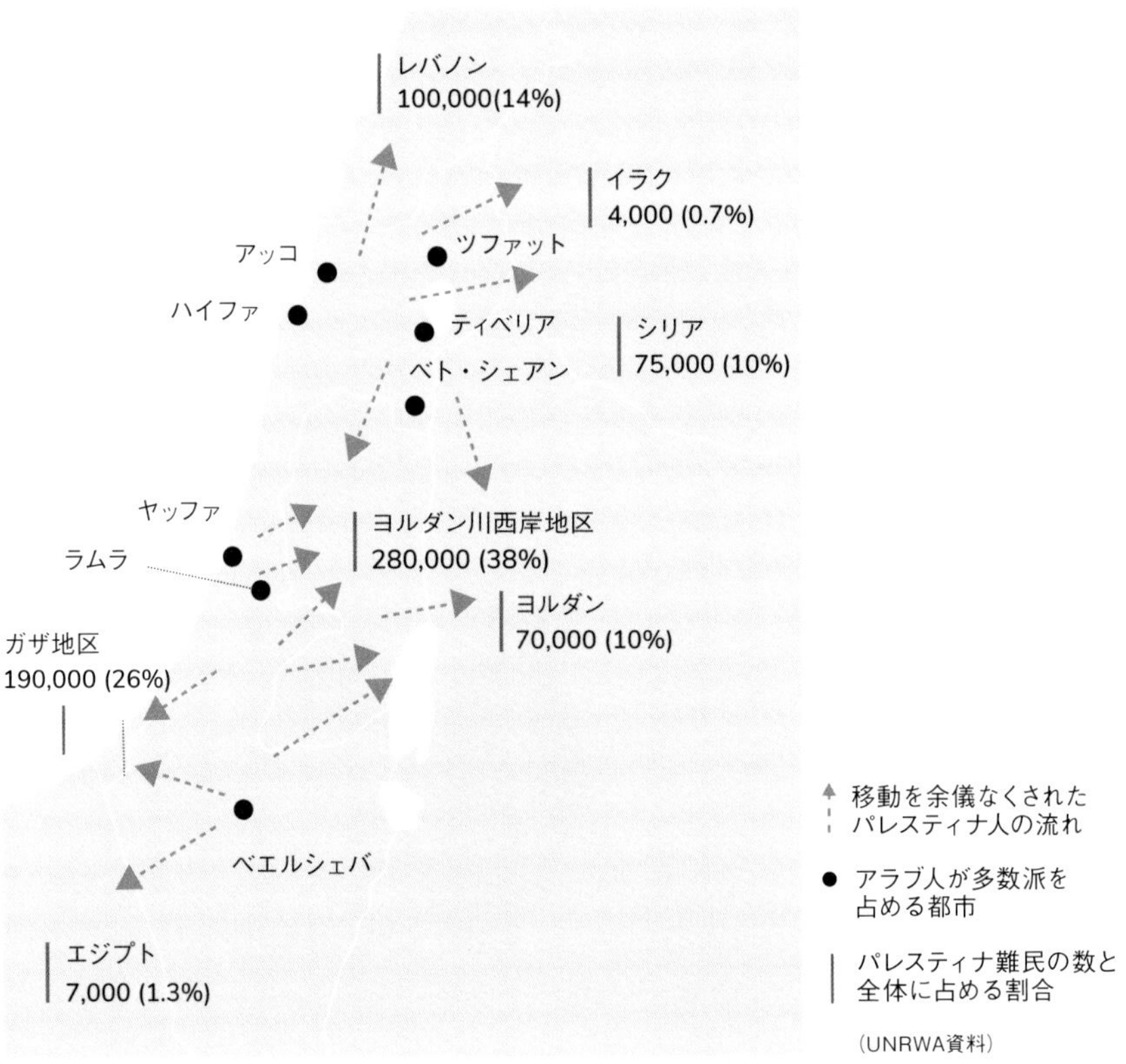

（UNRWA資料）

た。エクソダス号に乗っていたユダヤ人は、イギリスがイスラエルを承認したあと、1949年1月までに全員イスラエルに送られた。

1948年以前、ユダヤ人はアラブ人が所有していたパレスティナの土地を購入して移住を進めていった。それは「自発的な売り手と自発的な買い手」による売買だった。では、パレスティナ人が去り、地主不在となった土地はどうなったのだろう。1948年にイスラエル軍は615のアラブ人の村を破壊し、多数の難民を生みだした。アラブ人の民兵はほとんど抵抗しなかったが、アラブ諸国の軍隊が26のユダヤ人入植地を破壊した。

1948年以降、イスラエルは法律をうまく利用してアラブ人の土地を接収するようになる。それは12年にわたって4段階で進められた。第1段階では、アラブ人が残していった土地を合法的に接収し、再配分できるよう法律が整えられた。だが、この法律では土地の所有は一時的なものだったため、第2段階では永続的な所有を可能にする法律を新たに制定し、土地を制限なく利用できるようにした。第3段階ではまだ接収していない土地を取得し、最終段階では土地の管理システムを整え、こうして得た土地を「イスラエルの地」として統合した(3)。

アル・フサイニーによると、イスラエルから逃れた72万6000人の難民の多く(28万人)は「ヨルダン川西岸地区」(ヨルダン川の西岸地域で、一時ヨルダンに併合された)に移動した。ガザ(20万人)、レバノン(9万7000人)、シリア(7万5000人)、イラク(4000人)に逃れた人もいる(4)。パレスティナ難民の一部は受け入れ国(ガザはもちろん国ではない)で徐々に同化していった。だが、多数の人は難民キャンプに残り、自らのつらい経験やヨルダン川西岸地区におけるイスラエルの入植地拡大に憤りを抱いてきた。国連は難民のおかれた悲惨な状況を踏まえ、1950年に国連パレスティナ難民救済事業機関(UNRWA)を設立した。国連は難民認定をし、難民の保護やシェルターの提供などを行う機関だが、残念なことに、70年近くが過ぎても、その活動は終わらない。2018年には多額の資金を提供してきたアメリカが拠出金を削減、運営もむずかしくなっている。

UNRWAの難民キャンプ　2010年

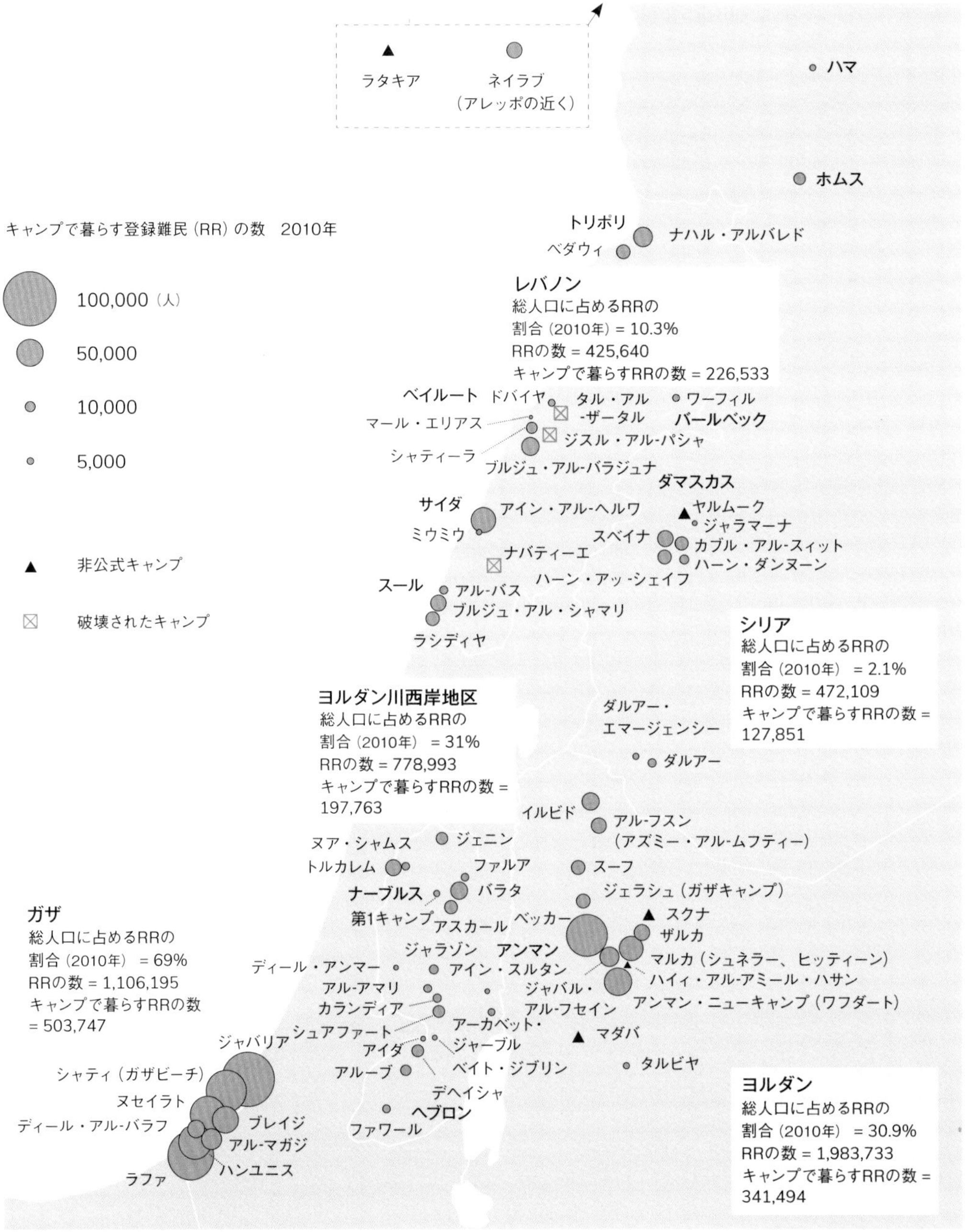

＊1　ゴルダ・メイアの発言はイスラエル建国初期のものである。イスラエルの建国は、19世紀後半からの民族主義の高揚を背景に、ドレフュス事件など反ユダヤ主義に直面して起こったシオニズム運動（ユダヤ人ジャーナリスト、ヘルツルらによって始められた、パレスティナにユダヤ人国家を建てようという運動）をはじめ、複雑な経緯をたどる。本書で後述される、サイクス・ピコ協定（第一次世界大戦で同盟国側のオスマン帝国の弱体化をねらったイギリス、フランス、ロシアの秘密協定）、アラブ人が住むパレスティナの地にユダヤ人の民族的郷土（ホームランド）を設定することを認めたバルフォア宣言など、イギリスの外交がもたらした枠組みのなか、ユダヤ人武装組織による対英テロを含む過激な運動を経たものである。その後、中東戦争などを経て、イスラエルは１９９３年のオスロ合意、パレスティナ暫定自治協定で、パレスティナ暫定自治政府を交渉相手として認めた。パレスティナは２０１９年現在、国連のオブザーバー国家であり、世界で国家承認した国は１３０カ国を超えている（日本は未承認）。

第17章 「新イギリス連邦」[*1]からイギリスへの移住

イギリスへの非ヨーロッパ人の移住の歴史は長いが、政府が植民地からの労働者の受け入れを正式に認めたのは第二次世界大戦後のことだった。

１９４６年、労働力不足が深刻化し、１３４万６０００人の人手不足と推定されるなか、労働党のジェームズ・キャラハン（のちの首相）は下院で次のように訴えた。

「数年のうちにこの国は仕事不足ではなく、労働力不足に陥ります。……今こそ我々は移民を積極的に受け入れる国にならなければなりません。革命的な話と思えるかもしれませんが、世界における我が国の立場を考えると、これこそが我々の進むべき道です。……年金や福祉のための支払いを、この先誰が支えていくのでしょう。人口が増えない限り、現在のシステムを維持するのはむずかしく、人口を増やすには、移民を受け入れるしかないのです」

だが、公文書館に残されている資料を見ると、政治家や役人が移民の受け入れに不安を抱いていたことがわかる。こんな意見が記されている。「有色人種のイギリス臣民がイギリスにとどまりたいと思ったら、退去させる術がないではないか」。それでも、受け入れを認める意見が優勢を占めた。イギリス連邦の労働者はイギリス臣民だからこそ、イギリスのやり方をよく知っていたし、英語を話す。雇うのも外国人より簡単だった。

イギリスの繊維産業を例にとってみよう。イギリスにとってアジアからの安い輸入品は大きな脅威だった。しかし、新しい機械に巨額の投資をするのは資金的に無理な話で、アジアとの競争に勝つには、今ある機

1958年の人種暴動からまだ1年たたないころ、アンティグア出身の大工、ケルソ・コクランが白人の若者に殺害されて人種間の緊張が再び高まった。写真は、事態を収拾するために融和を訴えるノッティング・ヒルの黒人住民。警察は犯人をつきとめていたが、犯人を有罪にするとまた暴動が起きかねないため、リスクを回避する道を選んだものと現在は考えられている。

械をフル稼働させるしかない。そのために必要なのが、低コストで、交代制での勤務をいとわない労働力を安定して確保することだった。この条件を満たしたのが移民労働者だ。1960年代にはイギリスの黒人労働者の3分の1が交代制で働いていた。白人労働者の倍以上の割合である。こうした移民労働者は製造業の他の業種でも必要とされていた。製造業で働く人の割合（1971）は、非移民労働者が33％に対し、移民労働者は47％。フォードがイギリスにもつ最大の工場（イースト・ロンドンのダゲナム）では、従業員の60％が黒人で占められていた(1)。

当初、新たに雇われた労働者の大半は英領西インド諸島（現在のカリブ海諸国）の出身だった。そこで生まれてイギリスに移り住んだ人の数は、1951年には1万5000人だったが、10年後には17万2000人にまで増えていた。この年、イギリス政府は移民の流入を規制することにした。1958年にロンドンのノッティング・ヒルで起きた人種暴動と、白人の移民に対する差別感情の高まりをうけた措置だった。

「新しいイギリス連邦」の発明

人種間の緊張の高まりに不安を抱いた政治家や役人は法律を制定し、言葉を巧みに使ってイギリス連邦から非白人がイギリス本国に入国するのを制限しようとした。これにより、イギリスの国民は新イギリス連邦と旧イギリス連邦の違いをよく考える必要が生まれた。新旧は、いつイギリスの植民地になったかではなく（たとえばバルバドスなら1627年）、いつイギリスから独立したか、あるいは、いつ独立することになっているかによって分けられた。新イギリス連邦は1945年以降に独立した旧イギリス植民地国の総称で、新イギリス連邦からの移民といえば、有色人種が一般的だった。1962年、政府はイギリス連邦移民法を制定。条文に「新イギリス連邦」という表現は使わなかったが、この法律が有色人種の移民を規制の対象としていたことは明白で、

融和がうまく進むこともあった。タバコを分け合うバス運転手のエリック・コックス（ジャマイカ出身、左）と同僚のチャーリー・ピンダー（1960年代）

当時の人々もすぐにそれを理解した。１９７１年の移民法では「パトリアリティ（patriality）」という新しい概念が導入された。これは、イギリスで生まれた親か祖父母をもつ者に限り「永住権」が与えられるというものだった。patrialityには、残念ながら性別を示すpatri-（父）という接頭語がついているが、これは内務省の役人がつくった語で、それまでの辞書には載っていない。このときも白人しか永住権を得られないことはすぐにわかった。「意図せざる結果」について論じたのはアメリカの社会学者、ロバート・K・マートンだが、これが見事に当てはまるのがイギリスの移民規制だった。少なくとも1年半の間、規制に関する幅広い議論が行われ、移民法案が議会に提出されたのが１９６１年末。法案は１９６２年の初めに可決され、7月1日に発効した。ここに至るまでの期間が長かったため、カリブ海諸国をはじめとする新イギリス連邦の国々は規制の動きに気づいた。そして、「法の発効前」に駆け込みで入国しようと多数の人が押し寄せた。それまでの移民の数はイギリスの求人数に応じて増減していた。仕事もないのに行ってもどうにもならないからだ(2)。ところが、施行前の1年半で、移民数はそれまでの5年間に流入した数と同じ程度の純増となった(3)。

アジアからの移民

イギリスに住むカリブ海地域出身者の数は１９６２年以降減少した——新たにやってくる移民が少数にとどまり、一方で、多数の人が退職の時期を迎え島に帰っていったからだ。それと入れ替わるように大挙してやってきたのが、インド、パキスタン、バングラデシュ

イギリスの少数民族の人口　1991年

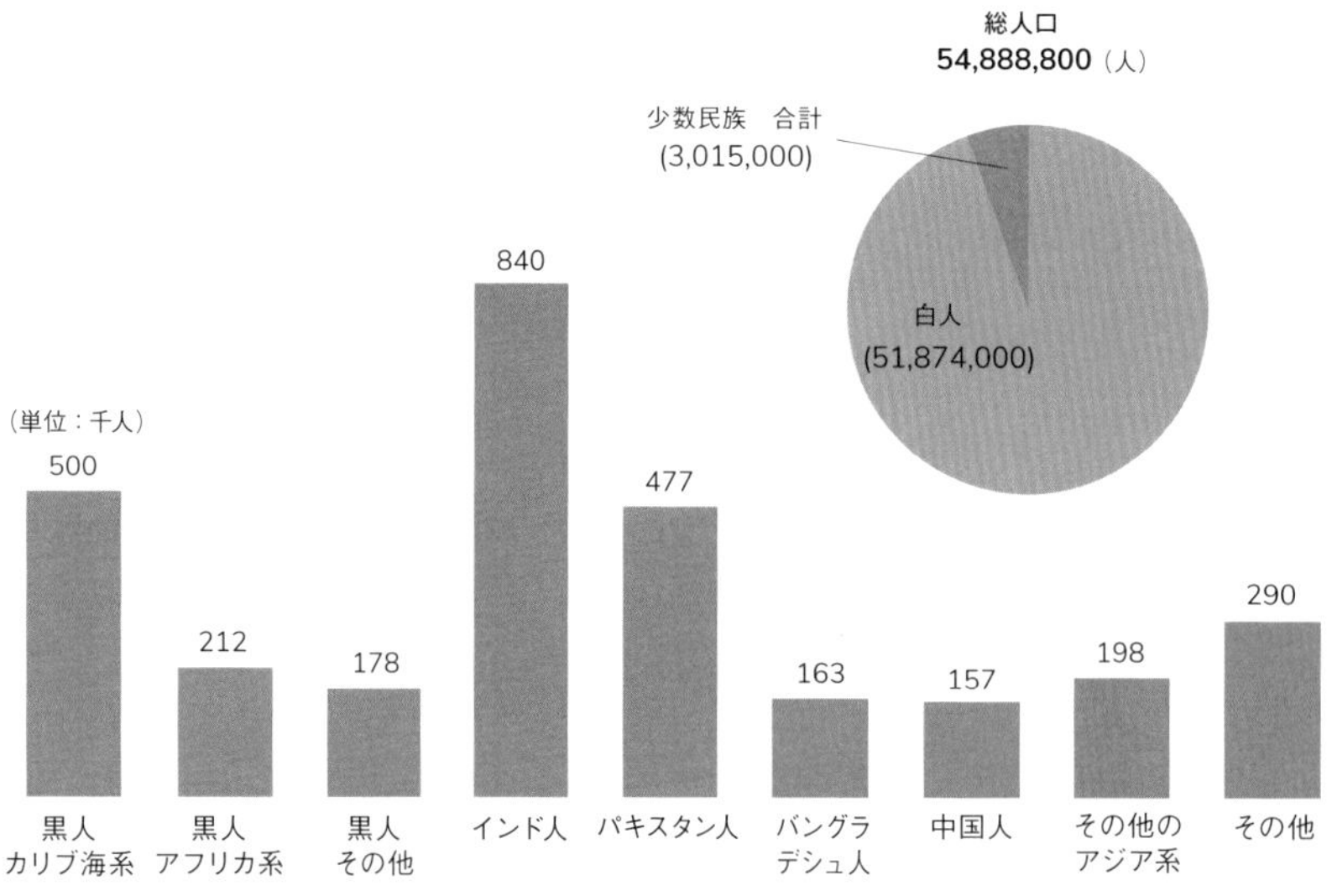

（東パキスタンが内戦を経て、１９７１年12月にパキスタンから独立、バングラデシュに改称した）からの移民だった。イギリスのインド系住民は１９６１年から１９７１年までの間にほぼ倍増し、２０１１年には海外生まれのイギリス住民で最も数が多いのがインド系だった。パキスタン生まれも１９６１年からの10年間に急増し、13万６０００人に達した。バングラデシュ人もあとに続き、その多くはロンドンに住み着いた。新イギリス連邦からの移民数は20世紀末には頭打ちとなり、かわってヨーロッパからの移民が増えていった。

＊１　イギリス連邦は、イギリスを中心とする自治領、旧植民地諸国から構成されるゆるやかな連合体である。１８８７年、イギリス本国とその属領を結ぶために開かれたイギリスの植民地会議（Colonial Conference）をもとに、のちにこれが１９０７年にイギリス帝国会議（British Commonwealth）と改称され、イギリス帝国（British Empire）を形成していた。１９４７年のインド、パキスタンの独立を機に、１９４９年以降は、イギリス国王を共通の元首としない単なるイギリスと自治領、旧植民地諸国との連絡調整会議に変化し、名称もイギリス連邦（Commonwealth of Nations）に改称された。本書の新イギリス連邦はこれを指し、インド、パキスタン、バングラデシュ、マレーシア、シンガポール、アフリカ諸国、中南米諸国からの移民を念頭に記述されており、旧来のカナダ、オーストラリア、ニュージーランド、南アフリカ、アイルランドとは区別されている。

イギリスへの移民の民族、国籍構成の変化

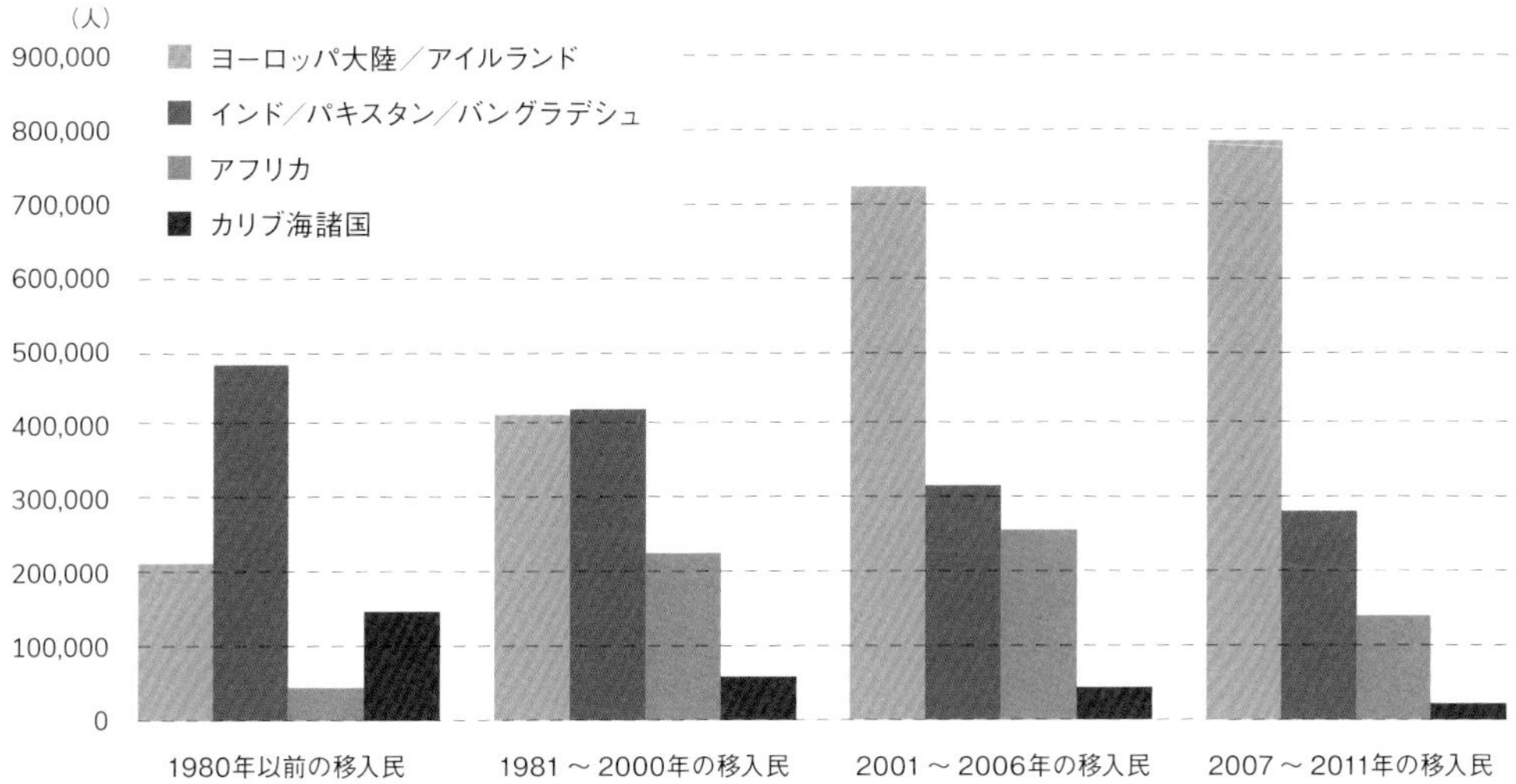

第二次世界大戦後、イギリスへの移民は大半が「新イギリス連邦」（カリブ海諸国、パキスタン、バングラデシュ、インド）出身者だったが、2001年以降は東ヨーロッパとアイルランド共和国からの移民が圧倒的に多い。

第18章 トルコから西ドイツへの移住

第二次世界大戦後、敗戦国のドイツは大混乱に陥り、大規模な人の移動が生じた。難民（ドイツ敗北後、東ヨーロッパに居住していたドイツ系住民は、現地政府によって居住地を追われ難民化した）や復員兵、送還された戦争捕虜など、1200万人もの人々――うち250万人は子ども――が「廃墟の街をさまよった」(1)。その後、西ドイツでは「経済の奇跡」と呼ばれる高度経済成長が始まり、1950年代半ばになると人手不足が生じた。東ドイツの労働者が西ドイツに流入していたが、その道も共産主義の東ドイツ政府によって閉ざされる。せっぱつまった西ドイツは他国の労働者を受け入れることにした。初めは主にイタリアに頼っていたが、十分な数を確保できず、次に目を向けたのがトルコだった。

トルコからドイツへの人の移動は3つの時期に分けることができる。トルコ人がガストアルバイター（外国人労働者）として受け入れられた時期（1961〜73）、家族を呼び寄せ「根をおろした」時期（1974〜2005）、そして2006年から現在に至るまでの時期だ(2)。もちろんこれは概略であり、3つにきっちりと分かれるわけではない。

外国人労働者

「西ドイツは移民国家ではない」。1950年代、60年代に西ドイツの政治家はいつもこう述べていた。永住を認めるつもりはない、という意味だ。欲しいのは労働者で、移民ではない。トルコに頼るという選択から、ドイツがいかに窮していたかがよくわかる。トルコは大量の余剰労働力をかかえていた。だが、ヨーロッパ経済共同体の加盟国ではなかった。また、アタテュルク大統領の時代に世俗主義をとり入れたものの、国民の大半はムスリムで、ドイツでの同化はむずかしいとみられていた。こうした問題を解決するために、西ドイツは2国間協定を結び、トルコ人を外国人労働者として受け入れた。外国人労働者は、一定の期間のみ、家族を伴わずにやってくる男性労働者で、永住権も国籍も得ることはできず、職場で必要とされなくなれば帰国することになっていた。

イスタンブールのドイツ領事館前でビザを取得するために列をなすトルコ人（1973）

しかし、スイス（ドイツ語圏）の作家マックス・フリッシュは、西ドイツの思惑通りにはいかなかったと言う。「我々が求めていたのは労働者だったが、やってきたのは人間だった」（3）。就労期間は当初2年とされていたが、雇用主からそれでは短すぎるという不満の声が上がった。従業員がしょっちゅう入れ替わり、そのたびに仕事を教えていたのでは割が合わないというのだ。西ドイツ政府は譲歩し、契約期間の延長や家族の呼び寄せを認めた。移民国家ではないという立場は崩さなかったが、実際の制度は変えていった。

家族の呼び寄せ、国籍

1970年代初めに原油価格が4倍に上昇して石油危機が生じ、世界経済が景気後退に陥ると、トルコ人労働者の流入が急に止まった。1973年に西ドイツ政府が外国人労働者の募集を停止したのだ。すでにドイツで働いていたトルコ人も3分の1ほどが本国に帰った。一方、ドイツにとどまった労働者は、徐々にごく普通の家庭生活を送ることができるようになった。妻子が呼び寄せられ、西ドイツで子どもが生まれた。次のページの表に示す通り、トルコ人の人口の男女比の偏りは徐々にみられなくなっていった。

東西ドイツの統一後、2005年にはドイツに住むトルコ系住民は350万人に達した。しかし、そこにはいつも移民の社会統合と受け入れという問題がつきまとっている。しかし、あるトルコ人学者によると、1980年代には潜在的な反トルコ感情が広がっていた。トルコ人を「滑稽な姿」で描いたり、「ヨーロッパのキリスト教的で西洋的な価値観」を守るためにトルコ人の排除を求めて16人の大学教授がハイデルベルク宣言に署名したのもその表れだ(4)。

ドイツで生まれたトルコ人の子どもはドイツの学校に通った。しかし、言葉の習得が進まない子や、社会的アイデンティティ、受け入れなどの面で問題をかかえる子もいた。また、ドイツでは国籍は長期間居住しなければ取得できず、取得した場合、EU諸国とスイス以外の出身者はそれまでもっていた国籍を放棄しなければならないため、多くのトルコ人はためらった。だが、1999年と1999年の国籍法の改正で、永住者の権利は拡大した。

2006年から現在までの両国間の人の移動

ドイツ、トルコ間の人の流れを見てみると、ドイツへの入国者も、ドイツからの出国者も1990年代以降急速に減少している。そして、2006年には流出が流入を上回った。これには、入国条件が厳しくなった、社会的差別をうける、ドイツ政府が帰国支援策をとったなど、さまざまな理由が考えられる。また、トルコの雇用環境が改善した点も見逃すことはできない。

とはいえ、今も両国の間では多数の人の移動がみられる。しかし、トルコ人が外国人労働者として受け入れられ、(国籍とはいわないまでも)永住権を取得し

ドイツの公園で談笑するトルコ人女性。1970年代、80年代に男女比の偏りが徐々に解消されていった。

ていった時代と違い、さまざまな社会的・経済的理由から、その動きはもっと複雑なものになっている。ドイツに住むトルコ人には、退職したらトルコに戻る人もいれば、教育や家族、ライフスタイル上の理由から両国を行き来する人もいるだろう。そんななかで彼らには２つの国への忠誠心が芽生える。だが、それがまたむずかしい問題につながる。サッカー選手のメスト・エジルは２０１４年のＦＩＦＡワールドカップ予選で、ドイツ代表チームで最多の８得点をあげた。だが、トルコ国旗で身をくるんだトルコ人のファンからは、トルコではなくドイツ代表としてプレーしたことを責められた。２０１８年５月、エジルは選挙を控えたトルコのレジェップ・タイイップ・エルドアン大統領と一緒に写真におさまり、自分のルーツを大切に思っているところをみせた。すると今度は、ドイツに住む若いトルコ人から、あんなに保守的な指導者を支持するのかと批判された。

西ドイツに住むトルコ人（年齢別、男女別）1991年

年齢層	女性	男性	計（人）
0–5	84,150	94,235	178,385
6–10	65,957	75,458	141,415
11–15	75,092	93,573	168,665
16–20	98,628	117,639	216,267
21–25	102,479	111,158	213,637
26–30	84,498	126,785	211,283
31–35	46,761	63,114	109,875
36–40	50,953	45,338	96,291
41–45	63,537	48,490	112,027
46–50	53,962	75,429	129,391
51–55	36,828	73,670	110,498
56–60	18,842	40,579	59,421
61–65	8,329	13,732	22,061
66 & over	4,945	5,425	10,370
総計	**794,961**	**984,679**	**1,779,640**

トルコ人のドイツへの移入、ドイツからの移出、純移動 1988～2014年

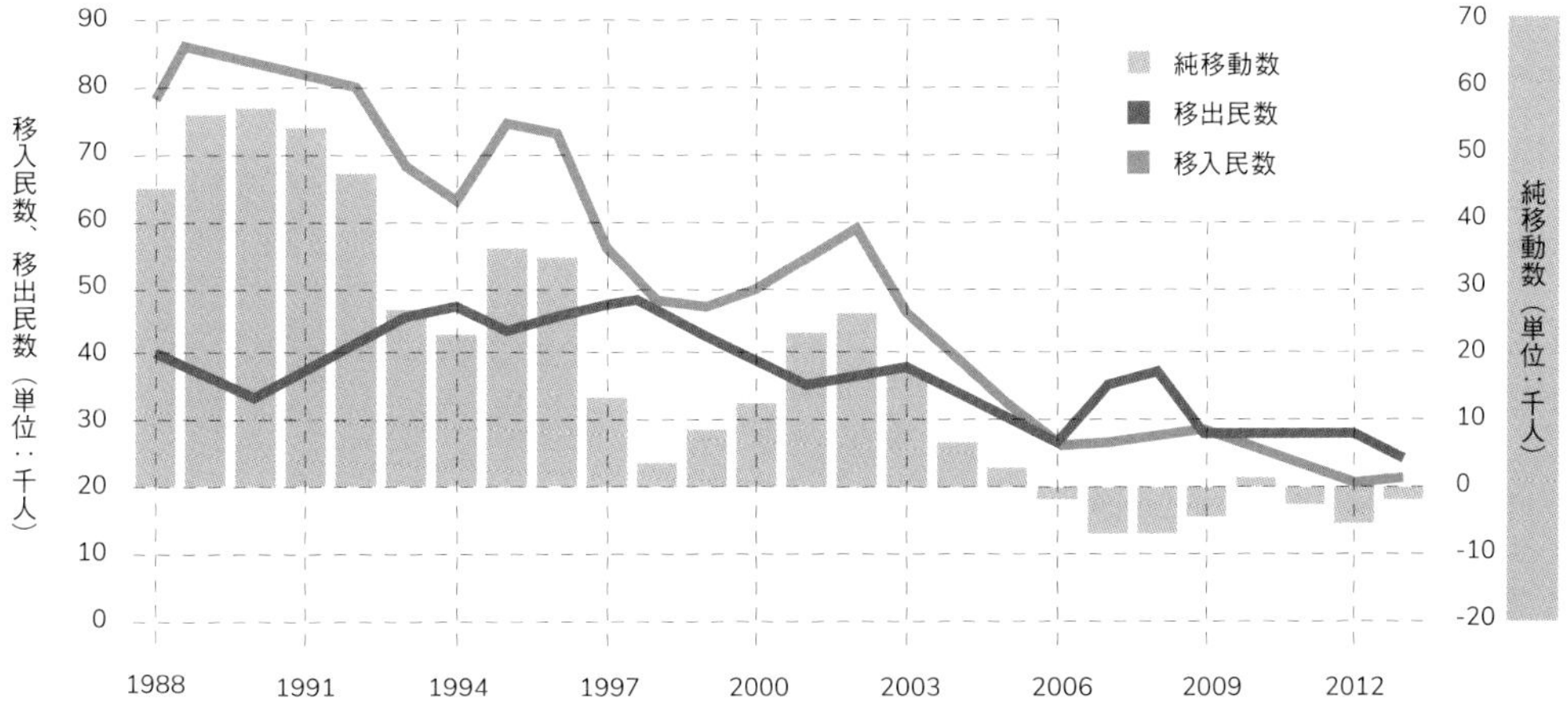

第19章　ベトナムのボートピープル

1975年4月、ベトナムの共産主義勢力がアメリカの支援をうける南ベトナムとの戦いに勝利し、南ベトナム政府は崩壊。多数の難民が発生した。

このとき、信用のおけない資本主義体制に荷担したとしてとくに厳しい追及をうけたのが中国系の人々だった。事業は廃業し、財産は没収され、さらには労働者として、都会から遠く離れた経済区に「追放」されそうになり、彼らの多くが新しい支配者からお金で出国許可を買った(1)。

1975〜95年にベトナムを離れた人は200万人にのぼり、うち80万人ほどが「ボートピープル」だった。ベトナムを離れた人の半分に満たないものの、ボートピープルは国際社会の注目を集めた。航海に耐えられるとはとても思えないような船にすし詰めにされ、命の危険にさらされていたからだ。

ボートピープルは初め、アジアの国（香港、インドネシア、マレーシア、フィリピン、台湾、シンガポール、タイ）に逃れ、難民キャンプや拘留センターに収容された。そのままそこにとどまる人もいたが、多くはイギリスや、アメリカ、フランス、オーストラリアなどに渡って定住した。だが、1980年代後半にベトナムが市場経済への転換を図ると、数万人が自発的にベトナムに帰っていった。

小さな漁船に乗って8日間海を漂い、救助を待つ35人のベトナム人ボートピープル

ベトナム人の最初の避難先となったアジアの国々
1975 ～ 1995年

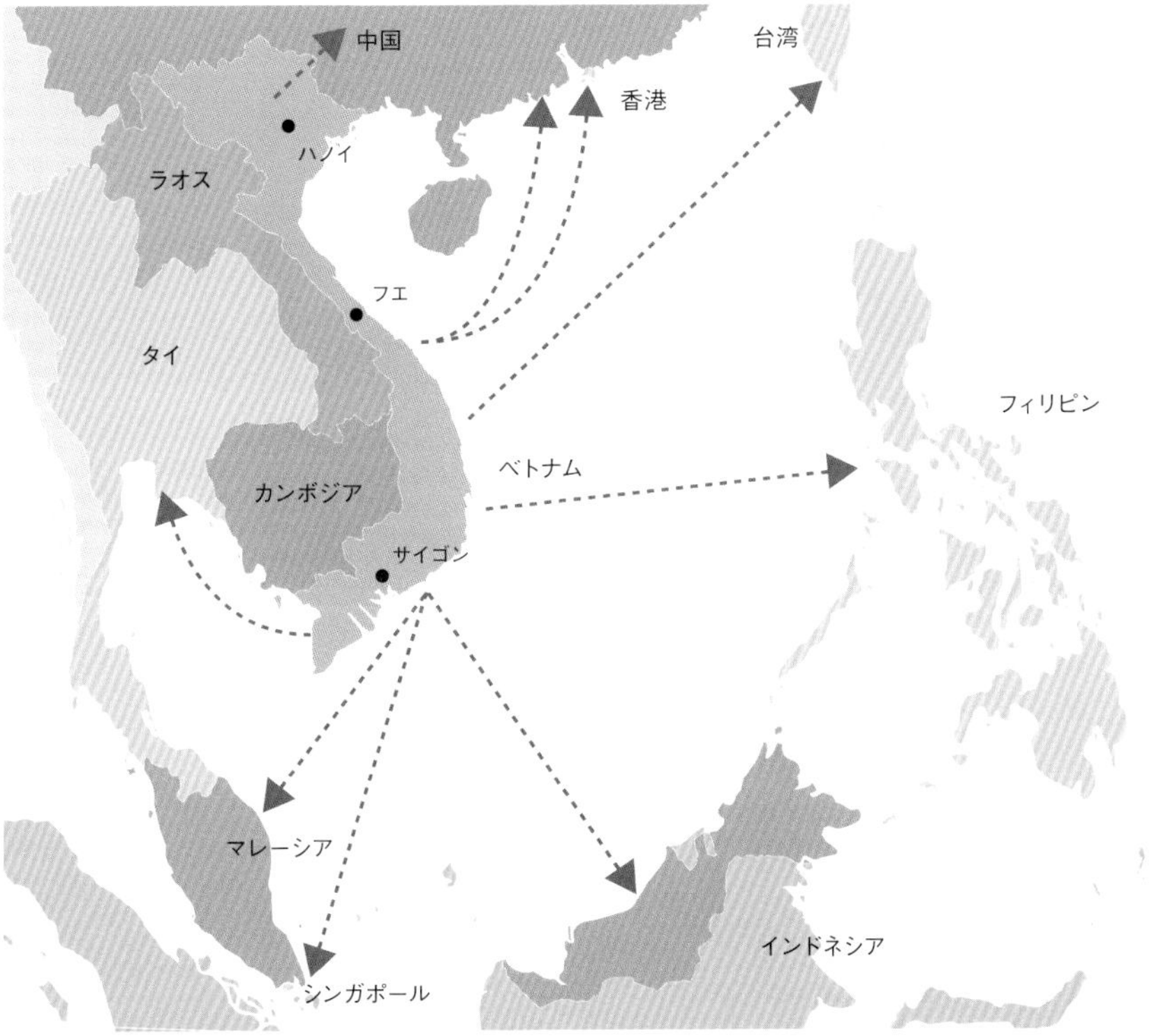

香港

ベトナムのボートピープルを受け入れ、諸手続きをし、支援する動機は、国によってさまざまだった。初期の難民は中国系だったことから、台湾、香港、シンガポールでは彼らの窮状に対して同情が集まった。この難民グループは大半が反共産主義者だったため、当時イギリスの植民地だった香港ではとくにその傾向が強かった（香港は１９９７年に中華人民共和国に返還された）。チャン・クォブン（陳國賁）が指摘するように、香港は人口密度が非常に高かったものの、多数のボートピープルを受け入れ、１９７５～９５年に彼らの健康管理や援助のために支払ったお金は66億３８００万香港ドルに達した。この間のイギリス政府の負担額は８億４９００万香港ドル、国連難民高等弁務官事務所（ＵＮＨＣＲ）は12億５３００万香港ドルだった(２)。

パニック状態の難民を満載した最後の貨物船が、1975年のダナン陥落の2日前、港を出た。

DN1798

フランス

ベトナムの難民が最終的に落ち着いた国のうち3カ国は、ベトナムと複雑な関係にあり、少なくとも道義的にボートピープルを受け入れる責任があった。フランスはフランス領インドシナ連邦（現在のベトナムとカンボジア）を成立させ、1954年にベトナム民主共和国との戦いに敗れるまで同地を支配した。フランスに住む30万人のベトナム人のなかには、フランスの植民地支配終了後に移住した人もいるが、その数は1975年のサイゴン陥落で急増した。多数の人が親類縁者を頼ってフランスに渡ってきたのだ。フランスにはおいしいベトナム料理を出すレストランがあちらこちらにあるが、それを見ると移民の歴史が思い起こされる。

アメリカ合衆国

多数のベトナム人難民を受け入れたアメリカ合衆国は、アジアでの共産主義の台頭を抑えようとしてベトナム戦争に介入していた。ベトナム戦争で5万8220人のアメリカ人兵士が亡くなり、政治的混乱は尾を引き、人々の心の傷も長い間癒えなかった。ボートピープルを受け入れるのは、この苦痛を和らげる1つの方法だった。受け入れは主に政治的観点から進められたが、アメリカはこれによって長期的には大きな経済的利益を得たとみる研究者もいる。

一般的に、ある国と貿易をするときは、その国から来た移民がいると頼りになる。彼らは相手国の言葉がよくわかり、公私含めて商売のやり方を承知している。信頼できるつてを頼ってコストを下げることも可能で、より多くの利益につながる。クリストファー・パーソンズとピエール＝ルイ・ヴェジナは、こうした一般的な考察をもとに、アメリカにおけるベトナムのボートピープルとその子孫の人口分布を「自然実験」の材料として使用し、ア

有名なベトナム料理、フォー・ボー。ベトナムの米粉でできた麺、フランスの牛肉のスライス、牛の骨と尾の肉でとったスープが一緒になっている。

世界に再移住したベトナムのボートピープル（人）

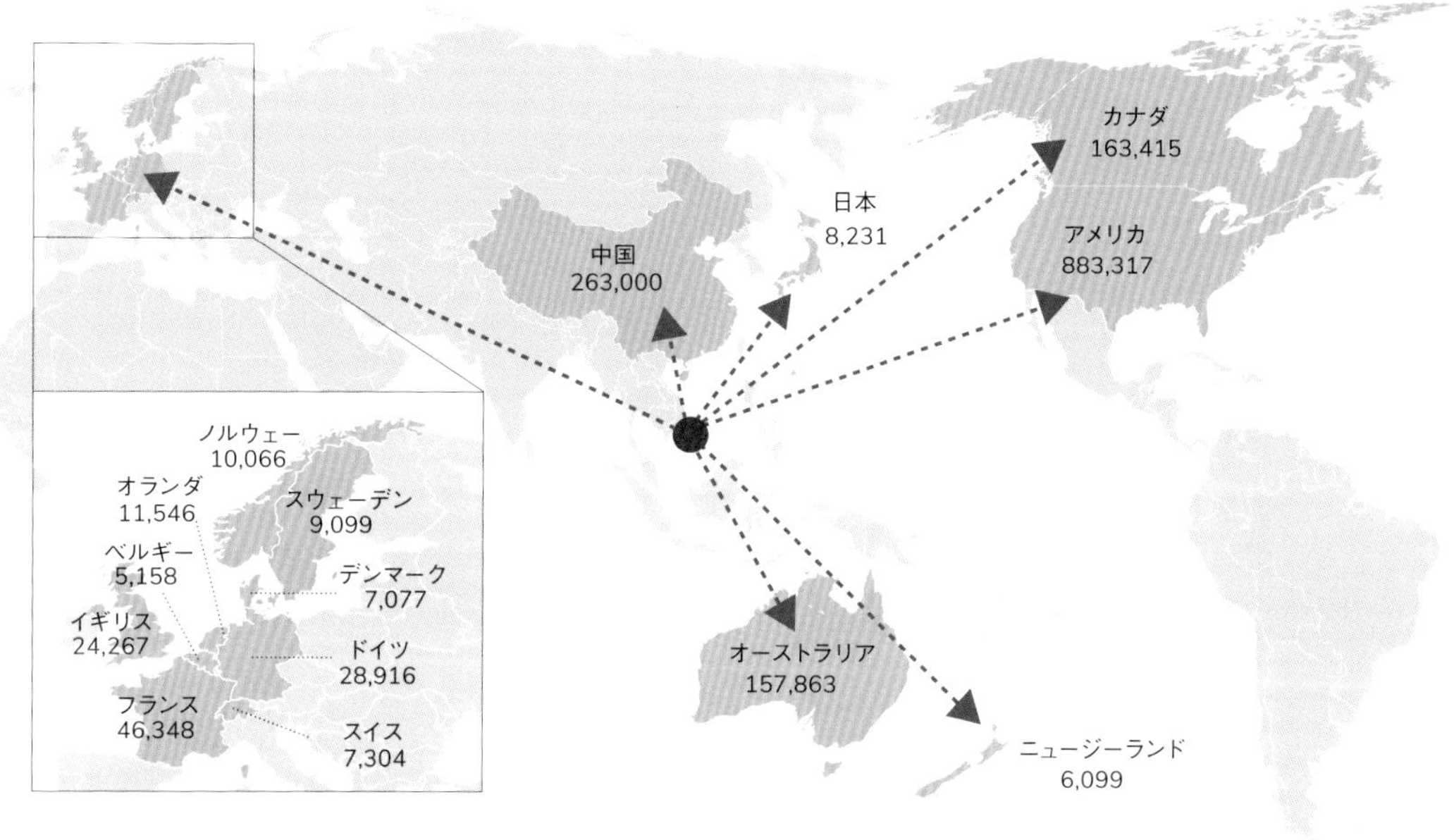

メリカによるベトナムへの経済制裁が解除された1994年以降の両国間の貿易事情を調査した。その結果、州のベトナム人人口が10％増えると、対ベトナム輸出が4・5％から14％程度増えたことがわかった。また、州のベトナム人人口が倍増すると、対ベトナム輸出は45％から138％程度増加した（3）。

イギリス

アメリカに渡ったベトナムの難民たちは、国の経済に貢献した。ところで、その子どもたちは学業面ですぐれた結果を残している。多数の受け入れ国で、地元の子どもよりも、他のどんな民族の子どもよりも、常によい成績をおさめたのである。植民地の香港経由でベトナム人を受け入れたイギリスでもそれは同じだった。たとえばロンドンのサウスワークで2002年に行われた調査によると、全国統一試験でA*からCまでの評価を5つ以上得た生徒の割合が、白人のイギリス人は34％だったが、ベトナム人は47％。ただ、ベトナム人を男女別でみると、大きな開きがみられた。女子のほうが男子よりはるかに成績がよかったのだ。男子は友人に「頭はいいけど変わり者」とみられ、仲間はずれにされることを恐れて、力を出し切らなかったようである（4）。

第20章　ソ連解体後の移住

第二次世界大戦後、ソヴィエト社会主義共和国連邦は15の共和国で構成される大国となった。だが、11の時間帯に分かれる広大な土地に100以上の民族が暮らしていたため、何とも不安定な国だった。そのうえ、1955年のワルシャワ条約に基づいて多数の東欧諸国が気乗りしないまま政治的にソ連につなぎとめられていた。

1991年にソ連共産党が解散してソ連が消滅すると、共和国が次々と独立し、ロシア連邦が残った。これに伴って人の移動が始まる。それぞれの民族は自分たちの母国に帰ろうとし、ロシアの兵士やマイノリティは周辺国から中央に呼び戻された(1)。

各民族のソ連からの帰還――ユダヤ人

ここでは4つの民族について考えたい――ユダヤ人、ドイツ人、ギリシア人、ポーランド人だ。ソ連からイスラエルに帰るユダヤ人は1991年以前からかなりの数にのぼっていた。1950年にイスラエルで「帰還法」が制定され、ユダヤ人にほぼ無条件でビザが発給されるようになってからは、移住が加速した。1991年初めまでに50万人が「ユダヤ人」としてイスラエルに帰還した（ユダヤ人とは誰なのか、拡大解釈されることも多かった）。ソ連のユダヤ人はオーストリアやドイツにも移住したが、当初、移住者は少なかった。ホロコーストでほとんど消滅してしまったユダヤ人コミュニティを再建するためにユダヤ系ドイツ人評議会（Jewish-German Council）が移民を歓迎したにもかかわらず、である。2014年時点でのドイツのユダヤ人人口は、ソ連以外の国からの移民も含めて11万8000人である。

ドイツ人

2つ目のグループはドイツ人（ロシア・ドイツ人）で、これには250万人のヴォルガ・ドイツ人が含まれている――18世紀後半からヴォルガ地方に入植したが、スターリンによってカザフスタンやシベリアに追放された人々の子孫だ。スターリンはドイツ人がナチスと結びつくことを恐れて、１９４１年に追放令を出したのだ。多くの人が強制労働を課され、市民権をはく奪された。市民権が回復したのはスターリンの死後である。１９９２年から２００７年までに１７９万７０８４人のドイツ人が旧ソ連からドイツに移住した（2）。

ギリシア人

ギリシア人も母国への帰還をめざした。そのなかの50～１００万人はポントス人だった――8世紀にギリシアから移住し、第二次世界大戦中はスターリンの命令でカザフスタンに送られた人々の子孫である。ソ連が崩壊すると、多数のポントス人〔黒海南岸のポントスを中心に居住したギリシア系住民〕と、ジョージアにいたギリシア人が母国に帰った。ギリシアはこうした帰還者に常に手を差し伸べてきた。しかし、２００８年に世界経済同時不況に陥り、その後、ギリシアで財政危機が生じると、多くのギリシア人が旧ソ連のもといた土地に戻っていった。

ポーランド人

18～19世紀にロシア、プロイセン、オーストリアが数度にわたってポーランドを分割し、ポーランドとソ連の関係は込み入ったものになっていた。また、ポーランド

ロシア連邦と旧ソ連の人の流出入

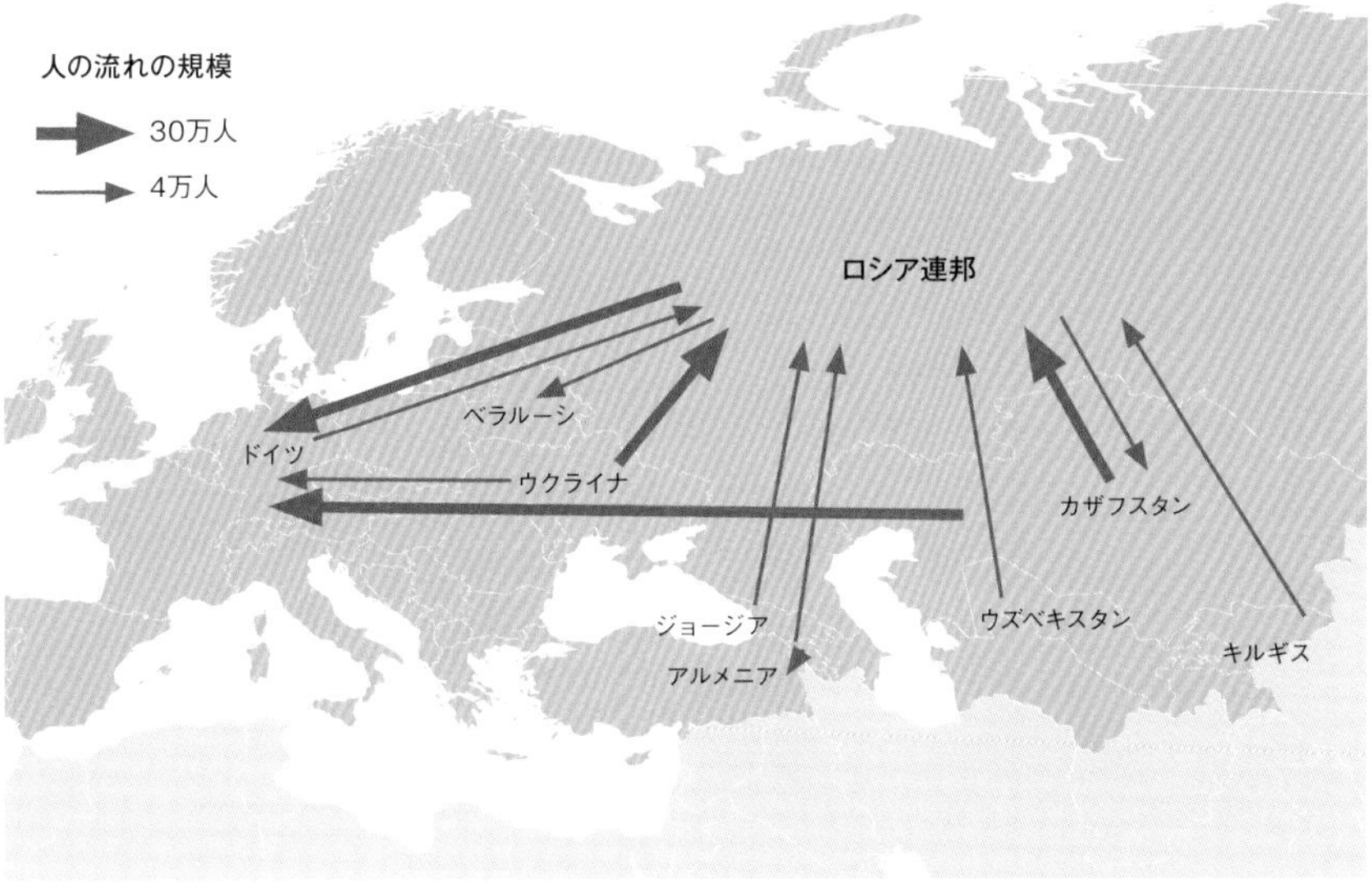

旧ソ連を構成していた共和国におけるロシア人の割合　2015年

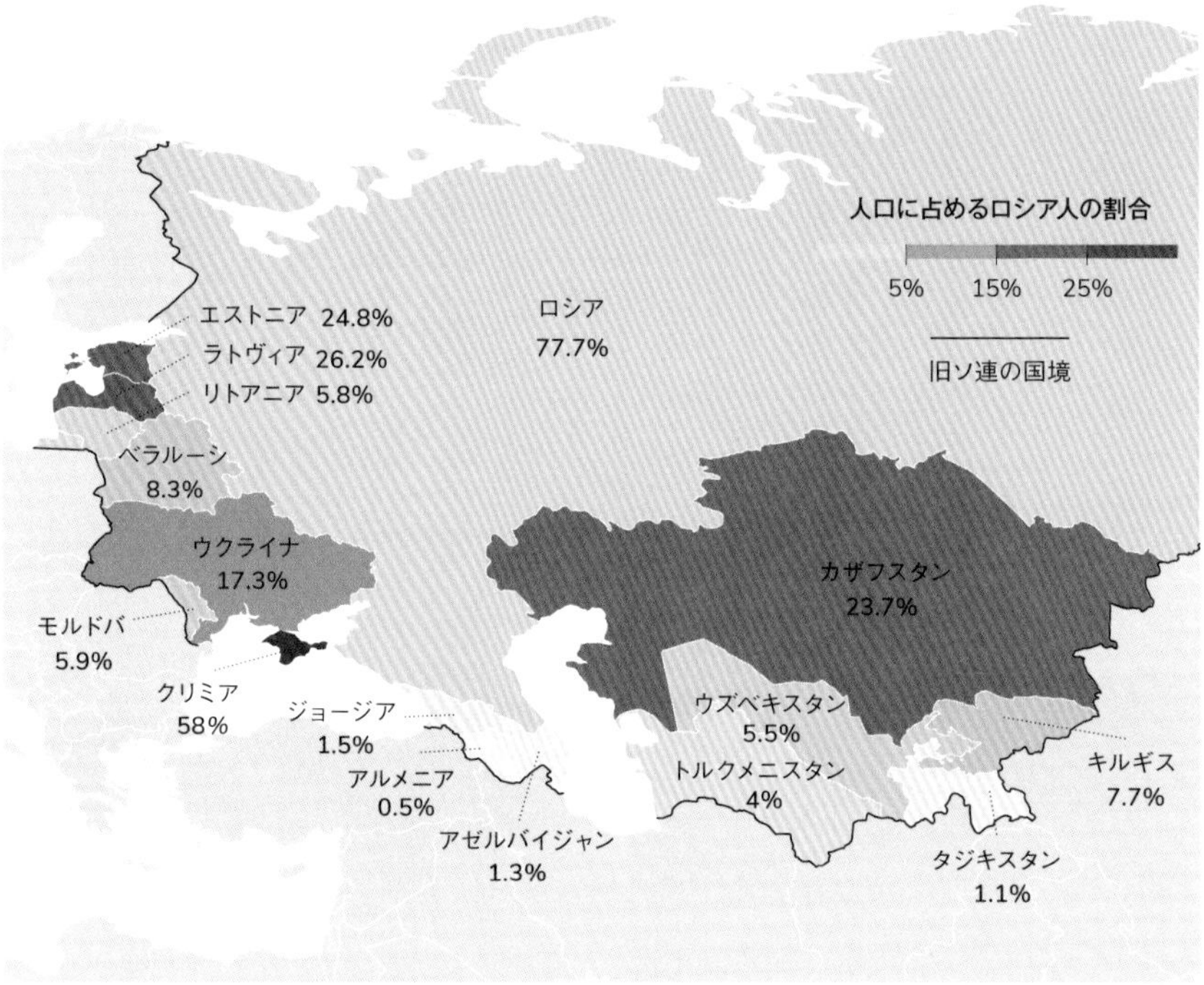

はナチスの東部総合計画にも含まれていた。多数のポーランド人、ユダヤ人、ロマが命を奪われ、移住し、追放された。ソ連の解体後、ポーランド系住民の3分の2ほど（50万人）がポーランドに戻ったが、その多くは、何世代も前の祖先がポーランドを離れた人々だった。

バルト3国に住むロシア人（エストニア、ラトヴィア、リトアニア）

第二次世界大戦後、ソ連は戦略的理由からバルト3国（エストニア、ラトヴィア、リトアニア）へのロシア人入植を推し進めた。エストニアでは、1939年以前はエストニア人の人口比率が88%だったが、1970年には60%まで低下した。ロシア人人口がここまで増えたのは15万人ものロシア兵が駐留したからだ。カリーニングラードは今もロシアの飛び地の領土である。バルト3国からのロシア軍の撤退はなかなか進まず、1999年10月にようやく終了した。

ロシアの軍や政府の関係者とその家族の多くはロシア連邦に帰国した。だが、旧ソ連を構成した諸共和国にはロシア人やロシア語を話すマイノリティが今もかなりの数居住し、新たな紛争の火種となっている。2008年8月にはロシアとジョージアの間で武力紛争（ヨーロッパにおける21世紀最初の戦争）が生じ、ラトヴィア、エストニア、キルギスでは「国籍問題」[*1]をめぐって緊張関係が続いている(3)。こうした緊張がはっきり表面化したのがウクライナ問題だった。2014年2月にロシアは徽章をつけない兵士を送ってウクライナのクリミア半島を占領した。半島にはロシア語を話す住民が多数いるため、非合法的な住民投票でロシア連邦への編入が支持されたのは当然といえよう。

ウクライナでは親ロシア派とEU加盟派の対立が続き、東部ではドネツクとルガンスクが一方的に独立を宣言した。ウクライナ政府もNATOも、ウクライナの主権に対する脅威を抑え込めないままである。

＊1　バルト3国などでは、ロシアへの警戒心からロシア系住民が市民権や国籍を取得するには、各国語の試験が課されるなどのハードルがあり、結果として、彼らは無国籍者となっている。

ウクライナのロシア語話者　2008年

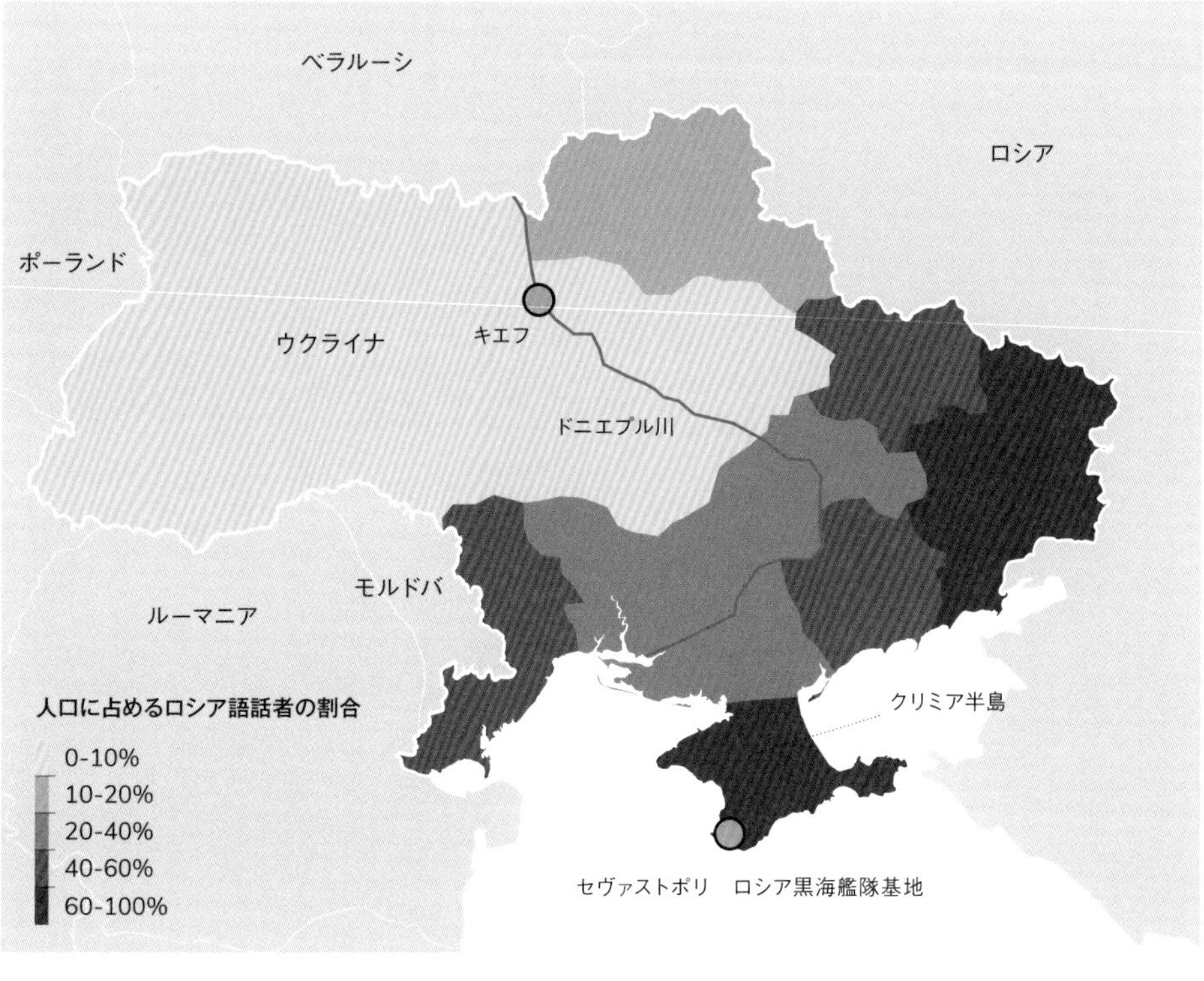

第21章　カリブ海諸国における移住

「カリブ海諸国」の完璧な定義はない。しかし、この地域における移住について述べるとき、本書ではカリブ海の島々と「ギアナ3国」、つまり仏領ギアナ、ガイアナ、スリナムをカリブ海諸国に含めている。海を渡ってやってきたヨーロッパ人が（1492年にコロンブスがバハマに上陸した）この地域で出会った住民の大半はタイノ族だったが、一部、カリブ族もいた。この地域の名前はカリブ族に由来している。これらの先住民は、もとは南アメリカに住んでいた。そして、さらに歴史をさかのぼるなら、長い時間をかけてベーリング海峡を渡り、南下してきたモンゴロイドである。アメリカ先住民とモンゴロイドの遺伝子の差異は大きいが、これは移動が長期に及び(1)、その間に遺伝子変異が生じたことを示している。

重商主義を推し進めるヨーロッパの列強——イギリス、スペイン、オランダ、フランス、デンマーク——が植民地の獲得にしのぎを削り、タバコやサトウキビ、コーヒーのプランテーション建設を進めると、先住民の人口は減少していった。タイノ族のなかにはマスケット銃をもったヨーロッパ兵に勇敢に立ち向かう者もいた。だが、ヨーロッパから持ち込まれた病気のために多数の人が亡くなった。一部のカリブ族は、ヨーロッパ人の支配下におかれたり、鞭で打たれながら働いたりするくらいなら、と断崖から身を投げて自ら命を絶った。

プランテーションを成功させるには、労働者を大量に送り込まなければならない。初めはイギリスやアイルランドから年季奉公人が、多くはバルバドスに渡っていった。1840年のバルバドスの白人人口は1万2000人だったが、その3分の2は年季奉公の「貧しい白人」で占められていた。当時の島のようすをこう述べた人がいる。「この島は掃きだめだ。イギリスはどうしようもない奴らをここに投げ捨てている」(2)

どうしようもない奴らかどうかはともかく、ヨーロッパ人だけではとても数が足りず、プランテーションの所有者はアフリカの奴隷に目を向けた。たとえば（イギリスが奴隷貿易を禁止した）1807年という節目の年を例にとると、カリブ海諸国の奴隷の数は115万人で、その3分の2が英領にいた(3)。

奴隷貿易は禁止されたが奴隷制は存続し、奴隷廃止論者がようやく勝利をおさめたのは1834年のことだった。だが、彼らは本当に勝利したのだろうか。その後も奴隷はもといたプランテーションに徒弟として4年間ほどどまらなければならなかった。そして、この間に年季奉公人が主にインドから集められたのだ（第8章参照）。1838年から1917年までに53万8642人のインド人がカリブ海諸国に到着。その多くは英領のガイアナとトリニダード島で働き、仏領にもかなりの人が送られた。

南北アメリカとヨーロッパへの移住

1865年以降、砂糖の国際価格が下落し、カリブ海諸国の労働者はよそで仕事を探さなければならなくなった。パナマ運河の建設が始まると、アフリカ系の労働者、約15万人が雇われたが、そこでは多数の死者が出ることになった。マラリア、レプトスピラ症、事故、劣悪な環境、あるいはヘビに噛まれるなどが原因で、2万2000人以上が命を落としたのである（4）。

20世紀の移民の大半はアメリカ合衆国をめざした。季節労働者としてフロリダでサトウキビの刈り取りをする人もいた。ハイチ人はよく不法入国をした。現在は専門知識を身につけた中産階級の人々が、医学、教育、小売りの分野で重要な役割を果たしている。ニューヨークのいくつかの地域では、カリブ海諸国の出身者がクリーニング業、旅行業、美容業を独占している。さらに、マーカス・ガーヴェイ（1887～1940、ジャマイカ出身）の提唱したアフリカ回帰運動、ストークリー・カーマイケル（1941～98、トリニダード島出身）が率いたブラックパワー運動、公民権闘争など、政治面で果たした役割も大きい。

これに対して、ヨーロッパに渡った人々はあまりうまくいかな

ソーターズ（ジャンプする者、の意）の町の北で集団自殺をするカリブ族のようすを描いた（グレナダ、1651）。
グレナダの最後に残ったカリブ族は断崖から30メートル下の海に身を投げた。フランス人の支配下におかれるよりましと、死を選んだのである。

パナマ運河の建設工事に携わるジャマイカ人〔運河工事は1881～1914年までかかった。1904年からはアメリカ陸軍工兵隊が従事した〕

ノッティング・ヒル・カーニバルは1966年にカリブ海系移民によって始められた毎年恒例のイベント

かった。その理由はいろいろ考えられる。ヨーロッパに行ったグループは、アメリカに行ったグループとは異なっていたのかもしれない。アメリカのほうがチャンスをつかみやすかったのかもしれない。なかには「大急ぎ」で（イギリスやオランダに）移住した人もいただろう――友人や親戚がいるか、仕事の口があるか、教育はどうなっているか、そうしたことを十分考えずに、あるいは、何の当てもないまま行ってしまったのだ。カリブ海諸国からヨーロッパ、とくにイギリスに渡った移民は、この国ではひどい人種差別と不利な扱いをうけ、チャンスをつかむのも非常にむずかしいと口々に言う。

　カリブ海諸国からオランダに移住した人は25万人ほどで、イギリスの50万人に比べると半分にすぎない。しかし、オランダの人口と、送り出し国の人口を考えると、25万というのはたいへんな数である。スリナムでは多数の人が国を出たために、人口がほぼ半減した。

　フランスへの移住は少し事情が異なる。フランスに渡るのは主にマルティニークとグアドループの人々である。これらの島はフランスの領土であることから、移住といっても公式には国内での移動とされる。フランス人がある県から別の県に引っ越すようなものだ。島から移ってきたのは20万人程度とみられ、多くの人がめざしたのは都会、とくにパリだった。

　かつては移民を受け入れていたカリブ海諸国が、今は送り出す立場に変わっている。移住がとくに多いのはガイアナ、セントビンセント、スリナムで、本国の人口に対する移出民の比率はそれぞれ58・2%、55・6%、49・2%である。この地域では移民がさらなる移民を生みだしたといえるだろう。

カリブ海諸国の移入民と移出民

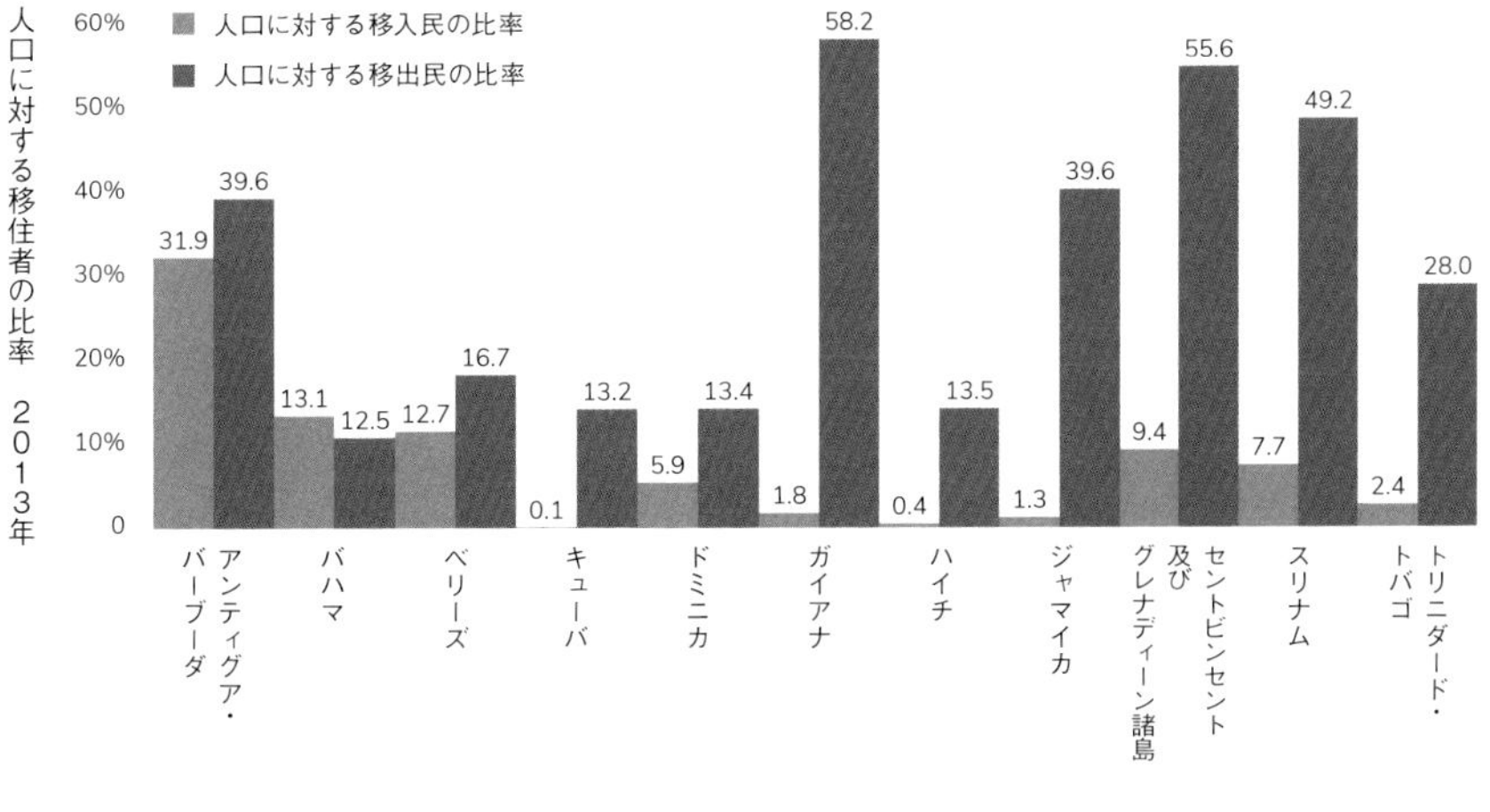

第22章 華僑

「華僑」は一般に、中国国籍を持ったまま、海外に居住している中国人のことをいう。19世紀に自由労働者、あるいは年季奉公人として海を渡った人や、その前後に移住した商人や実業家、現在、中国が海外で進めている建設工事に携わる人、海外で小売業、不動産業、輸入業を手がける人などを指す言葉である。

華僑は現在151カ国に散らばり、その数は5000万人（2012）と推定されている。マカオ、香港、中華民国（台湾）に住む2900万人の中国人はここには含まれていない。本章では、古い時代の中国人の移動、中国人商人の東南アジアへの進出、19世紀の年季奉公人、多数の国で誕生したチャイナタウンについて検討する。

古い時代の人の移動と東南アジアへの進出

中国人は陸路と海路を使って外へ外へと出ていった。中国が版図を大きく広げたのが漢の時代（前206～後220）である。オアシス都市への進出を始めた漢は、屯田兵を配置して農耕をさせていたが、やがて西域都護府をおいて西域を統治するようになった。中国がこうした農耕地を海外にももっていたことや、日本（前210）に探検隊を送り、そのかなりあとにはフィリピン（7世紀）、スマトラ（10世紀）にも派遣したことを示す証拠もある。

対外交易は唐の時代（618～907）に大いに発展した。中国人商人の姿はペルシア、メソポタミア、アラブ、エジプト、アクスム（エチオピア）、ソマリアでもみられた。シュラマという名のアラブ人商人は、中国人商人とその家族がティグリス川・ユーフラテス川の河口に住んでいるのを目撃している。そして、中国の船には600～700人が乗っていたとも書いている。中国人商人は東南アジアやアフリカにも進出し、

インドネシア、北スマトラ州、メダンの中華街（1925）

広州をはじめとする都市には「ペルシア人、アラブ人、ヒンドゥー教徒のインド人、マレー人、ベンガル人、シンハラ人、クメール人、チャム人、ユダヤ人、中近東のネストリウス派キリスト教徒など」さまざまな土地の商人がやってきた(1)。

13世紀ごろから中国の品が盛んに取引されるようになった。ジャワ、スマトラなどの港は、中国人商人と、彼らが中国あるいは現地でもうけた子どもでごった返すようになっていった。

植民地をもつ国々は中国人の移住を歓迎した。植民地を建設し、世界貿易のなかに組み込むのに役立つと考えたからだ。たとえばスペインは、オランダやポルトガルとの競争を制するために、さまざまな手を使って中国人をマニラに呼び寄せた。30年たたないうちにマニラの中国人人口は1万人に達し、絹や道

東南アジアの中国人　1600年代から1980年代

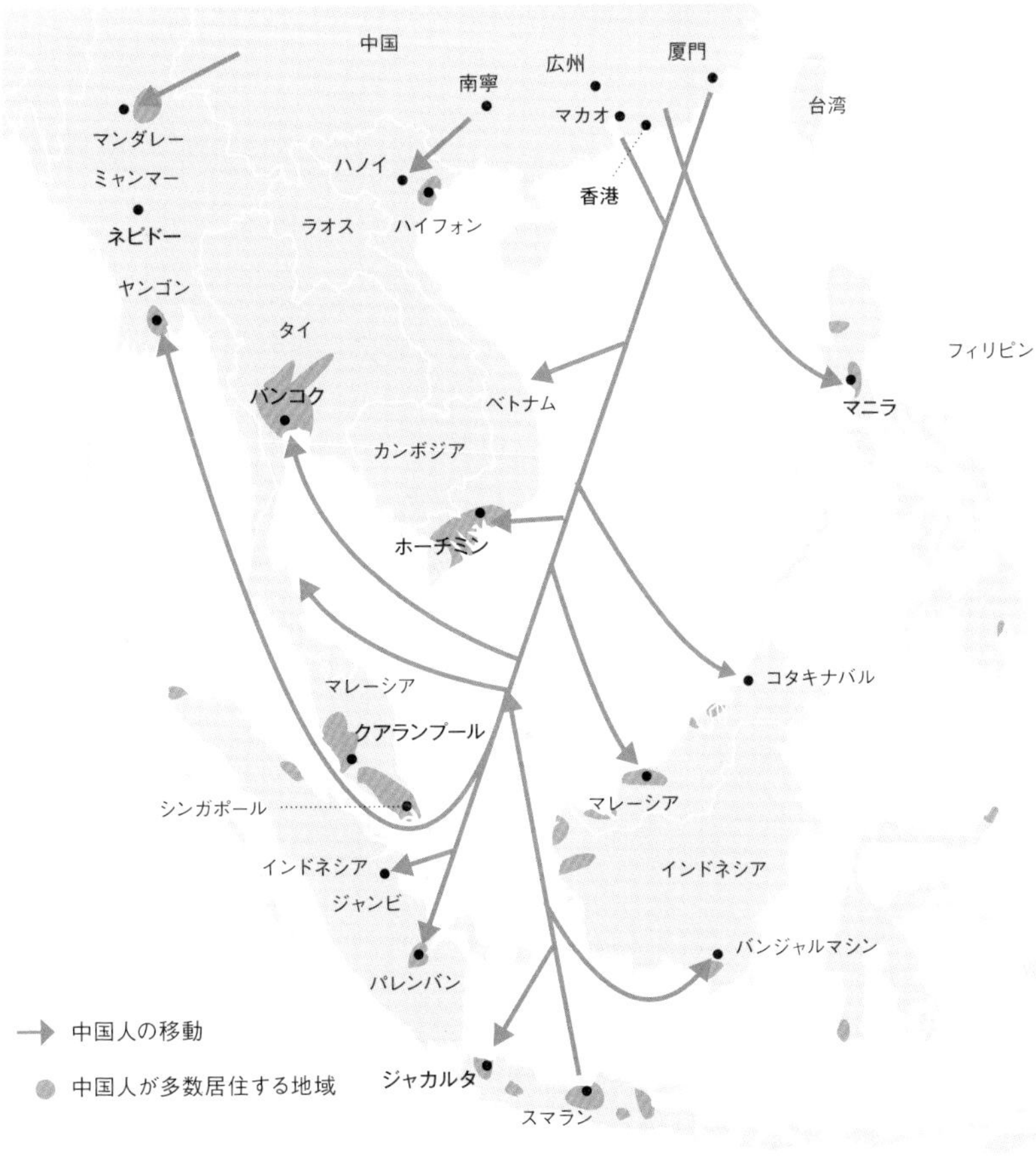

具、織物、食品、家具、陶器の活発な取引が始まった（2）。現在、東南アジアで中国系の人口が最も多いのはタイで、600～900万人が住んでいる（どの程度中国人の血を引いていたら中国系とみなすのかによって数字は変わる）。この地域の国はどこを見ても中国系が多いが、中国系が過半数を占めているのはシンガポールだけである。

中国の年季奉公人

「苦力《クーリー》」という語の語源や意味の変化については諸説ある。19世紀には中国人の年季奉公人を指す言葉として広く使われていたが、人を見下すような表現で、ひどい環境で働く下層労働者の呼称だったのは間違いない。彼らのなかには無理やり、あるいは口車に乗せられて雇われた人もいた（無法な手段で船に連れ込み、無理やり水夫にする例もあった）。その後、中国はインフレや人口圧の高さ、政治的混乱から弱体化していくが、そのころ極東に目を向ける人がいた。経済が拡大している南北アメリカで港や鉄道、道路の建設にあたる労働者や、熱帯地方の綿花やサトウキビのプランテーションで奴隷に代わって働く労働者を求める人たちだった。

正確な数字とは言いがたいが、ある学者によると、1847～74年に約50万人の中国人が年季奉公人として海を渡った（3）。その後、第一次世界大戦中にはイギリス軍とフランス軍に奉仕するため14万人の中国人が雇われ、1904～07年には6万3000人の中国人労働者が南アフリカの金鉱に送られた。こうしたやり方が物議を醸し、1906年のイギリスの総選挙では、中国人の南アフリカへの移入に反対した自由党が圧勝する。

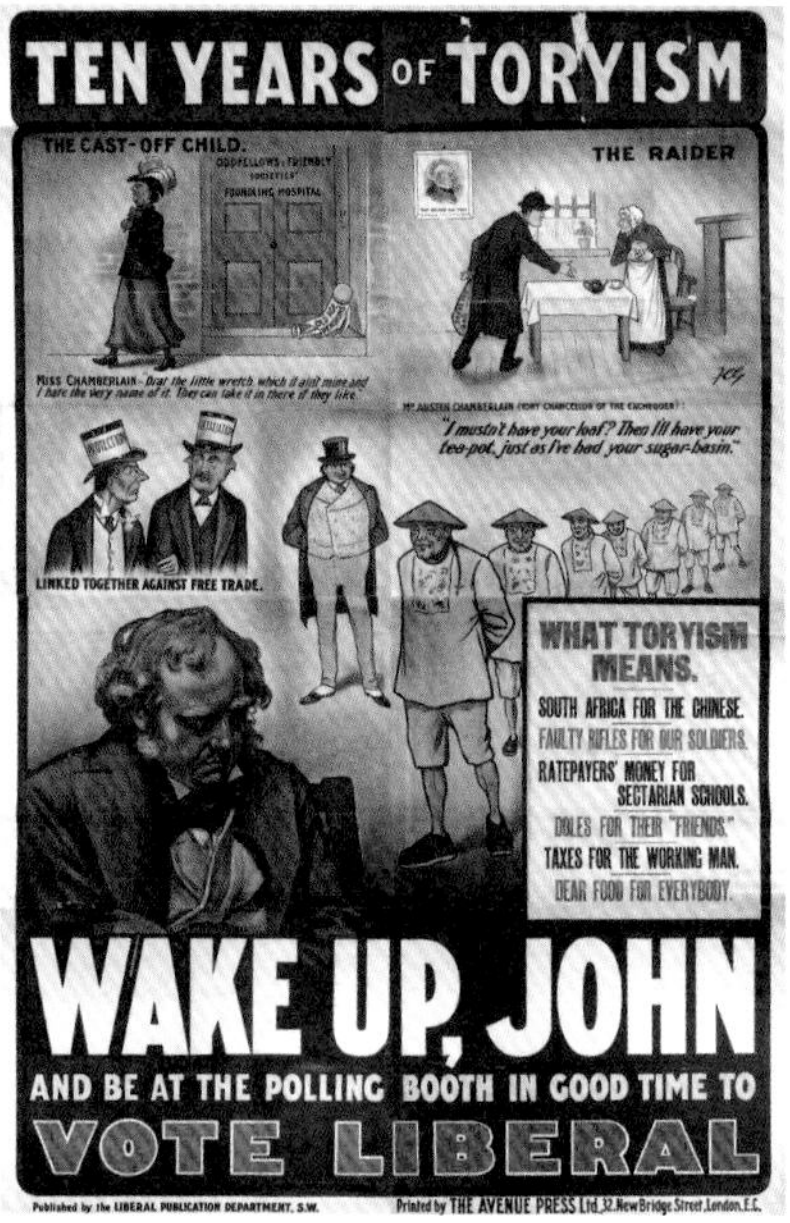

イギリスの自由党の総選挙用のポスター（1906）

中国人研究者は中国の年季奉公人について論じようとしない。だが、ジン・フゥイ・オンは、彼らを肯定的にとらえる新たな見方を提示した（4）。重労働に耐え、自分や子孫が生きていけるよう慎ましく暮らしたことを称えたのだ。そして、年季奉公が終わってもその地にとどまった人々が、今日、多数の大都市にあるチャイナタウンの核となった点も指摘している。

チャイナタウン

移民が集まって住む地区はどこも同じようなものだが、チャイナタウンは都市の貧しい地域に形成され、労働者階級の人々がひしめくように暮らしていた。だが、他の民族のコミュニティとは異なる点もみられた。ある社会のなかに形成されたチャイナタウンは、そこに存在してはいるが、必ずしもその社会に属してはいなかったのである。同族組織、同郷組織、三合会(犯罪組織秘密結社)がコミュニティを仕切り、チャイナタウン内の秩序を保った。そして、コミュニティが外の世界に融合しコントロールされないよう、守る楯ともなった。現在は、アフリカ、南北アメリカ、アジア、オーストラリア、ヨーロッパなど世界35カ所に大きなチャイナタウンが形成されている。

近年、チャイナタウンは変化している。頻繁に往来する観光バス、増え続ける漢方医、鍼師、指圧師、食器の店、飲茶の店、中華料理店、香港発祥のパイナップルパンを売る店。国内外の旅行者がトリップアドバイザーやガイドブックの言う「本物」を探し求め、チャイナタウンを訪れるようになった。

しかし、その「本物」の多くは、現代の人々がイメージする中国の伝統を形にしたものだ。中国人は世界市場に向けて新しい商品を提供しはじめている——それは中国らしさである。(5)

ハフィントンポストがマニラのチャイナタウン、ビノンド〔1594年に誕生した世界最古のチャイナタウン〕を紹介しているが、こう勧められるとぎょっとする。「まず、アンブレラ通りを歩いてみよう。通り沿いのさまざまな屋台からよい香りが漂ってくる。何か試してみるといいだろう。でも、それは前菜がわり。有名店カフェ・メザニンの名物料理、牛の睾丸スープにぜひ挑戦してほしい」(6)

チャイナタウンは旅行者の注目を集めて沸いている。だが、中国人移民の子孫の多くは、中国、香港、台湾から最近渡ってきた人々同様、専門職につく、あるいはビジネスの世界に入るという道を選んでいる。中国系住民の収入や教育程度はたいていその土地に古くから住む人々より高いが、同族結婚を続けてきたこともあって、公職についたり政界に入ったりする人はまだ少ない(イギリスへの移住が始まって200年が過ぎたが、2015年になってようやく初の中国系国会議員が誕生した)。

サンフランシスコの中華街(19世紀末)

スペインのNGO「プロアクティバ・オープン・アームズ」にリビア沖で救出され、小さなゴムボートに乗せられている移民たち（2018）

第3部

現代の人の移動

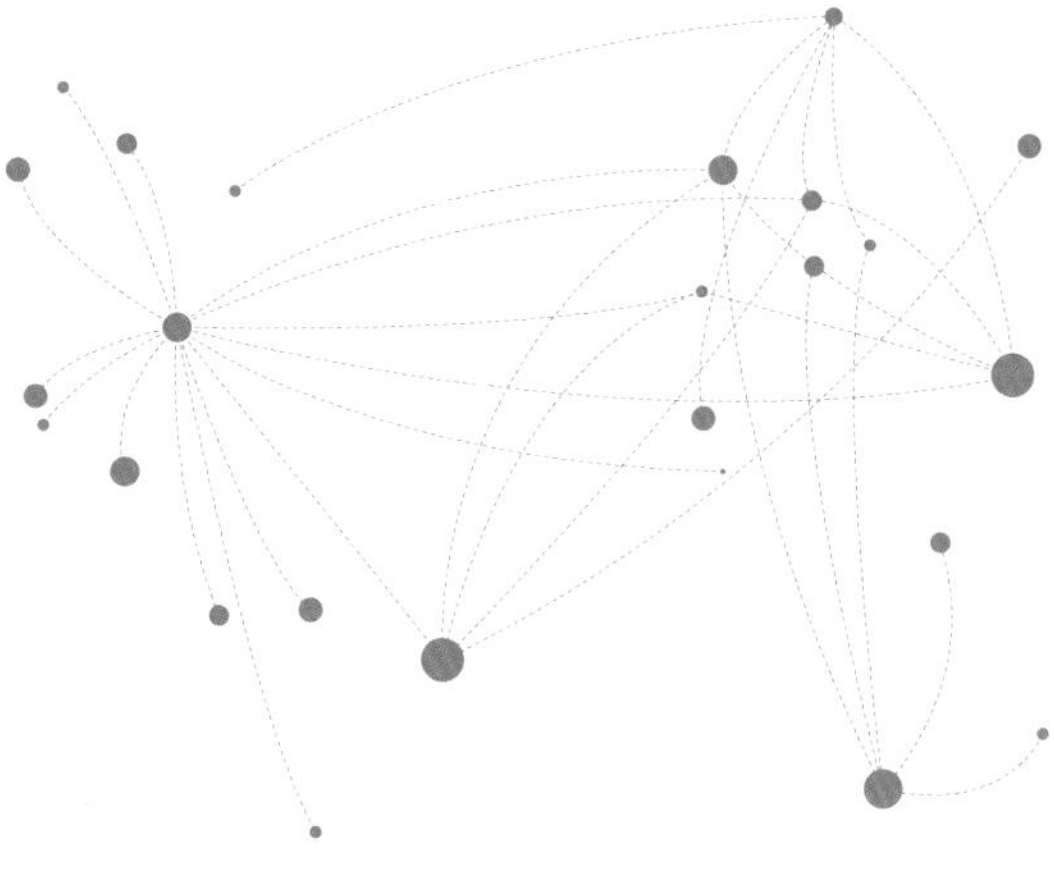

第23章 中国の戸籍制度と国内での人の移動

Hukou and Internal Migration in China

パスポートは、国境を越える人々の動きを規制するための手段と考えられている。だが、国内での人の移動を管理するための文書も多数存在する。

たとえば、フランス革命の指導者は反対派が策略をめぐらしていることに気づき、パリに来るすべての人の動きを規制した。1932年にはスターリンが、過密状態の都市に貧しい農民が流れ込むのを防ぐため、国内パスポート制を復活させた（帝政ロシアの時代にこの制度が導入されていた）。同じような目的で、イギリスも植民地時代のケニアで、キパンデと呼ばれる登録カードを導入している。そして、アパルトヘイト政策としてよく知られているのが「パス」法だ。南アフリカはこの法律によりアフリカ人を都市から排除した。

南アフリカとソ連で行われた人の移動に関する規制は大規模で、さまざまな社会的、政治的影響が生じた。だが、1950年代に中国でできた戸籍制度は、規模という点でも、影響の大きさという点でも、この2つをはるかに上回る(1)。中国政府は、手厚い社会保障、家賃の補助、高い賃金などによって都市の住民を満足させ、社会秩序を保とうとした。しかし、膨大な数の国民全員をこのように遇するわけにはいかない。そこで「戸籍登記制度」[*1]をつくって都市の住民と農村の住民を分けることにし、戸口登記簿に世帯全員の出生や死亡、居住地、学歴、職業などが記載された。この制度は初め上海で導入され、すぐに全国で実施されるようになった。戸籍制度は人口統計のための資料提供という機能を果たすほか、都市や工業地域への人口流入を規制し、さらには、十分発達した市場がないなか、食料、とくに穀物の配給をするための手段ともなった。新たな規定が次々と加わり、施行から10年ほどの間に中国では、都市の労働部門の採用証明書、学校の入学証明書、または都市戸籍登記機関の転入許可証明書などがなければ、移転はできない

北京に戸籍をもつ中国人女性が北京在住中に取得した身分証明書

ことになった。

　こうして農村から都市への移動が法的に制限されていったにもかかわらず、1957〜60年に中国の都市部の人口は3000万人増加した。アメリカの社会学者ジョン・トーピーが説明するように、毛沢東はこの人口増加をうけて、農村住民と都市住民を一段と厳格に区別し、一部の例外を除いて農村からの移動を認めないことにした。軍隊か共産党に入る、学業ですばらしい結果を残す、そして女性なら、都市住民と結婚する。これ以外の方法では、都市戸籍の取得は望めなかった(2)。また、戸籍制度の導入と並行して農業の集団化が進められ、農民は官僚的な人民公社に組み入れられていった。大躍進政策が進められたこの時代(1958〜60)、中国の農民は国に戦争を仕かけられたようなものだった。そして、この政策のために人類史上最も深刻な飢饉が生じた。このとき亡くなった農民は1500〜3000万人と推定されている。この数字のあいまいさから、中国政府も外部の学者も、この悲惨なできごとをしっかり記録にとどめるのを怠ってきたことがうかがえる。

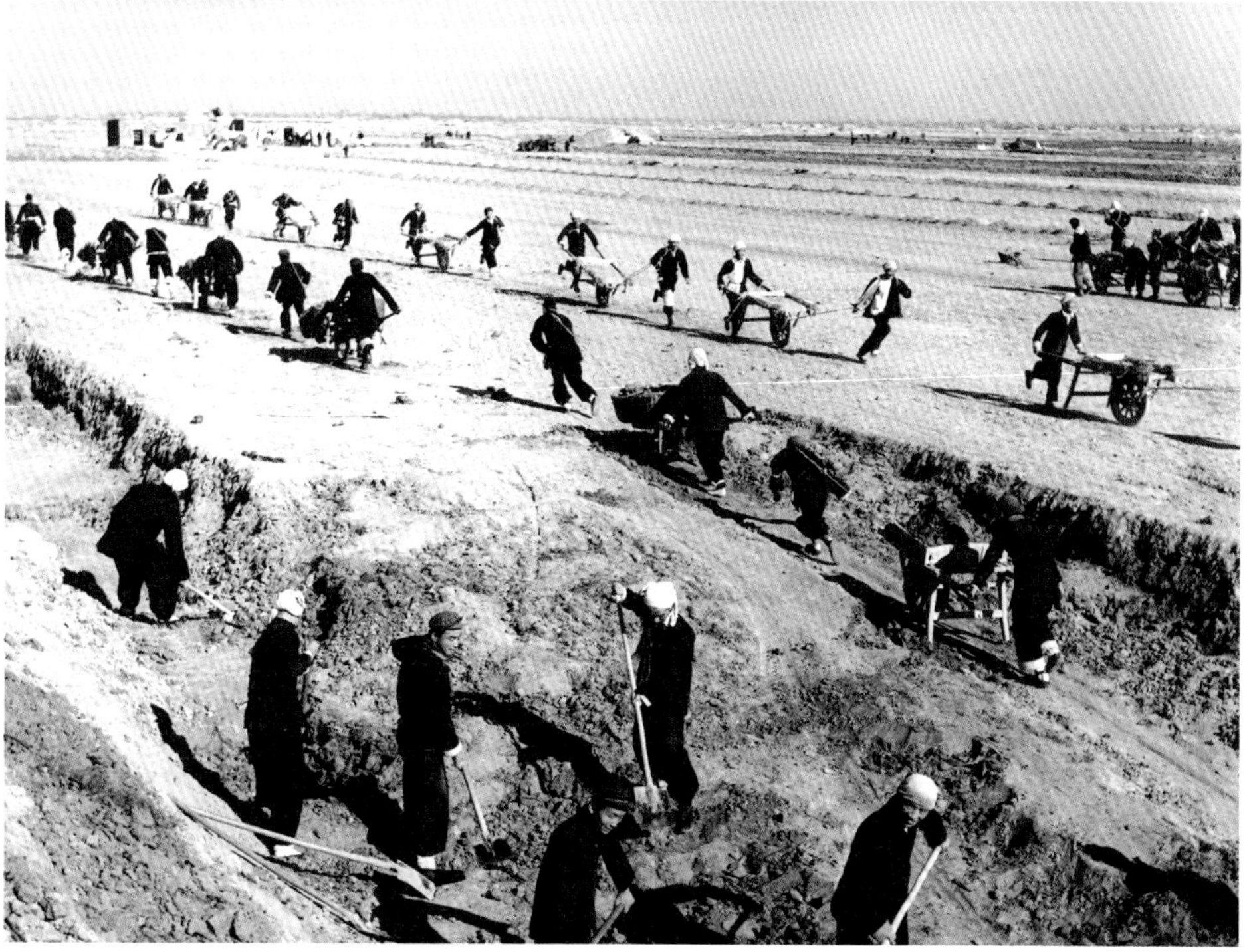

大躍進政策が進められた1950年代に人民公社で働く多数の農村出身者

中国の都市人口

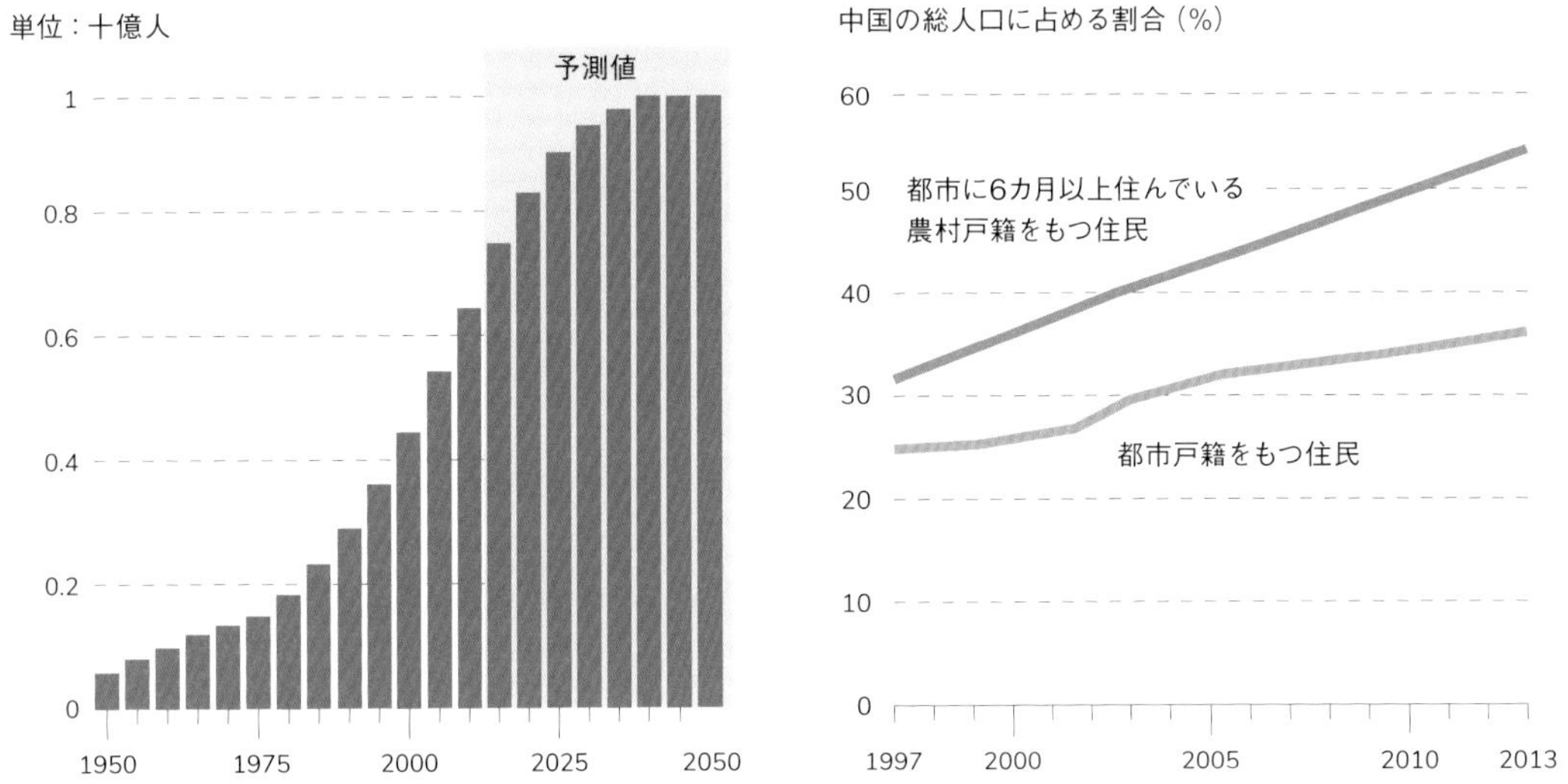

中国人、とくに農民は、身分証明のために戸口簿を携帯していたが、1980年代半ばに新しい身分証が導入された。これは世帯単位ではなく個人単位で発行され、携帯するにも便利になった。だが、市から市民として認められ、教育、住居、医療、福祉などの面で恵まれた立場にある者と、都市の手厚いサービスをうけられない者を区別するのに使われるという点では以前と変わりない。「農村」あるいは「農業戸籍」といえば、それまで通り農村戸籍者の権利しか享受できないことを意味する。中国では今でも都市戸籍をもっている人は国民全体の36%にとどまっている。しかし都市化は急速に進行していて、中国の都市人口は2040年に10億人に達し、その後は横ばいで推移するものとみられている。

都市部への人口集中が進む中国だが（2018年には160の都市で人口が100万人を超えた）、ブラジル、メキシコ、ナイジェリアなどと違って、バラックの立ち並ぶ通りやスラム街はみられない。これはすばらしい話だが、犠牲は大きかった。「流動人口」、つまり農村と都会を行き来する人が住まいを確保できなくなっているのだ。実際、出稼ぎ労働者が工場の寮で仮住まいするのは珍しい話ではない。

戸籍による格差の解消を求める声が、今、高まっている。たとえば、ドン・ヘロンは農民だが、妻のチェン・インと一緒に段ボール、プラスチック、布などを分別するリサイクルの仕事をしている。これが月400米ドルほどの収入になる。大豆やジャガイモから得られる収入の何倍もの額だ。彼はこう言う。「上海の戸籍が欲しいんだ。そうすれば上海市民と同じ扱いをうけられる。上海に来て15年。すっかりこの街になじんでいるんだが」(3)

中国は2014年に「人間本位」の新型都市化計画を発表し、2020年には都市化率を60%にし、都市戸籍をもつ国民の割合を45%まで増やすという目標を掲げた。これは都市部に住む人口の割合が40年で3倍になるということで、長い中国の歴史をみても、初めてのことだ。しかし、都市人口が増えても、2020年にはなお2億5000万人の出稼ぎ労働者が流動人口として存在すると予想されている(4)。

北京西部の街頭風景。出稼ぎ労働者の住居は粗末なものが多いが、当局はスラム化は抑えている(2015)

＊1　1958年に制定された戸籍登記制度は、現役軍人を除くすべての中国公民が適用範囲とされ、この制度により、農村から都市への移動が厳しく制限された。
その背景には、遅れた農業国から進んだ工業国をめざすという国家目標と、アメリカによる中国封じ込め政策に対抗するために国防工業の育成をはかり、重工業優先の政策を採用したことがある。

一方で農村では、食料価格は国によって低く抑えられ、余剰農産物は根こそぎ供出された。こうして、都市と農村の経済格差が広がった。

1980年代に入ると、沿海部大都市の経済発展は出稼ぎ農民の大移動をもたらした。当初の無秩序な流入は「盲流」と呼ばれたが、その後、改革・解放路線による経済発展に伴う必然的な現象として定着し、「民工潮」と呼ばれた。

公安部は、出稼ぎ労働者を管理するため1985年に暫住証を発行したが、都市労働者との格差は維持されたままであった。

2010年、北京、上海、広州などの大都市で暫住証は居住証に切り替えられ始め、都市戸籍をもつ市民と同等の待遇を保証し、一定期間後に都市戸籍の取得が可能だとしている。

第24章　インドの分離独立と人の移動

1947年、イギリスの植民地支配が終わると、インドはヒンドゥー教徒の国であるインド連邦と、ムスリムの国であるパキスタンに分離・独立が決まった。これが人の移動の歴史における最も悲惨なできごとの1つを引き起こした。マハトマ・ガンディーは、ムスリム、ヒンドゥー教徒、シク教徒が融和し、「1つのインド」として独立することを目指していたものの、インドの人々は、思いがけない誤算と恐怖、絶望のなか、恐ろしい悪夢に巻き込まれていった。

1947年8月14日の午前零時にパキスタンが、15日の午前零時にインドが独立し、インド帝国は解体した。この分離独立は人の大移動につながった。ムスリムはパキスタンに向かい、ヒンドゥー教徒はインドに向かったからだ。それまで住んでいた土地を離れなければならなくなった人は1400万人に及び、移動中に50万人が残虐行為で死亡した。

背景は複雑だ。イギリスの歴史家、ヤスミン・カーンが言うように、「分離独立は社会が混乱するなかで決まった」(1)。彼女はこう説明する。第二次世界大戦中、インドは史上最多の志願兵を集めた――同盟国の大義のために戦うと、250万人が自ら兵役についたのだ。しかし、何万人もの兵士が死亡、あるいは負傷し、復員した兵士は気持ちがひどく不安定になった。同じころ、イギリスのインド支配に対する抵抗運動も激しさを増していた。そして、デリーで戦勝を祝うマーチングバンドつきのパレードが行われたが、そのわずか2週間後、独立への道筋をつけるため、イギリスの代表団がやってきた。

第二次世界大戦が終わってまだ半年ほどの1946年3月に、イギリスの首相クレメント・アトリーは下院での演説でこう述べた。

> インドでは今、緊張が非常に高まっている。……インドの主張も当然といえよう――4億人の人口を擁し、2度の大戦に兵士を送った国――そのインドが、自らの運命を自ら決める自由を認めよ、と主張している。彼らがその自由を満足のいく形で速やかに獲得できるよう、インドに代表団を送ることにする。

1947年のインドの分離独立と国境の策定

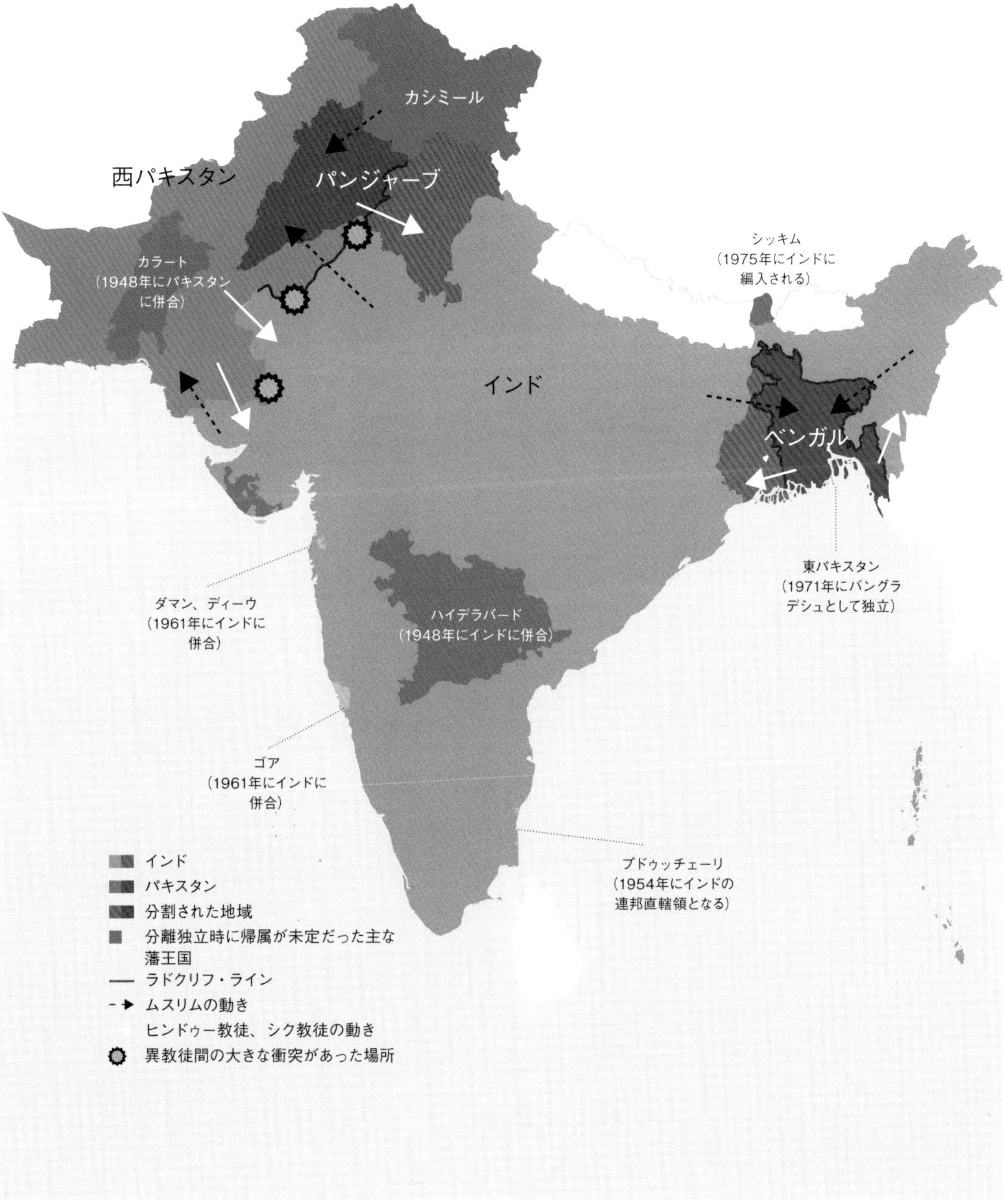
カシミール
西パキスタン
パンジャーブ
カラート
（1948年にパキスタン
に併合）
シッキム
（1975年にインドに
編入される）
インド
ベンガル
東パキスタン
（1971年にバングラ
デシュとして独立）
ダマン、ディーウ
（1961年にインドに
併合）
ハイデラバード
（1948年にインドに併合）
ゴア
（1961年にインドに
併合）
プドゥッチェーリ
（1954年にインドの
連邦直轄領となる）
インド
パキスタン
分割された地域
分離独立時に帰属が未定だった主な
藩王国
ラドクリフ・ライン
ムスリムの動き
ヒンドゥー教徒、シク教徒の動き
異教徒間の大きな衝突があった場所

ところが、それはたいへんな作業で、仕事を託されたインド総督のマウントバッテンらの手には余るものだった。マウントバッテンは愚かにも、分離独立を急いで進めようとした。国境委員会（Boundary Commission）が設置され、イギリスの弁護士、シリル・ラドクリフが議長に任命された。だがラドクリフは、インドの歴史家ジョヤ・チャタルジーが評する通り、「自信だけはあるアマチュア」だった。彼はインドとパキスタンを分ける国境線をどこに引くのか5週間で決めなければならなかった。それまで一度もインドに行った経験がなかったのに、である。宗教的な境界で国を分割しようとした彼の試みが、悲惨な結果を招いたことは、不思議ではない。

分離独立により、インド最大の州だった北西のシク教徒が多いパンジャーブ地方と東のベンガル地方をそれぞれ2つに分割することになった。その国境線は、ラドクリフ・ラインと呼ばれている。ムスリムの29％を西ベンガルに、ヒンドゥー教徒も同程度を東ベンガルに残したまま、シク教徒が多いパンジャーブ地方にはその中心に国境線が引かれ、東はインド、西はパキスタンと定められた。シク教徒の要求はとり入れられず、カシミール藩王国の帰属は決まっていなかった。こうして、大移動が始まった。ムスリム地域のヒンドゥー教徒はインド領に向かい、ヒンドゥー教徒地域のムスリムはパキスタン領に向かい、混乱と絶望が広がっていった。どこが国境かを示す地図のようなものをもっている人はほとんどおらず、朝起きたら、前日とは違うところに線が引かれているのだといううわさが流れた。

分離独立[*1]によって、インドとパキスタンはハイデラバード、ジュナーガド、ジャンムーの3藩王国の帰属や、カシミール問題をめぐって、衝突を繰り返すことになった。また、分離独立は、1971年のバングラデシュのパキスタンからの独立にもつながった。

＊1　独立の理念として、パキスタンはムスリムの国家建設をめざし、インドは政教分離を原則とする、こうした建国の理念の違いがその後の対立の背景にあると指摘されている。

アルグワニ・ベグムの体験談（2015年8月31日 取材）

アルグワニ・ベグムは1922年1月2日にインドのウッタル・プラデーシュ州でムスリムの家庭に生まれた。村人はほとんどがムスリムかヒンドゥー教徒、キリスト教徒で、大半の家が農家だった。……1947年にアルグワニ・ベグムは3番目の子どもを宿した。分離独立が宣言されたときは25歳で、妊娠8カ月か9カ月だった。「貴重品や必需品が荷造りされていきましたが、私には何が起きているのかよく理解できませんでした。家族が、とにかくここを出るんだと言いました」。その翌日、彼女はデリーのオールドフォートにあった移民キャンプで男児を出産。そこで2日過ごしたあと、軍のジープでデリーのニザムディン駅まで行った。「駅では誰もが、列車が出る前に何か食べておかなければと言っていました。でも、私はすぐに乗りたかった。3日近く何も口にしていなかったけれど、お腹はすいていなかった。この旅が早く終わるといいのに、ただそれだけでした」

8月17日にデリーを出た列車は、パキスタンのラホールに着くまでの間、さまざまな駅で停車した。アルグワニ・ベグムは、反対方向に向かう別の列車で多数のシク教徒が殺されるのを目撃している。「刀やナイフをもった男たちが列車にのぼって、車両に入っていきました。突然、車内が混乱し、叫び声や泣き声が聞こえてきました。男性が女性や少女を連れて列車からとび降りるのが見えました。とても怖かったです」

8月20日、列車はついに国境のワーガに到着した。しかし、苦難はまだ終わらなかった。彼女の乗っていた列車が襲撃をうけたのだ。「それは突然のできごとでした。私たちは手近にあるものを使って、すぐに列車の窓をふさぎました。私の赤ん坊は酸素が不足し、今にも意識を失いそうでした。列車の乗員が、殺害の続いている間、その子を抱いてドアのところに立ち、すき間から入ってくる空気を吸わせてくれました。……あちらこちらの席でたくさんの人が、とくに子どもたちが殺されていました。降りるとき、血まみれの体が見えました」

1980年、彼女は2人の娘と一緒にインドの生地を訪れた。娘はこう話す。「母は家が近づいてくると、体を震わせて泣きだしました。いろんな気持ちがこみ上げてきたのでしょう」(2)

デリーのオールドフォート（1947）ここに2万人（推定）のムスリム難民が一時的にとどまった。

"All the News That's Fit to Print"

The New York Times.

LATE CITY EDITION

VOL. XCVI..No. 32,710. NEW YORK, FRIDAY, AUGUST 15, 1947. THREE CENTS

LAWS ON GAMBLING BREED CORRUPTION, O'DWYER DECLARES

Mayor Says, However, He Will Enforce Them and Keep the Police Department Clean

ASKS INQUIRIES BY JURIES

Praises Wallander for the Job He Is Doing—Inspector Kennedy Raids Dice Game

Truman Backs Price Inquiry As Possibly Showing Gouge

He Says Clark's Investigation May Reveal Who Is Causing High Cost Levels—Plea for Labor-Farm-Industry Talk Is Rejected

U.S. CANCELS DEBTS OF BILLION BY ITALY IN FINANCIAL PACTS

Frees $60,000,000 in Blocked Properties—Will Return 28 Freight Ships to Rome

WOULD RELIEVE BURDENS

Lovett Expresses Hope Accords Will Reduce the Weight of Peace Treaty Clauses

TWO INDIAN NATIONS EMERGE ON WORLD SCENE

INDIA AND PAKISTAN BECOME NATIONS; CLASHES CONTINUE

Ceremonies at New Delhi and Karachi Mark Independence for 400,000,000 Persons

NEHRU ACCLAIMS GANDHI

But He Warns of Trials Ahead—Death Toll in Communal Fighting Reaches 153

RELIEF FROM HEAT LIKELY TOMORROW

Continued High Temperatures Today Expected to Be Ended by Thunder Showers

U.S. RENT CURB HERE IS BADLY SNARLED

Many Tenants Tell of Futile Attempts to Get Relief—ORC Soon to Cut Staff

WORLD PEACE TIED TO AMERICAS TALKS

Marshall, at Rio de Janeiro, Says Hemisphere Defense Aim Is Within Framework of U.N.

'Crudest' U. S. Interference In Greece Charged by Soviet

TASS SAYS GREEKS MOLEST RUSSIANS

Charges Workers in Embassy Are Seized and 'Tortured'—Sees Threat to Relations

World News Summarized

FRIDAY, AUGUST 15, 1947

Actors Win an Anti-Bias Contract In Fight on Negro Ban in Capital

Jews, Arabs Battle Amid Fires; Armed Zionist Troops Aid Police

インドの分離独立を報じるニューヨーク・タイムズ紙の第1面（1947年8月15日）

デリーを出るため、超満員の列車の屋根に乗るムスリム難民（1947年9月19日）

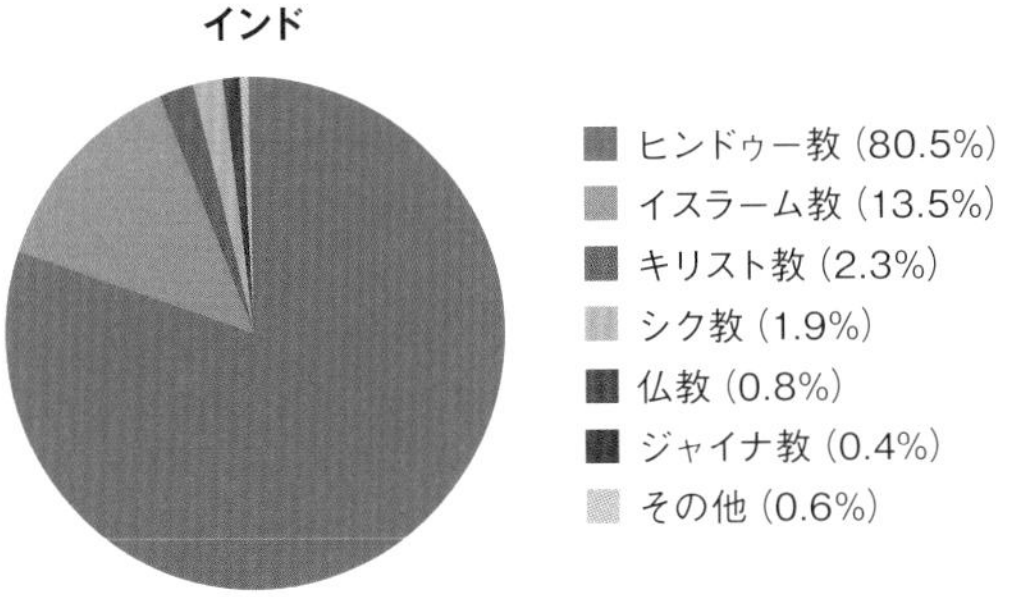

分離独立後の宗教の人口比率 2001年

2001年までに3国の宗教人口の構成は安定した。しかし、インドにはまだかなりの数のムスリムとシク教徒がいる。

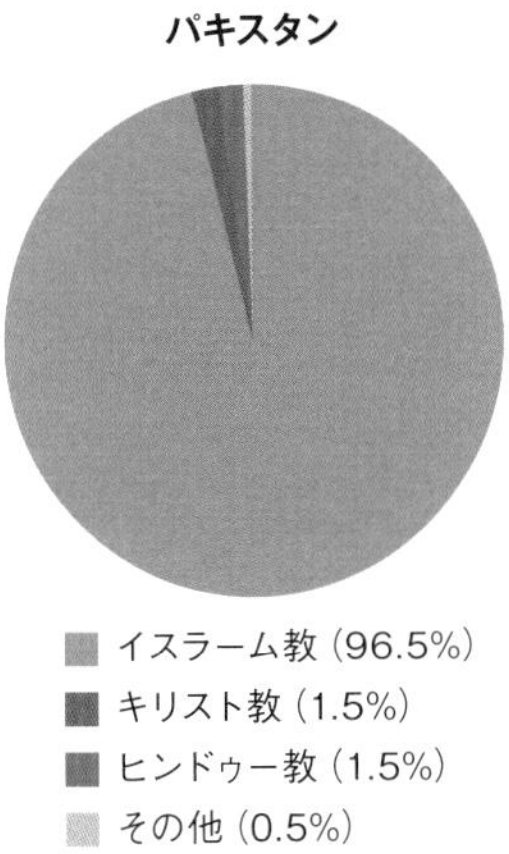

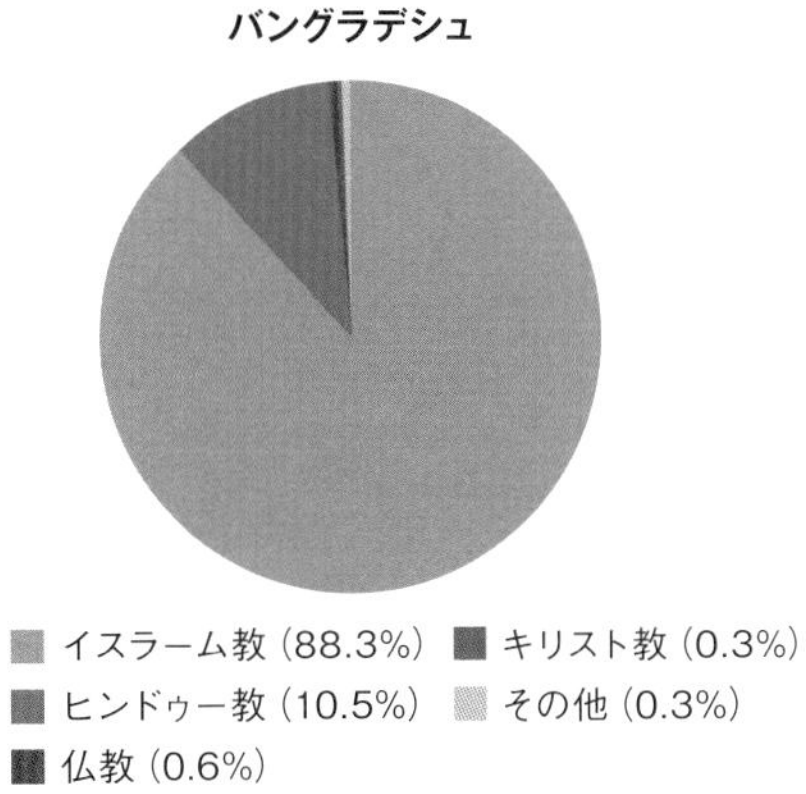

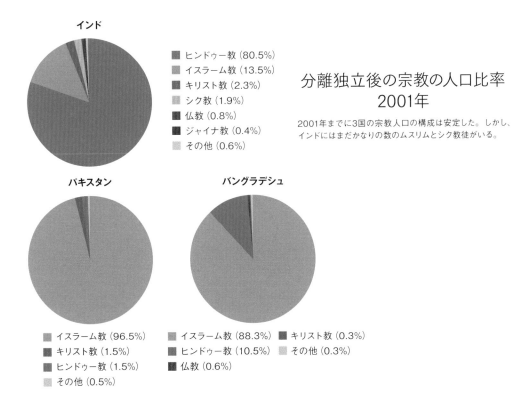

第25章 労働力の輸出 フィリピン

フィリピンは、植民地としてスペインの統治下におかれたあと、1905～35年まではアメリカの「被後見人」として扱われることになった――「被後見人」はもともと法律用語で、あいまいな言い方だが、要するにアメリカの支配下にあったということである。フィリピン人の大規模な移住が始まったのはこのころだった。年季奉公人としてハワイに送られるようになり、1930年には10万人以上のフィリピン人がアメリカで働いていた(1)。

1930年代には、労働者をアメリカに「輸出」するため、国内で事前訓練を行うという考え方が生まれ、看護教育が発展していった。このようなやり方は1970年代以降、世界的に広まったが、その始まりはここにある。フィリピン政府は1982年にフィリピン海外雇用庁（POEA）を設立した。多数の労働者を海外に送り出し、その管理を行うための機関である。POEAは「労働外交」を進め、多数の国と2国間労働協定を結んでいった。2011年11月には、就労を奨励する国として125カ国をあげている。また、海外フィリピン人労働者（OFW）にIDカードの発行も行っている。一方で、POEAがフィリピン人の就労を認可しない、あるいは認可を取り消した国は41ある。POEAは人権、安全、労働条件などの点から基準をもうけていて、この41の国はそれを満たしていなかった。

しかし、海外で働いている、あるいは海外に住んでいるフィリピン人がすべてPOEAの管理下にあるわけではない。2013年12月の在外フィリピン人は1030万人だが、そのうち490万人が永住者、120万人が不法就労者で、420万人がIDカードをもつOFWだった。OFWのうち100万人はサウジアラビアで働いている(2)。職種は、介護士、家政婦、ベビーシッター、看護師など、幅広い。海外で働くフィリピン人の約55%は女性だ。男性に多いのは船員で、2013年には46万人がこの仕事についていた。これは世界の船員の実に25%にあたる数で、船員数を国籍別に見るとフィリピンがとびぬけて多い。

フィリピン人船員といっても、航海士、甲板長、甲板員、操機手、技師、給仕、クルーズ船の乗務員と役割はさまざまだ。政府は高いスキルを身につけた船員の育成をめざしており、そのための学校が100校ほど開校さ

海外フィリピン人労働者数　1975 ～ 2017年

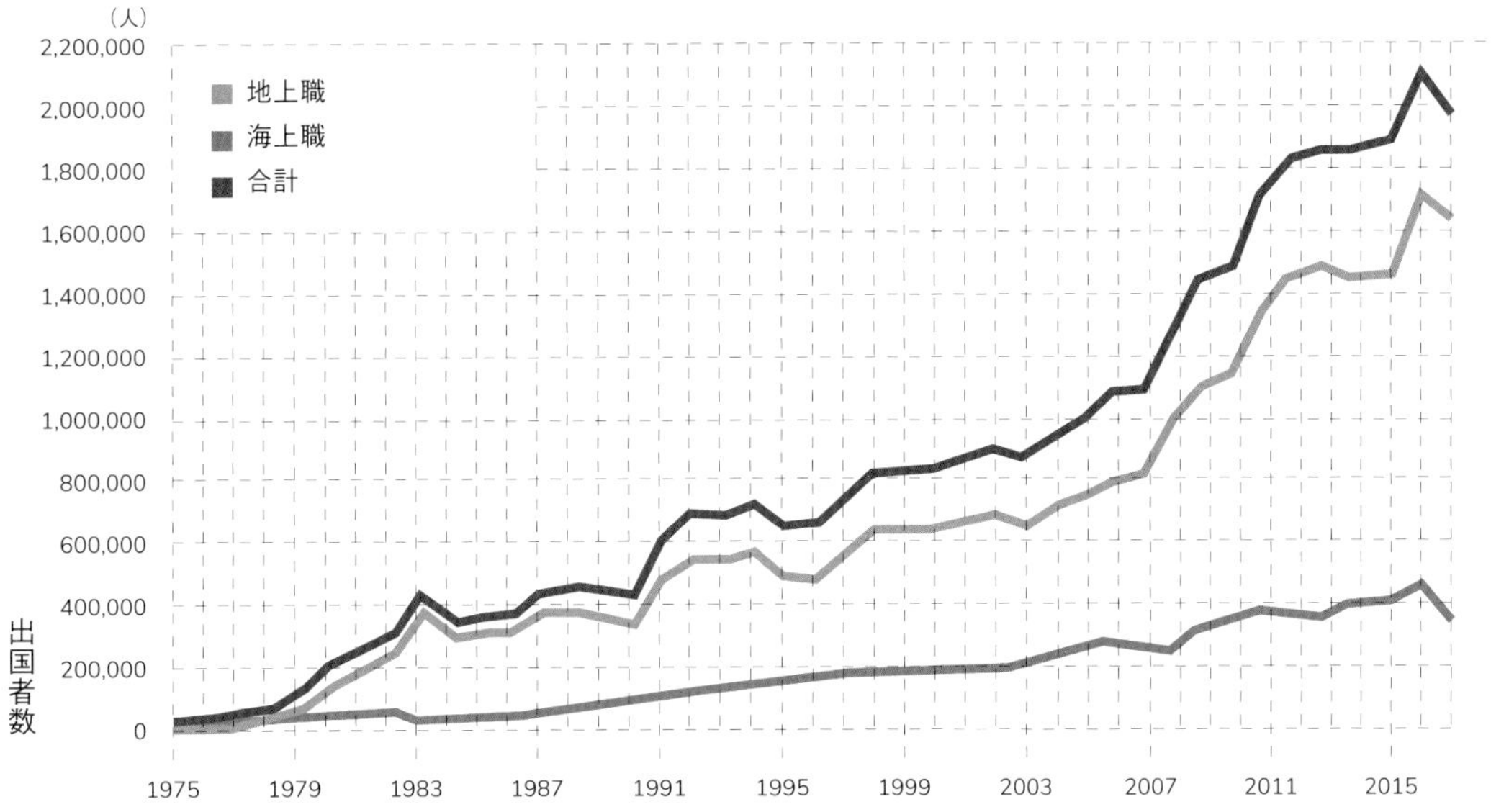

フィリピン人看護師の海外での新規雇用

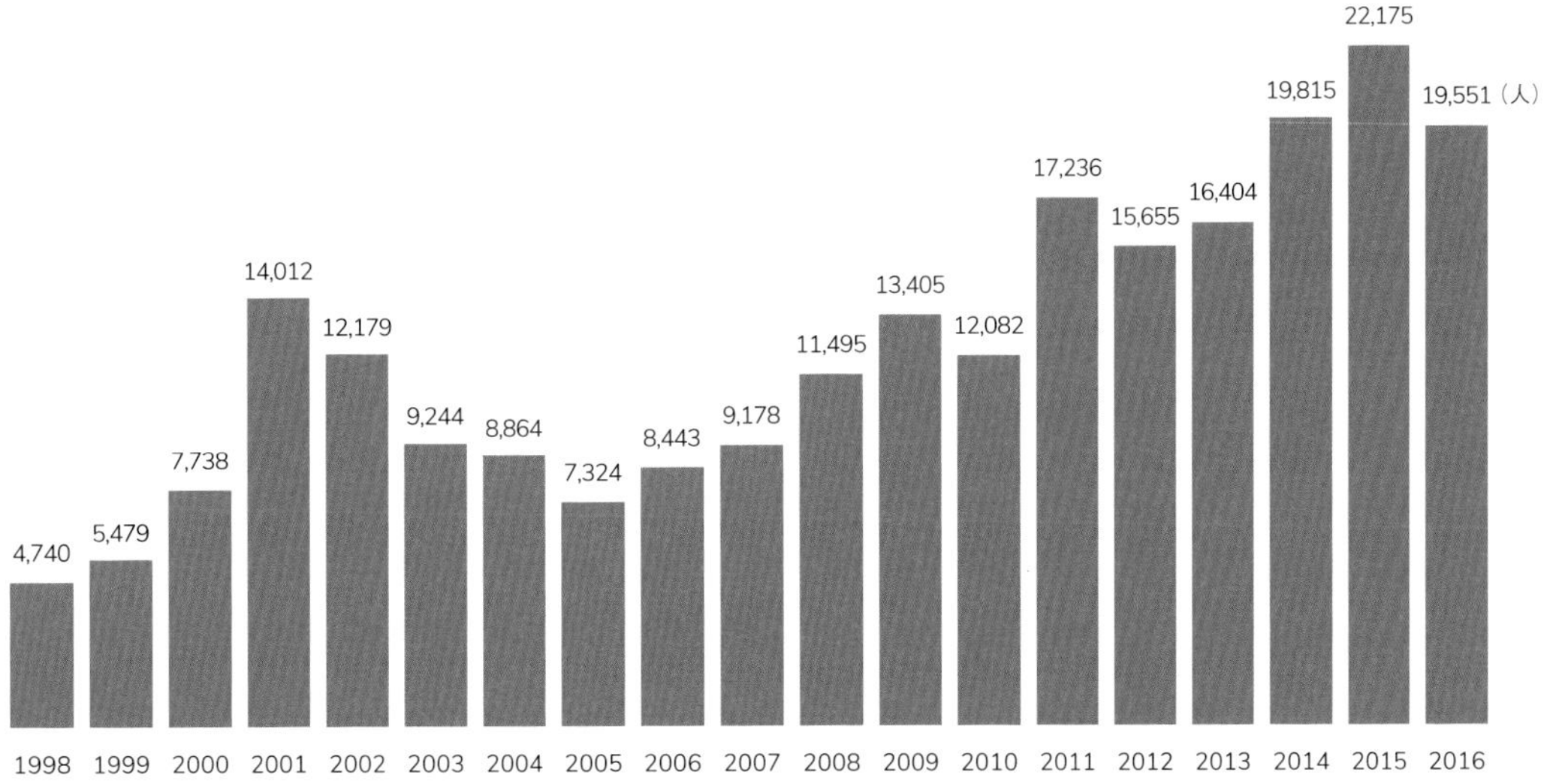

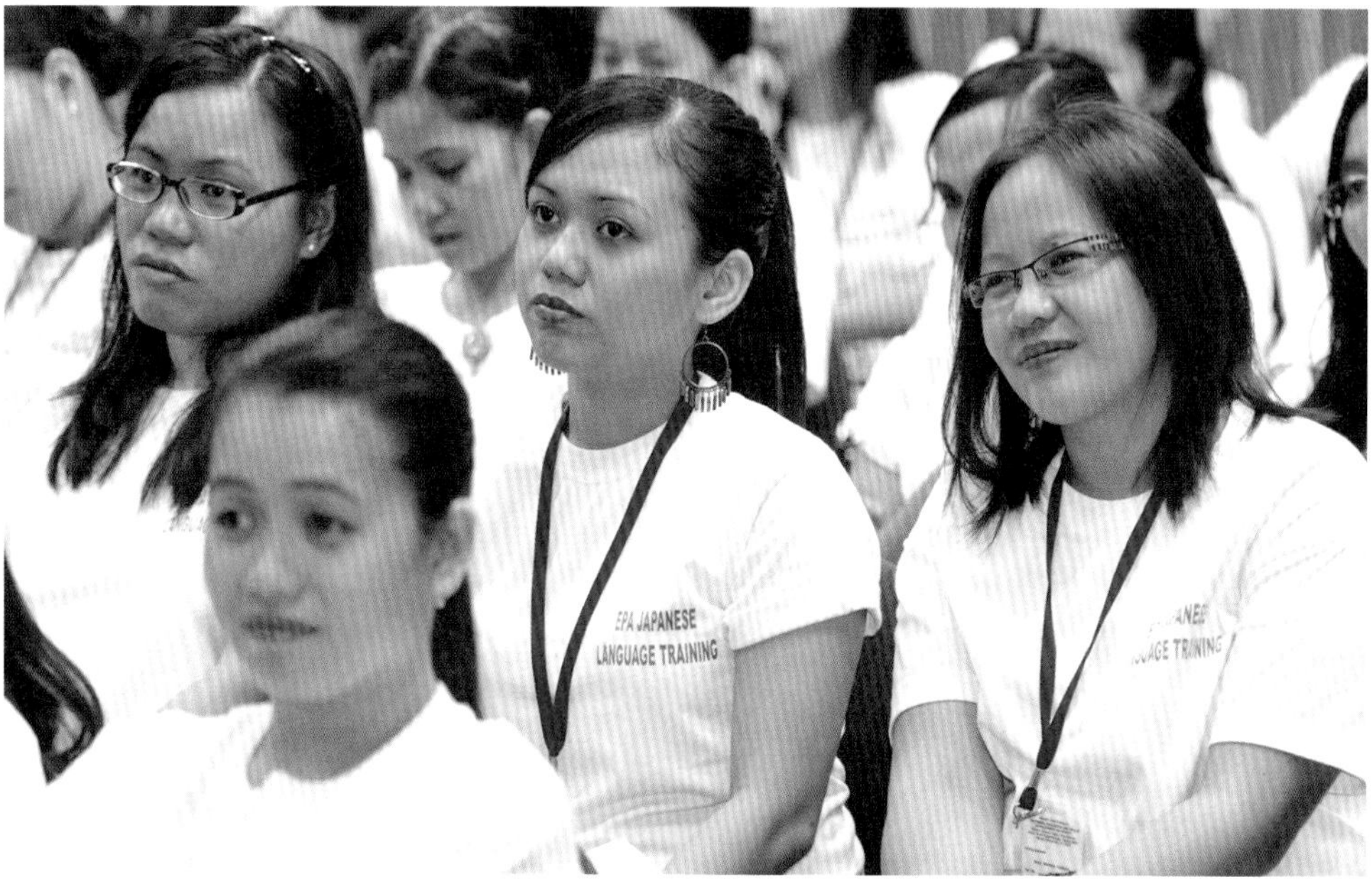

日本語研修を終えたフィリピン人看護師

研修中のフィリピン人（2013）。公的制度を利用して海外で家事労働者として働くには認定をうけなければならない。

れている。

フィリピンの労働力輸出は、ときにはとんでもない方向に進むこともあるが（次ページ参照）、全体としてみると成功していると言える。出稼ぎを希望する労働者のスキルが高まると、賃金や労働条件のよい仕事につくことができ、本国への送金額が増える。これはフィリピン経済にとって大きなプラスとなる――2016年の送金額は船員だけで55億米ドルに達した。OFWは頭脳流出ではなく国の財産とされ、家族や国のために海外で働く人として称えられている。そして、家族を支えるだけでなく、国内ビジネスへも投資するよう促すために、OFWに対しては免税措置や税金面で有利なプログラムも用意されている。

フロール・コンテムプラシオンの場合

フロール・ラモス・コンテムプラシオンは42歳のフィリピン人家政婦だったが、1995年に出稼ぎ先のシンガポールで殺人罪に問われて処刑された。フィリピンとシンガポールの間で結ばれた労働協定には多数の保護条項が盛り込まれていたにもかかわらずこのような事態となり、両国間の緊張が高まった。

この事件で亡くなったのは、もう1人別のフィリピン人家政婦と、彼女が雇われていた家の3歳の息子だった。2人の死とコンテムプラシオンを直接結びつける証拠はなかったが、彼女は自白した――おそらく警察から拷問をうけたか、精神的に参っていたのだろう。捜査が進むなかで彼女は1度倒れ、その後も調子を崩すことが多かった。

裁判が始まると、彼女は無実だ、あるいは、精神に異常をきたしたのだと多数のフィリピン人が確信するようになった。そして、政府の対応に怒った。彼女は国から最低限の保護と支援しかうけられなかったからだ。彼女の試練と苦難を伝える多数のドキュメンタリーが制作され、映画は賞を獲得した。ラモス大統領と妻は国民の気持ちになかなか気づかなかったが、最後はコンテムプラシオンを「ヒロイン」と呼んだ。

ラモス大統領が彼女の運命にあまり関心をもたなかったことから勢いを得たのが、当時ダバオの市長だったロドリゴ・ドゥテルテである。彼はシンガポールの国旗を燃やして、抗議運動の先頭に立った。その後フィリピンの大統領にまで上りつめたが、OFWを根気よく育て、彼らを国の貢献者として惜しみなく称えたことが、大きくものをいったのだろう。OFWのIDカードには今、ドゥテルテ大統領の姿が写っている。

映画『フロール・コンテムプラシオン・ストーリー』の公式ポスター。ジョエル・ラマンガン監督、ノラ・オノール主演のこの映画は、1995年のカイロ国際映画祭で最優秀映画賞を受賞した。

第26章　セックスワーカーの売買

人身取引でよくみられるのがセックスワーカーの売買である。人身取引は、無給あるいは低賃金の家事労働（このような仕事につく人は家庭内奴隷と呼ばれる）、強制労働（戸外や、工場、作業場での労働を強いる）、売春などをさせる目的で人を売買する行為である。本章ではこの3つ目のセックスワーカーの売買を取り上げよう。

人身取引は非常に大きな利益を生みだす。だが、その金額については、機関によって見方がかなり異なる。国際労働機関（ILO）は2014年に、人身取引のもたらす利益は、あらゆる形のものを含めると、年間1500億ドルに達すると推計した(1)。

ナターシャ・トレード

ここ数十年をみてみると、セックスワーカーには、アジア、とくにタイ、フィリピンの出身者が多い。だがソ連の崩壊で、そこに新たな地域が加わった。性的搾取を目的にした旧ソ連地域の人身取引は、ロシア人によくある名前を使って、口語では「ナターシャ・トレード」と呼ばれている。人身取引の研究で知られるドナ・M・ヒューズは、ソ連が解体して多数の独立国家が誕生したが、それらの国は組織としての体をなしておらず、犯罪行為を取り締まる機関がなかったために、こうした人身売買がはびこるのを許してしまったと指摘する(2)。「ナターシャ」が売られていく主な先はイスラエルで、売春婦の70％がロシア人とみられている。離散したユダヤ人が強いつながりをもっており、ユダヤ人であるとそれらしく説明できれば容易に入国で

強制労働の種類と犠牲者数
（セックスワーカーを含む）2014年

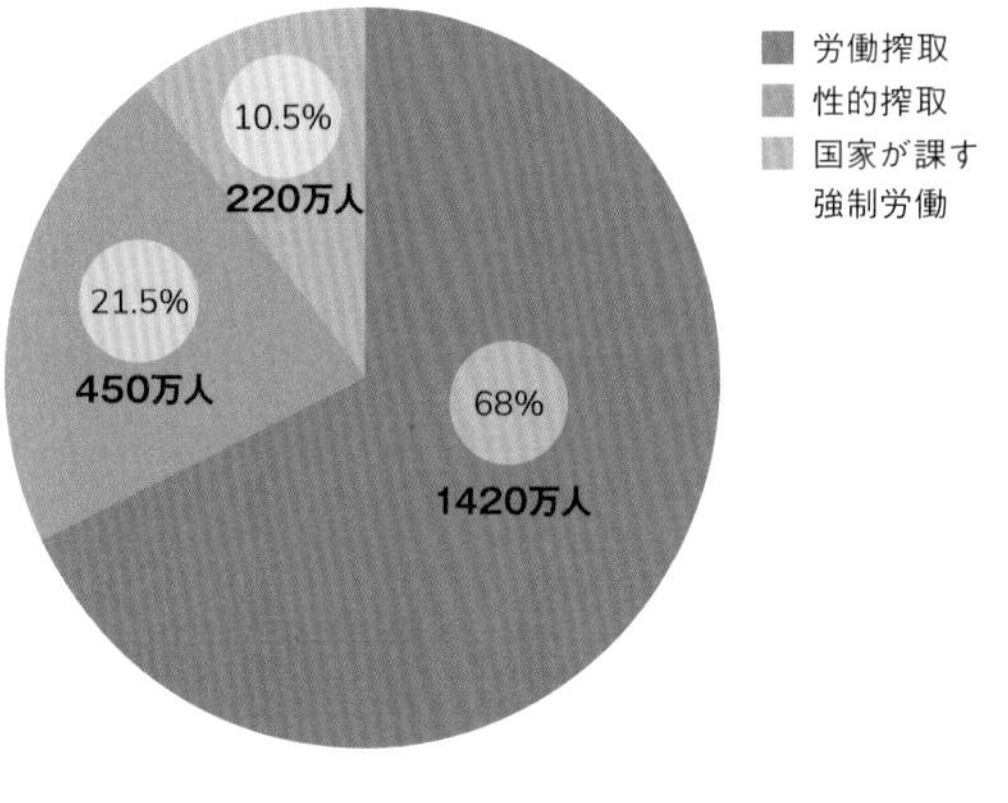

EUにおける人身取引被害者の男女比（搾取の種類別）2010 ～ 2012年

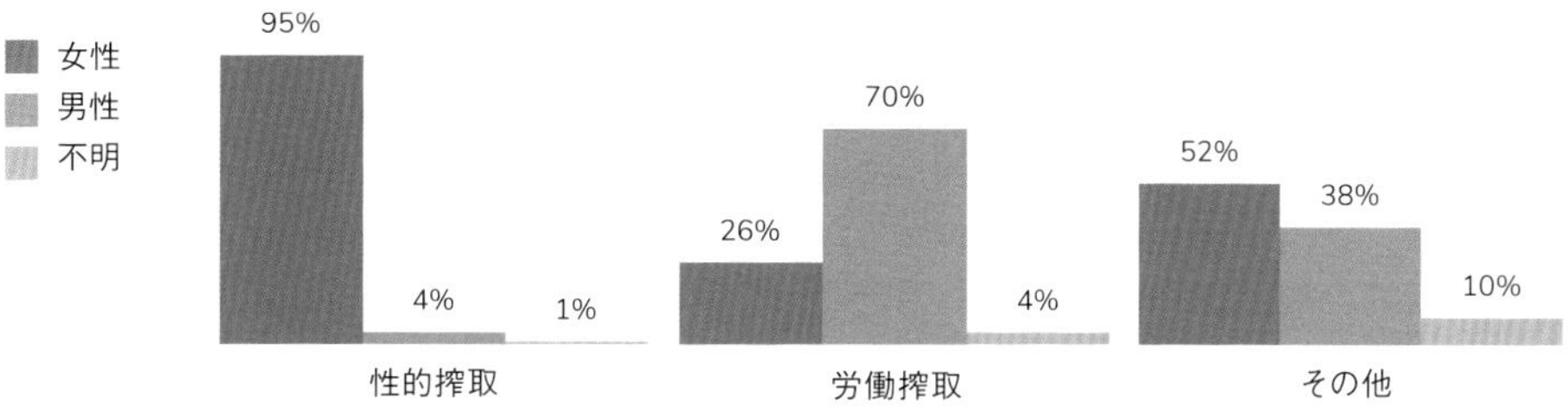

※「その他」には、物乞いをさせる、子どもを売る、強制結婚をさせるなどの目的で行われる取引が含まれる。

ナタリーの場合

ナタリーは東南アジアの出身で、20歳のとき、娘と一緒に都市に移り住んだ。「あのとき私の人生は永遠に変わってしまったのです」。その後の人生は、だまされては食い物にされるというものだった。彼女はなんとかして性産業から逃れようと必死だった。

都市に出た彼女はしばらくの間苦しい生活をしていたが、やがて日本企業の工場で仕事を得、住む場所も粗末ながら見つかった。ある晩、彼女は知り合いの男に誘われて一緒に食事をした。男の友人も一緒だった。彼女はその友人に「ホテル」に連れていかれたが、そこは非合法な売春宿だった。数カ月後、そこを逃げ出してオーストラリアに行き、今度は合法な売春宿で働いたが、食い物にされることにかわりはなかった（ニューサウスウェールズでは1988年の略式起訴犯罪法（Summary Offences Act）に基づいて売春宿は合法とされている）。

ナタリーはこう語る。

「オーストラリアは私の故郷よりひどいところでした。シドニーに着くと、私には6000豪ドルの借りがあり、客をとるごとに手数料を支払わなければならないと言われました。そして、家賃、交通費、クリーニング代と、あらゆる費用を請求してくるのです。5分遅刻すると50ドル払えと言われます。こうしてどんどん金額はあがっていきます。これが『合法』な売春宿のすることでしょうか。客にいやとは言えません——言えるはずありません。ほんのしばらく休憩することすらできず、1時間、客の欲求に応じなければなりませんでした。3カ月が30年のように感じられました。仕事は正午に始まり、午前6時に終わります。夜、寝られるのは3時間くらい。でも、最後はなんとかそこを抜けだしました」

「性産業には7年関わっていました。仕事はしたりしなかったりで、できるだけ長く仕事から離れていたかった。自分と娘が食べていける仕事を3年間探し続けました」(3)

きることが、このような高い数字につながっているのだろう。

性的な目的で子どもや男性が取引されることもあるが、圧倒的に多いのは女性である。これとは対照的に、労働力として売買されるのは大半が男性だ。

人身取引に対する規制

性的搾取を目的とした人身取引に対して規制を求める声が上がったが、当初は、人種的に偏ったものだった。刑法やジェンダーについて研究するローラ・ランマスニエミによると、バーバリー海岸（現在のモロッコ、アルジェリア、チュニジア、リビア）の邪悪な男たちが純真無垢な白人女性を捕まえて奴隷にするというストーリーに基づいてこの問題は論じられたのだ(4)。1885年8月、ロンドンのハイドパークに数万人が集まって、「白人奴隷」の取り締まりと、女性の性的同意年齢の引き上げを求めた。その後、一連の条約が締結されたが、1904年の「醜業行わしむる為の婦女売買取締に関する国際協定（International Agreement for the Suppression of the White Slave Traffic）」などでも、「白人奴隷（White Slave）」という表現が使われた。この語が国際法から消えたのは、「婦人及び児童の売買禁止に関する国際条約（International Convention for the Suppression of the Traffic in Women and Children）が採択された1921年のことだった。

最近では2000年に、パレルモ議定書として知られる「国際組織犯罪防止条約人身取引議定書」が採択された。締約国は171カ国である。議定書では、「少なくとも、他の者を売春させて搾取すること、その他の形態の性的搾取、強制的な労働もしくは役務の提供、奴隷化もしくはこれに類する行為、隷属または臓器の摘出」が搾取に含められている。締約国はこうした行為を犯罪とするため、立法などの必要な措置をとることを求められた。また、重要なのは、暴力、暴力による脅迫、強制力の行使、誘拐、詐欺、欺罔《もう》、権力の濫用、金銭の授受などの手段が用いられた場合には、被害者の同意の有無にかかわらず、人身取引とされる点である。性的目的の人身取引をめぐっては、今も選択、同意、主体性という点から議論がなされている。

主体性という問題

白人女性がバーバリーの奴隷商人に無理やり連れていかれる。ハイドパークに集まったヴィクトリア朝の人々

バーバリー海岸の白人奴隷というイメージがリトグラフや絵画によって一層強められた。この油絵は、イギリス人画家、アーネスト・ノーマンドの作品（1885）

はそう考えていた――それ以外考えられなかった。現在は、セックスワーカーという仕事について人々の理解が深まり、選択と犠牲の複雑な関係についても考えられるようになっている。たとえば、副業として性的サービスを行う女性は多い。「彼女たちはウェイトレス、美容師、仕立屋、マッサージ師、街商、あるいはビールの販売促進などの仕事につき、定期的、あるいはときどき売春をして収入を得ているのかもしれない。自分ではセックスワーカーとは考えておらず、そうした仕事とはまったく関係のないところで働いていることが多い」(5)

セックスワーカーという仕事が情報に基づいた選択であることを示す研究は多い。カンボジアで働く100人のベトナム人セックスワーカーを対象にした研究によると、だまされてこの仕事についたのは6人で、残りの94人はベトナムを出る前から売春宿で働くことを知っていた。そして「救済」機関によって解放されても、女性たちは「急いで売春宿へ帰っていった」(6)。ヨーロッパでも同じような例が報告されている。たとえばオランダで働く東欧のセックスワーカー72人を対象にした研究があるが、無理やりこの仕事につかされた人はほとんどおらず、大半は友人や知人、ときには家族を介して仕事を得ていた。こうしたケースの場合、そこには主体性が感じられるかもしれない。しかし、たとえそうであれ、最初にだまされたり強制されたりしていたら、やはりそれは人身取引になるのである。

第27章　国外追放——異国の地で亡くなるか、権力の座に復帰するか

移動といっても、「国外追放」による移動は辛く苦しい。
国外追放の始まりは、旧約聖書で語られるアダムとイブの楽園追放にある。
古代ギリシアでも、支配者や議会から国外退去を命じられることがあった。

その後も多数の国でおびただしい数の政治家や軍事指導者、反体制派の人々がこうした憂き目にあってきた。だが、それぞれのたどった道は大きく異なる。外国での新しい生活に適応する者、悲嘆にくれ寂しく死んでいく者、意気揚々と帰国し国の指導者となる者など、さまざまだった。

古代ギリシア

英語にはオストラシズム（追放）という語があるが、古代ギリシアのアテネにはその語源であるオストラキスモス（陶片追放）という制度があった。独裁政治を行う僭主になりそうな人物を投票で追放するというもので、票が一定数を超えた者は10年間の国外追放となった。これが適用された有名な人物には、テミストクレス、キモン、正義の人アリステイデスなどがいる。彼らのように国を追われた人物と、ソロンのように自ら国を出た人物は区別しなければならない。立法者のソロンは、ソロンの改革を行ったあと、法の改正を求められないようアテネを離れた。

古代ギリシア時代にアテネを離れなければならなかった最も有名な人物といえば、哲学や政治学の大成者、アリストテレスだろう。アリストテレスはアテネのリュケイオンに学校を開き、そこで研究、教育をし、著作に励んだ。しかし、反マケドニア運動が起きると、マケドニア寄りとみなされた彼は自らアテネを去る（アリストテレスはマケドニアに7年住んでいた。だが、そこでのちのアレクサンドロス大王の家庭教師を務めたというのは、まず事実ではないだろう）。彼は残りの人生を母の故郷のカルキスで過ごした（1）。

国外追放の意味

国外追放に処されるということは、個人レベルでいうと、安息の場——住まい、最愛の人、家族、コミュニティ、慣れ親しんだ環境——とのつながりを急に絶たれるということである。大切なものを失うと、体罰や拘禁同様、大きな心の痛手となる。イタリアの詩人ダンテは国外追放の辛さについて、『神曲』（天国篇第17歌55～60行）でこう述べている。

おまえは最愛のものをことごとく捨て去らねばならないだろうが、これが追放の放つ
第一の矢だ。
他人のパンがいかに辛く
他人の家の階段の上り下りがいかに辛い道であるかを
身にしみておまえは悟るだろう。

国外追放は支配者が政敵を排除するための手段としてもよく使われてきた。政敵を殉教者のような存在にしてしまうと、民衆が抗議行動を起こしたり、別の指導者が似たような大義を掲げて勢いづいたりする恐れがあるが、国外追放は多くの場合うまく機能する。フランスでは1789年の革命勃発後、15万人もの人々が追放されるか、もしくは自ら国を離れた。「政治的な理由でこれほど多くの人が、世界規模とは言わないまでも、ヨーロッパ内で移動したのはこれが最初だった」(2)

ドメニコ・ペテルリーニ作「追放されたダンテ」(1860ごろ)

国外追放された著名人

ナポレオン・ボナパルト

　フランスの皇帝、ナポレオン・ボナパルトは、１８１３年にライプツィヒの戦いに敗れ、翌年地中海のエルバ島に流された。１８１５年３月、彼は島を脱出し、再び皇帝に即位した。ところが、ワーテルローの戦いで敗北し、また流刑となった。イギリスが脱出不可能な場所として選んだのは、南大西洋の孤島、セントヘレナ島だった。ナポレオンは１８２１年５月５日、52歳のときこの地で亡くなった。死因は胃癌だったようだ。だがフランスには、セントヘレナ島でイギリス人の看守にヒ素を盛られたのだという説が今も存在する（3）。

レフ・トロツキー

　１９１７年のロシア革命で最も大きな役割を果たした指導者はトロツキーだっただろう。反革命運動が活発化し、それを支援する外国の干渉が始まると、危機に直面したソヴィエト政権は、彼の指揮のもと赤軍を組織。１９２２年に勝利をおさめた。トロツキーはすぐれた司令官だっただけでなく、文筆や演説、そして人を扇動することにも長けていた。１９２４年にレーニンが亡くなると、スターリンはトロツキーを共産党の要職からはずし、メキシコに追いやった。

　トロツキーは黙ってはいなかった。官僚的なスターリン主義を批判し、その欠陥を多数指摘。そして、第４インターナショナルを結成して伝統的な真の革命路線を進もうとした。彼の支持者は自らをトロツキストと称した。

セントヘレナ島の地図、1820年ごろ
ナポレオンが自由な移動を認められていた区域

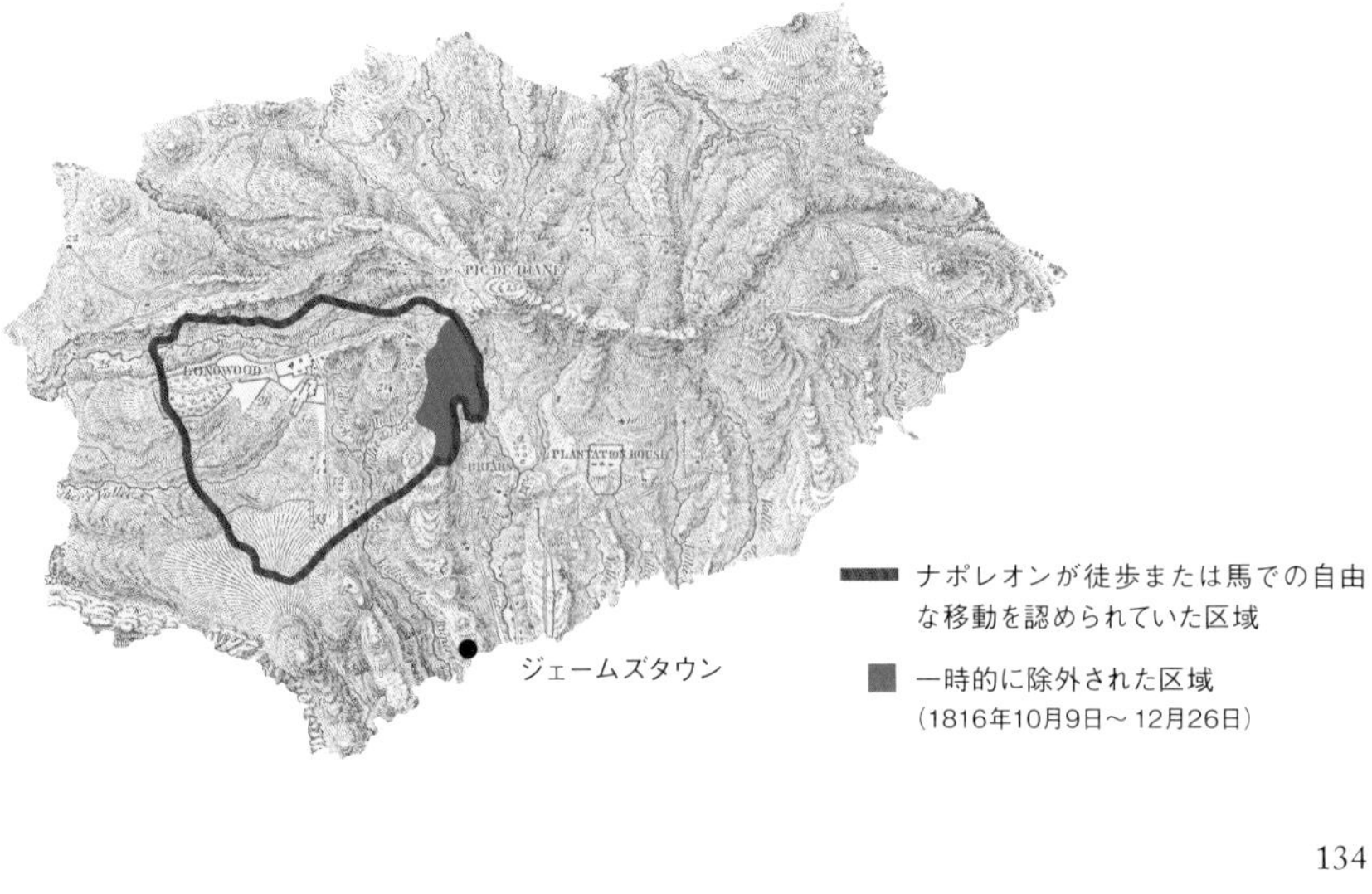

しかし、その数が増えたため、スターリンはトロツキーを永遠に黙らせることにした。１９４０年8月21日、スターリンの命を帯びたソ連のエージェント、ラモン・メルカデルが、友人を装ってトロツキーの家を訪ね、ピッケルで彼を殺害した。

ウラジーミル・レーニン

革命の同志、トロツキー同様、レーニンは長い間、追放の身だった。だが、それは革命前の、ロシアが帝政を敷いていたときのことである。レーニンは3年間東シベリアに流刑となり、その後亡命。ロンドンやベルン、プラハ、ミュンヘン、ジュネーブを転々としながら、多数の著作を発表し、秘かにロシアに戻っては、革命をめざす人々と連携していた。

そして、ついにそのときがやってきた。１９１７年4月、レーニンは31人の同志とともに列車でチューリッヒを出る。それからバルト海をフェリーで渡り、ストックホルムから列車でスウェーデンの果てまで行き、フィンランドとの国境を越えた。そして、馬が引くそりに乗り、さらに列車に乗り換えてサンクト・ペテルブルクに到着。レーニンはそこで演説をして人々を煽り、最後は「すべての権力をソヴィエトへ」と訴えた。

トロツキー殺害に使われた凶器を示す警察（コヨアカン、メキシコシティ、メキシコ、1940）

レーニンの帰還
ロシア革命への道

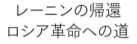

第28章　冷戦時の移住の政治学

冷戦は1946年に始まったと一般的に考えられている。第二次世界大戦後、ソヴィエト連邦と西側間の緊張が高まった時期だ。そして、ソ連や東欧の共産主義体制が崩壊し、冷戦は、少なくとも形式的には1991年に終結した。だが、ロシアの行動を見ていると、いまだに冷戦時代を引きずっているのだと感じられることがある。

人の移動がどの程度の規模で生じ、どのような特徴がみられたかは、通常、人口学的、経済的、社会的要素によって決まる。だが、冷戦時代の移動については、政治的事情を考慮しなければならない。当時、共産主義体制の国では移住が禁じられ、西側諸国では選択的な開放政策がとられていた。東西ドイツ間の移動を遮断した壁はとくに有名で、冷戦を象徴する存在となった。

亡命者

共産主義政権のやり方がとてもよく表れているのは、自由な移動の禁止だろう。共産主義の指導者は国民を無理やり国にとどめている、と言われていた。これに対する反論は、たいてい、あまり納得のいくものではなかった——西側は名声やお金をえさに彼らを引きつけようとしている、科学的あるいは軍事的な機密プロジェクトに関わっている者を移住させるわけにはいかない、我が国が危険にさらされる、というのだ。

初めは数は多くなかったが、西側は著名な「亡命者」を受け入れると派手にそれを伝えて政治的称賛を得た。ルドルフ・ヌレエフ、ミハイル・バリシニコフ、ナタリア・マカロワ、アレクサンドル・ゴドゥノフ。こうしたバレ

ヨシフ・スターリンの娘、スヴェトラ ナ・アリルーエワ。亡命後の1967年、アメリカ、ロングアイランドにて

リハーサル中のルドルフ・ヌレエフ。亡命の9年後の1970年撮影

エダンサーの「脱出」を、新聞をはじめとするメディアは大々的に取り上げた。ヴィクトール・コルチノイやボリス・スパスキーといったチェスのグランドマスターも亡命した。スパスキーは政治亡命となるのを避けるために、亡命先にフランスを選んだ。スポーツ選手や知識人、体操選手、さらにはミグ25戦闘機のパイロットであるヴィクトル・ベレンコまでが次々と亡命した。

亡命者がみな、その後うまく暮らしていけたわけではない。たとえば、ヨシフ・スターリンの娘、スヴェトラーナ・アリルーエワは、１９６７年にアメリカへの政治亡命を申請して認められたが、１９８４年にソ連に帰国し、その後再び国を出た。彼女は明らかに問題をかかえた複雑な人物であり、政治的動機だけで行動しているわけではなかった。母のナジェージダは１９３２年に人前でスターリンと口論になり、そのあと拳銃で頭を撃って自殺した。こうしたことも影響していたのだろう。

亡命先に適応できなかったもう1人の例が、ノーベル賞作家のアレクサンドル・ソルジェニーツィンである。ソ連の強制収容所の実体を告発する作品でよく知られている作家だ。ソルジェニーツィンは１９７４年に国外追放されるが、20年後に帰国した。西側にいる間、彼は期待されているようなことは何も言わなかった。ハーバード大学から名誉文学位を授与されたときのスピーチでは、「勇気の欠如」、ベトナム戦争での「性急な降伏」、耐えがたい音楽、何でも自由に報じる報道機関などをあげてアメリカを非難した(1)。

リフューズニク

「リフューズニク」とは、ソ連で移住を許可されなかった人、とくにユダヤ人を指す言葉である。そうした人々は申請が認められないことに対して国内で抗議の声を上げた。1978年、ウラジーミル・スレパクと妻のマリアは垂れ幕を掲げ、イスラエルにいる息子と一緒に暮らすため出国ビザの申請をしたが、8年待たされていると訴えた。すると、ウラジーミルは活動家のイーダ・ヌデルとともに逮捕され、悪意のある無法行為をしたとして、数年間シベリアに送られた。夫妻のイスラエル行きは、最終的には叶った。

1989年に共産党による統制が終わると、リフューズニクの訴えが聞き入れられ、大規模な人の移動が始まった。2006年までに旧ソ連を離れたユダヤ人は160万人に達し、その60％以上がイスラエルをめざした。イスラエルは帰還法に基づいて、ユダヤ人すべてに門戸を開放している。この移住の権利は、多くの場合、ユダヤ教徒ではない配偶者やユダヤ人移

チューリッヒに到着したアレクリンドル・ソルジェニーツィンとその家族。ソ連から国外追放された彼は、その後、スイスに移り住んだ。

ソヴィエトのパスポートとイスラエルの移民ビザ（1966）

有名なリフューズニクのウラジーミル・スレパクと妻のマリア、モスクワ（1987）

民の親族にも認められた。アメリカへの移住者は32万5000人、ドイツへの移住者は21万9000人だった。ホロコーストのことを考えると、これほど多くの人がドイツに向かったのは驚きといえよう。ドイツ政府は旧ソ連からの移民に居住を認め、就労許可を与えた。ここでも誰をユダヤ人とするかについては寛大な定義がなされ、父母のどちらかがユダヤ人であればユダヤ人と認められた。

マリエリトス

冷戦の影響はキューバ革命にも及んだ。キューバ革命は1953年7月に始まり、1959年1月1日に終わった。この日、アメリカと密接に結びついていたフルヘンシオ・バティスタ政権が倒され、革命政権が誕生。指導者のフィデル・カストロは1961年に社会主義宣言をした。革命後、キューバでは移住者が増えた。その多くは、首都ハバナから400キロメートルほど北にあるアメリカのマイアミに住み着いた。

1980年にはとくに、アメリカに向かう人が多かった。この年の4月20日、カストロが突然「革命は自由意志による」と宣言し、キューバを離れたい者はマリエルの港から船で出国できると発表したからだ。この機会をとらえて出国したキューバ人は12万5000人にのぼった。アメリカでは小さな船に乗ってやってくる多数の家族が、西側資本主義陣営の優位性を示す勝利の証としてとらえられた。

ところが、話はそれで終わりではなかった。「マリエリトス」と呼ばれるキューバ人移民は多くが非熟練労働者だった。そうした労働者が一挙に流入したために、地元の非熟練労働者、主にアフリカ系アメリカ人の賃金が下がったのだ(2)。これにより、コミュニティ間の緊張が高まった。さらにメディアが、キューバ政府が刑務所と精神科病院に入っていた人を移民のなかに加えたと報じた。その後の調査で、常習犯罪者の割合は低かったこと、国を出るよう言われた人の多くは「危険な行為」で有罪となった人たちだったことがわかった。政府のいう「危険な行為」とは、たとえば同性愛者だとわかるような行為を公の場ですることだった。そうしたことはキューバでは一切認められていなかった。

マリエリトスのなかには愛する家族に迎えられるのではなく、難民キャンプに送られる人もいた。1700人は刑務所で国外退去のためのヒアリングを待った。犯罪歴があるなど、アメリカの移民法に反している人たちだった。だが、国外退去といっても、どこに行くというのか。キューバは彼らの帰国を望んでいなかった。結局、拘束されていた人々は釈放されるか、身元引受人を見つけるかのどちらかだった。1981年のギャラップ調査では、最も望ましくない隣人としてキューバ人が2番目にあげられた。1番目はカルト教団のメンバーだった。

冷戦の時代の対立は、よく個人間の対立という観点からとらえられ、アメリカ人の多くは、ジミー・カーターがカストロに「カモにされた」のだと考えていた。そんなこともあってカーターはリーダーとしての信頼を失い、1980年の大統領選でロナルド・レーガンに敗れる。レーガンは、就任するとすぐに、ソ連とキューバに対して冷戦のレトリックを用いだした。

マリエルの港を離れるキューバの難民

第29章 世界のディアスポラ

「ディアスポラ」は本来、種子などがまき散らされていることを意味するギリシア語である。人の移動に関してこの語を使う場合、当初は、ある集団（民族、あるいは同じ宗教を信じる人々など）が多くの目的地に強制的に移動させられることを意味していた。

離散した人々は土地を追われたことから、「故郷」（美化されていることが多い）に対する思いが強かった。そして、他の土地に向かった同胞と運命をともにしていると考えた。だが、１９８０年代末には、意志に反して移動した集団（犠牲者ディアスポラ）以外もディアスポラと呼ばれるようになり、労働ディアスポラ、交易ディアスポラ、脱領土化ディアスポラ、帝国ディアスポラなどに分類されるようになった(1)。本章では、帝国ディアスポラを除く4つのディアスポラについて、具体例をあげながら説明しよう。

犠牲者ディアスポラ

ディアスポラの起源はバビロン捕囚である。紀元前５８６年、新バビロニア王国のネブカドネザル2世がユダ王国を滅ぼし、王国の主だった人々をバビロンに強制移住させた。ユダヤ人は生き残り、何世紀も繁栄しさえしたが、「バビロン」は流刑、離別、強制退去を暗喩する語となった。「シオン」が故国、安住の地を意味するのと対照的である。このことは、おもにカリブ海地域出身者で構成された音楽グループ、ボニー・Mが１９７８年にヒットさせた「イスラエ

紀元前586年にネブカドネザル2世の軍隊がエルサレムにあったソロモン神殿を破壊するようすを描いた絵。多数のユダヤ人が鎖につながれ、バビロンまで移動させられた。

ルの河」の歌詞にもはっきりと示されている。旧約聖書の詩篇19と137をベースにした曲で、次のような歌詞で始まる。

バビロンの川のほとりに座り
シオンを思って、私たちは泣いた。

アフリカ出身のディアスポラは、大西洋奴隷貿易によって故郷から引き離され、心に深い傷を負った。ジャマイカでアフリカ回帰を唱える人々は、聖書に出てくるユダヤ人に自分たちの姿を重ね、島を「バビロン」と考えた。他の犠牲者ディアスポラも似たような経験をしている。アイルランド人はジャガイモ飢饉（第11章参照）、アルメニア人は1915～16年のオスマン帝国軍による虐殺（地図参照）、そしてパレスティナに住んでいたアラブ人は「ナクバ」（大災厄）という苦難を味わったのだ。1948年のイスラエル建国時には70万人のアラブ人が居住地を追われている（第16章参照）。

＊1
アルメニア人虐殺　1915～1923年

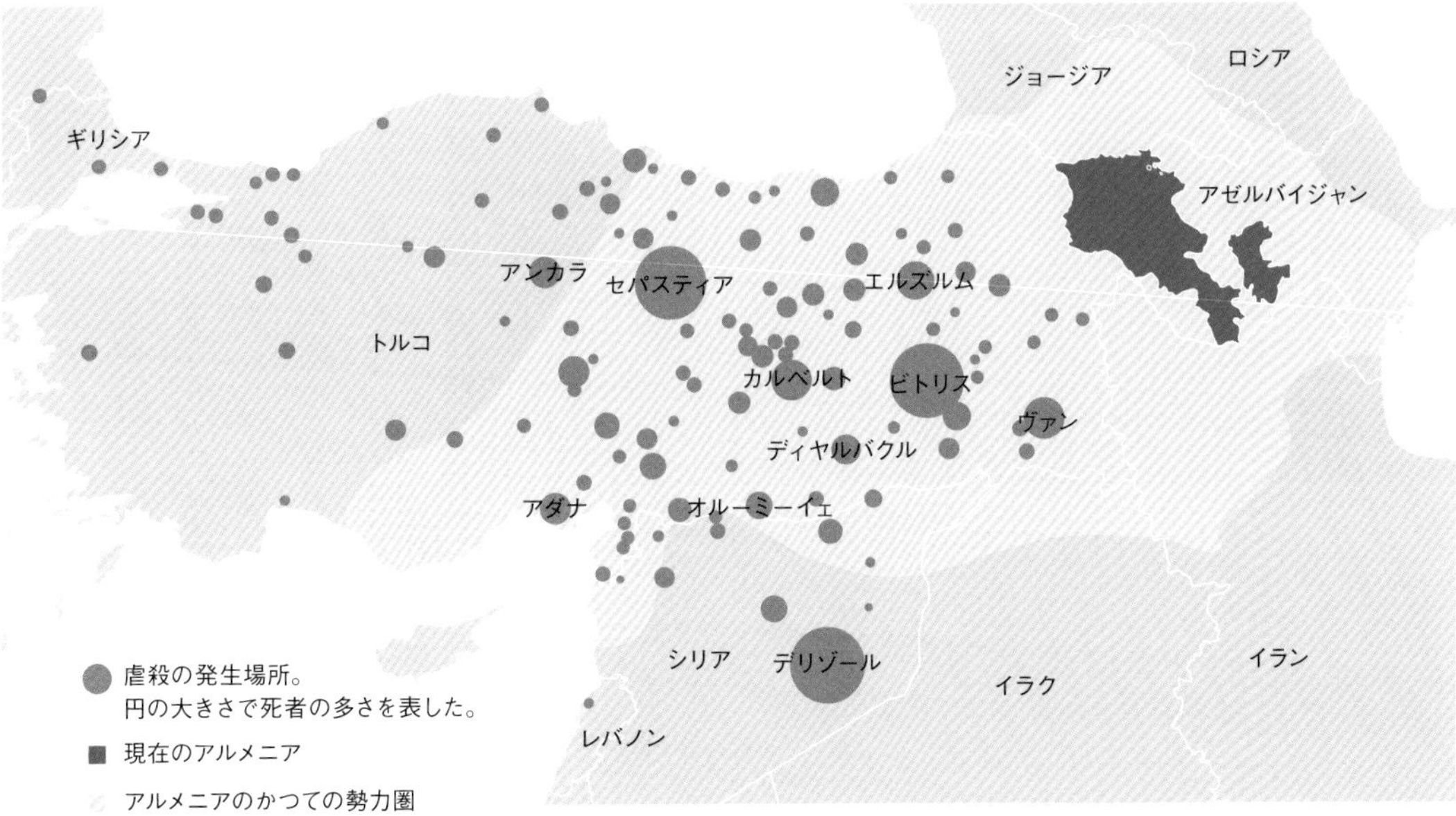

トルコの歴代政権は、アルメニア人のシリア、パレスティナへの強制移住はジェノサイド（集団殺害）ではないと否定してきた。海外に住むアルメニア人はこれに強く反発し、計画的な虐殺だったと主張している。2017年までに29カ国の政府、議会と、アメリカの50州中48州が、1915～23年の事件をジェノサイドと認めた。

労働ディアスポラ　イタリア人

イタリアは西欧の他の国々に比べ、移住が始まるのが遅かった。しかし、長期にわたって続き、規模も大きかった。移民研究で有名なルドルフ・ヴェコリによると、１８７６年から１９７６年までの１００年間に２６００万人のイタリア人が国を離れ、「イタリアはどの国よりも多くの移民を送り出すという、あまり自慢できそうにはない記録が打ち立てられた」(2)。彼らが向かったのはヨーロッパの他の国や北米、南米（とくに１８７６〜１９１５年）で、そこに永住する人もいた。また、オーストラリアでもかなりの規模のコミュニティができた。イタリアの成

フラミニア号でシドニーのサーキュラー・キーに到着したイタリア人移民（1960年3月）

人で、家族は全員国内に住み、自分自身も移住の経験がないという人はほとんど見当たらない。

イタリアでは地域が異なると、文化や地理的条件も大きく異なる。さらに、イタリアは国民国家としての統一が、ヨーロッパの他の国より遅かった。これはつまり、他国への移住に加え、国内でも、あまり開発が進んでいない地域からよく発展した地域に人が移動したということである――1945～75年までに、人口が4500万人のイタリアで900万人もが南部から北部に移り住んでいる。戦争で経済が壊滅的な打撃をうけたこと、南部の田舎では仕事がないことが、こうした移動につながった。当然、これだけの人が全員同じ理由で移動するはずはない。しかし、たとえ最終的には独立して何かを始めるつもりでも、ほとんどの人はまず仕事を見つけなければならなかった。

こうして他国に移り住んだ彼らは、何世代にもわたって「故郷」との強いつながりを保つ「ディアスポラ」だった。また、「故郷」はイタリア人の考える故郷でなければならなかった。彼らにとっての故郷は、国のことではない。国はいまだにまとまりを欠いているが、イタリアでは、移民と、その移民が生まれ育ったパエーゼ（村）やパトリア（故郷の町）とが国境を越えて複雑につながっていた。彼らにとって故郷とは、そのつながりを指す。イタリア人の出身地に対するこうした思い入れは、「カンパニリズモ」という語で詩的に表される。「自分のふるさとにある教会の鐘楼に対する愛着」という意味だ。したがって、移住やジェンダーの研究で知られるダナ・ガバッチアが言うように、イタリアのディアスポラは一例をあげるのではなく、いくつか取り上げるほうがより正確に論じることができるだろう(3)。

＊1　アルメニアはトルココンチャーイ条約（1828年）でイランからロシアの支配下に移った。オスマン・トルコ内にもアルメニア人が多数残ったが、アルメニア人が（アルメニア教会の下で）キリスト教徒であることから、パン・トルコ主義をとるトルコ政府によって迫害され、1915～23年までに、帝国東部でアルメニア人の大量殺人や追放が起こった。その犠牲者は数十万人規模と推定されている。アルメニア人は、この虐殺をジェノサイドと認めるよう求め、世界各地で認められる動きがあるが、トルコは反発している。

交易ディアスポラ　レバノン人

交易ディアスポラのなかでも有名なのが、レバノン人だ。紀元前1550～前300年ごろ地中海で海上貿易を行っていたフェニキア人が、レバノン人のルーツではないかと言われている。レバノン人のディアスポラは宗教も職業も多様で、アフリカやアラビア、ヨーロッパ、オーストラリア、南北アメリカに渡っていったが、その目的もさまざまだった。なぜ移住したのか理由を1つに絞ることはできないが、1869年にスエズ運河が開通して中東における貿易パターンに変化が生じたことが大きく関係したものと考えられている。彼らの大半はほとんど元手がなく、商いも最初はささやかだった。レバノンの著名な歴史家、アルバート・ホーラーニーはこう述べている。

北アメリカ、南アメリカに来たばかりのレバノン人と聞くと、たいていの人は村から村へと移動する行商人を思い浮かべる。大量の小間物か金物を担いだり動物の背に

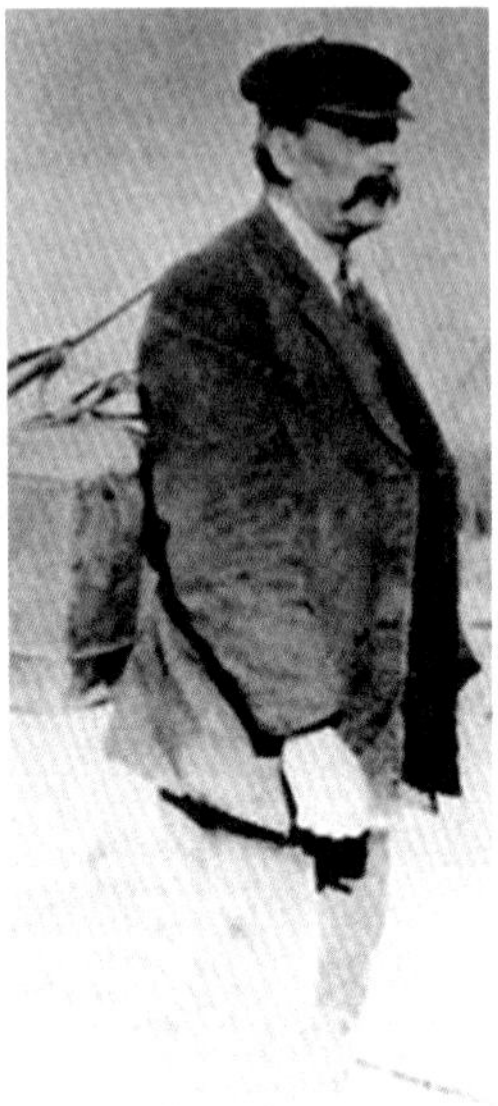

レバノン人行商人、アラバマ州バーミングハム（1917）。レバノンは大シリアの一地方だったことから、この男性は当時は「シリア人」とされていただろう。

世界に散らばったレバノン人　主な移住先

・数字は移住者数（人）

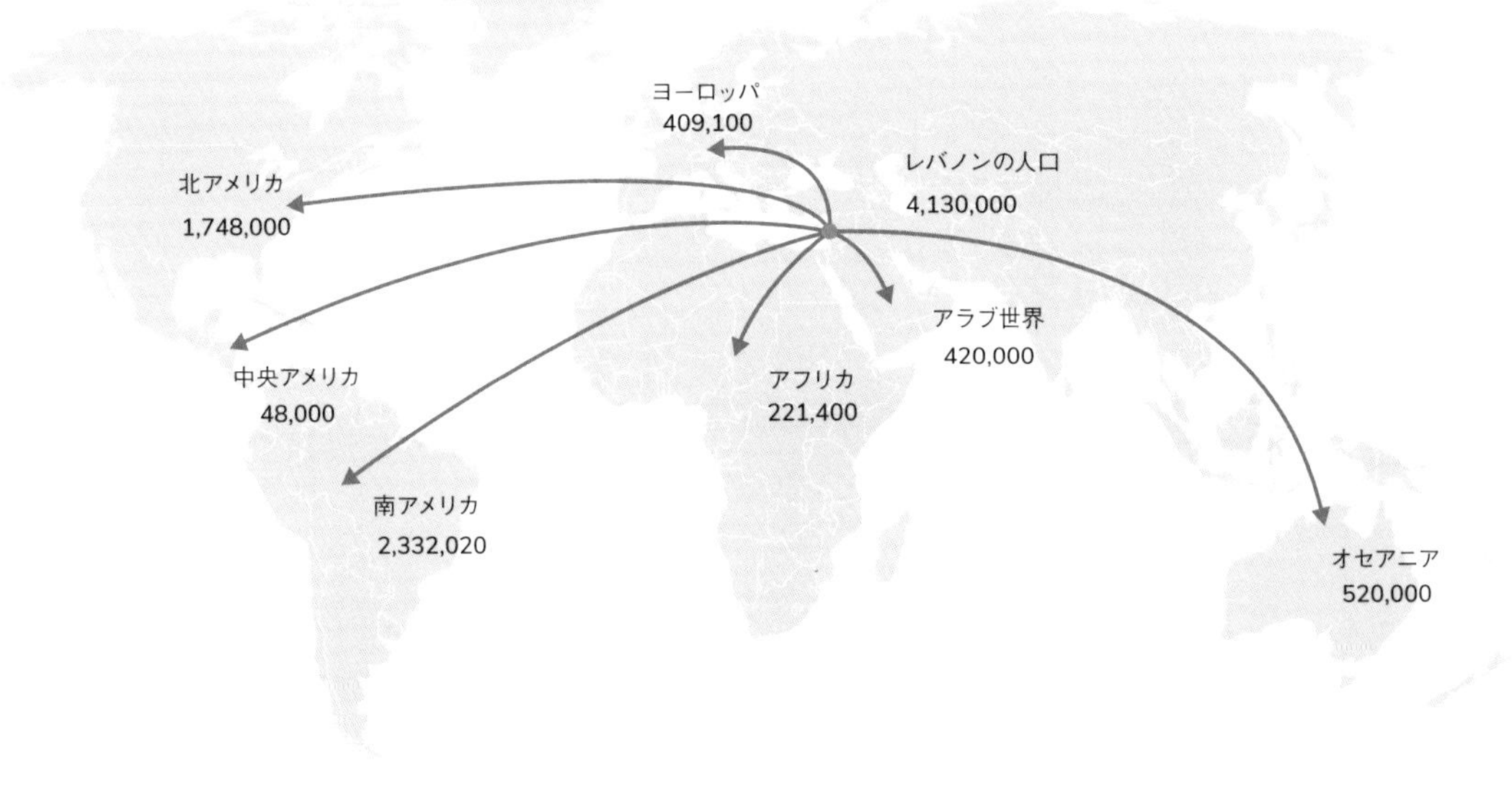

のせたりして売り歩く、それが彼らのイメージだ。そんな形で新しい生活をスタートさせる人ばかりではなかったが、実際に行商人は多く、ああしたイメージができあがるのももっともな話だった(4)。

行商でうまくいった人は小売りや卸売りを始め、いくつかの国でニッチ市場を切り開いて成功した。政治の世界に入った人もいる。ここ20年間を見てみると、コロンビア、エクアドル（2度）、ホンジュラス、アルゼンチン、ベリーズ、ジャマイカでレバノン系の国家元首が誕生している(5)。

脱領土化ディアスポラ　黒い大西洋

ポール・ギルロイは黒い大西洋という表現を使い、アフリカ人とアフリカを離れた人々が、大西洋をはさんで、波と電波にのせて行う複雑な文化的交流について論じた(6)。アフリカのサウンドとリズム、センスと言語は奴隷と一緒に大西洋を渡り、カリブ海の島々やブラジルに広まった。そして、そこで移民や旅行者によって新たな文化や伝統につくり変えられ、今ならデジタルも介して再び海を渡り、ヨーロッパとアフリカに伝わった。ハイライフ、カリプソ、ソカ、ズーク、オールドスクール・ジャングル、ダンスホール、ダブ、レゲエなど、さまざまなジャンルの音楽の広まりをみれば、それがよくわかるだろう。

こうして、アフリカ人の文化は伝統的な領土に基づく参照点を失い、いくつかの場所性をもつようになった。そして、近代性、ハイブリッド性、クレオール化を特徴とする文化のなかで、アフリカ系の移民に二重意識が生まれた。ギルロイの言うように、この意識の変化について考えるには、ルーツよりルートを理解することが重要である。

スティールパンの演奏者。この楽器はトリニダード・トバゴで、廃棄されたドラム缶からつくられ、カリブ海の他の島々やヨーロッパのカリブ海地域出身者のコミュニティに広まった。カーニバルのシーズンに欠かせない楽器である。

第30章 湾岸諸国への移住

湾岸諸国は通常、ペルシア湾に面する7つのアラブの国――バーレーン、イラク、クウェート、オマーン、カタール、サウジアラビア、アラブ首長国連邦（UAE）――の総称とされている。7カ国はいずれも産油国である。

環境保全技術の開発が始まり、石油経済に陰りが見えるのは確かだ。しかし、世界は石油をまだ、しかも大量に必要としている。1973年以降、原油価格は5倍に上昇、巨額の石油収入を得た湾岸諸国ではインフラ整備が進んだ。かつては数百人のインド人が季節労働者としてやってきて、ペルシア湾沿岸で真珠の採取をしていた。ところが、1980年代に入ると、数百万人の、主にアジア出身の請負労働者が、道路や病院、アパート、学校、スタジアム、公共施設――近代国家が欲するすべてのもの――の建設に従事するようになった。

外国から大量の労働者が流入し、湾岸諸国のなかには、人口に占める外国人労働者の割合が50％を超える国が出てきた。それを大幅に上回るケースもあり、最も顕著な例がUAEである。UAEの2015年の人口は930万人だったが、その89％は外国人労働者で、大半がアジアから来た未熟練労働者だった。

砂漠のなかにつくり上げられた近代都市には目を見

UAEの請負労働者

湾岸6カ国の国民と外国人の人口比率

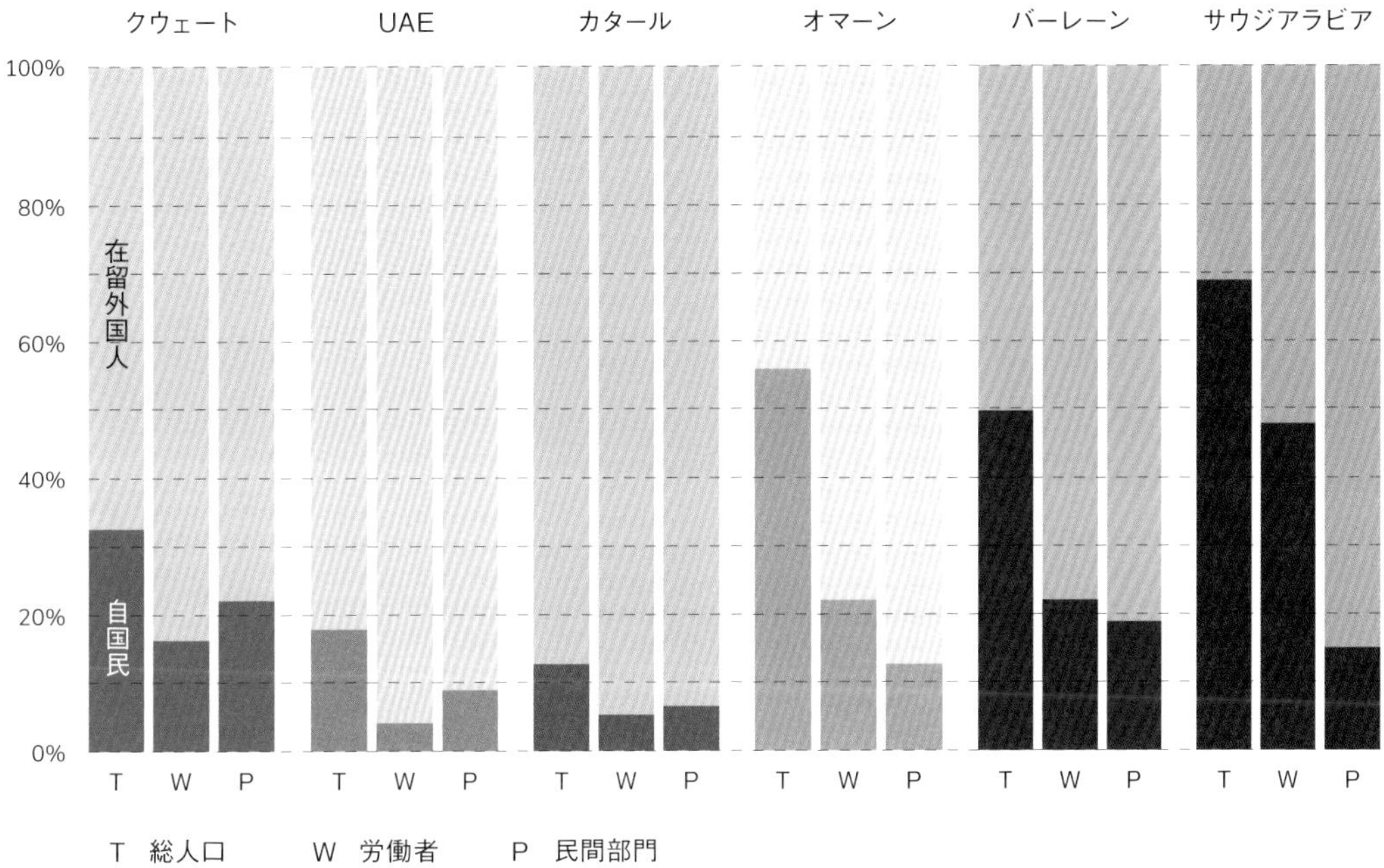

張るものがある。だが一方で、社会や政治のさまざまなひずみが、あまり目につかない形で生じている。従来の部族社会は、寡頭制の残る市民社会となった。公共部門の仕事はほとんどが市民のために確保され、請負労働者は民間部門で雇用される。富は政治指導者に流れ、市民も手にできるが、請負労働者は相手の決めた金額を受けとるしかない――自国で働くより賃金は高いが、市民に比べると収入も特典もごくわずかである。さらに、永住権、市民権取得の道は、いくつかの例外を除いて絶たれている。

雇用の政治学

建設ブームが始まっても、湾岸諸国は近隣のアラブ諸国からは労働者を受け入れなかった。ムスリムやアラブ人は市民権や社会保障費の支払いを要求しかねないからだ。妻や家族の帯同を求めることも考えられた。湾岸諸国の指導者は、とくにパレスティナ人を敬遠した。雇うと、長引くパレスティナ問題に巻き込まれるかもしれない。ときおりパレスティナ人との連帯を表明することはあっても、イスラエルと対立するのは湾岸諸国にとって得策ではなかった。イスラエルは石油の輸入国と密接な関係があるからだ。

アジアに目を向けたのは経済的に見て当然と言えよう——アジアの労働者は賃金が低く、有期雇用（通常3年）も可能だった。だが、どの国から受け入れるかは、主に政治的見地から決定された。エジプトからも従来通り労働者は送り出されたが、新たに供給国として加わってきたのがインド、パキスタン、バングラデシュ、スリランカ、フィリピン、ネパール、インドネシアだった(5)。送り出し国はその都度変えることができ、ムスリム以外が好まれる場合もあった。彼らは世界的な「ウンマ」（イスラーム共同体）の同朋だと主張できないからである。

採用のための厄介な仕事は、カファラシステム[*1]を通じて民間に委託することができる。民間のブローカーは多くの場合、雇用主と結びついている。雇用主は労働者から手数料を徴収して（これがかなりの収入になる）、身元引受人になる。カファラシステムがあれば、当局は外国人労働者と関わらずに済む。このシステムによって労働者は孤立し、当局が彼らの権利を守るため、あるいは健康、安全面の規制を行うために動くことはまずなくなる（下記のコラム参照）。

湾岸諸国の請負労働者は厳しく危険な労働環

湾岸諸国での外国人労働者の死

カタールは2010年に、2022年のFIFAワールドカップ開催地に選ばれ、大規模な建設工事を開始した。建設に従事する外国人労働者は80万人で、その多くが炎天下で働かされた。その結果は悲惨なものだった。2014年のある調査によると、建設に従事するネパール人は2日に1人の割合で亡くなっていた(1)。また、2017年9月には国際労働組合総連合が、2010年以降、1200人の労働者が亡くなったと報告している(2)。

参考までに記しておくと、大きなスポーツイベントのための建設工事で過去最多の死者が出たのは2014年のソチ冬季オリンピックで、60人が亡くなった。2004年のアテネオリンピックは40人、2010年の北京オリンピックは10人、2014年のワールドカップ・ブラジル大会は7人だった。2012年のロンドンオリンピックでは死者の報告はない(3)。

外国人労働者が亡くなっているのはカタールだけではなかった。インドの活動家が情報権利法に基づいて入手した情報をもとに2018年11月に発表した報告書によると、2012年以降、2万4570人のインド人労働者がペルシア湾岸6カ国で死亡している。毎日平均10人以上が6年にわたって命を落とした計算だ。死者が最も多かったのはサウジアラビアで1万416人、最も少なかったのはバーレーンで1317人だった(4)。カタール政府は、ワールドカップに向けた施設の建設やインフラ整備に従事して亡くなったインド人労働者の死因は、80％以上が事故、自殺以外とみている。そこで働くインド人は若くて健康であることから、事故、自殺以外とは、疲労や脱水症を指しているのだろう。

境におかれている。送り出し国は自国民を保護するために目を光らせる必要があるだろう。だが、フィリピンやいくつかの特殊なケースを除いて、そうした対策をとっている国はない。その理由は明らかだ——失業率が高く、貧しい国民の多い国が、採用の際に口をはさむのはむずかしい。さらに、賃金は低いものの、こうした労働者からの送金は国にとってかなりの収入や投資となり、それを失うことはできないのである。

＊1　カファラシステムでは、外国人労働者が個人もしくは会社組織の地元スポンサー（身元引き渡し人）の下で働き、転職や出国の際には雇用主の許可が必要となる。国際世論からは現代の奴隷制、人権侵害と強い批判を浴びている。コラムにあるように、2022年にW杯開催地となるカタールは2016年にカファラシステムを廃止し、新たな契約基準を設けるとしている。これに対し、ITUC（国際労働組合総連合）や人権団体は、従来の制度の見直しにとどまっていると批判としている。

湾岸諸国で働く請負労働者の
本国への送金額
2014年（単位：百万米ドル）

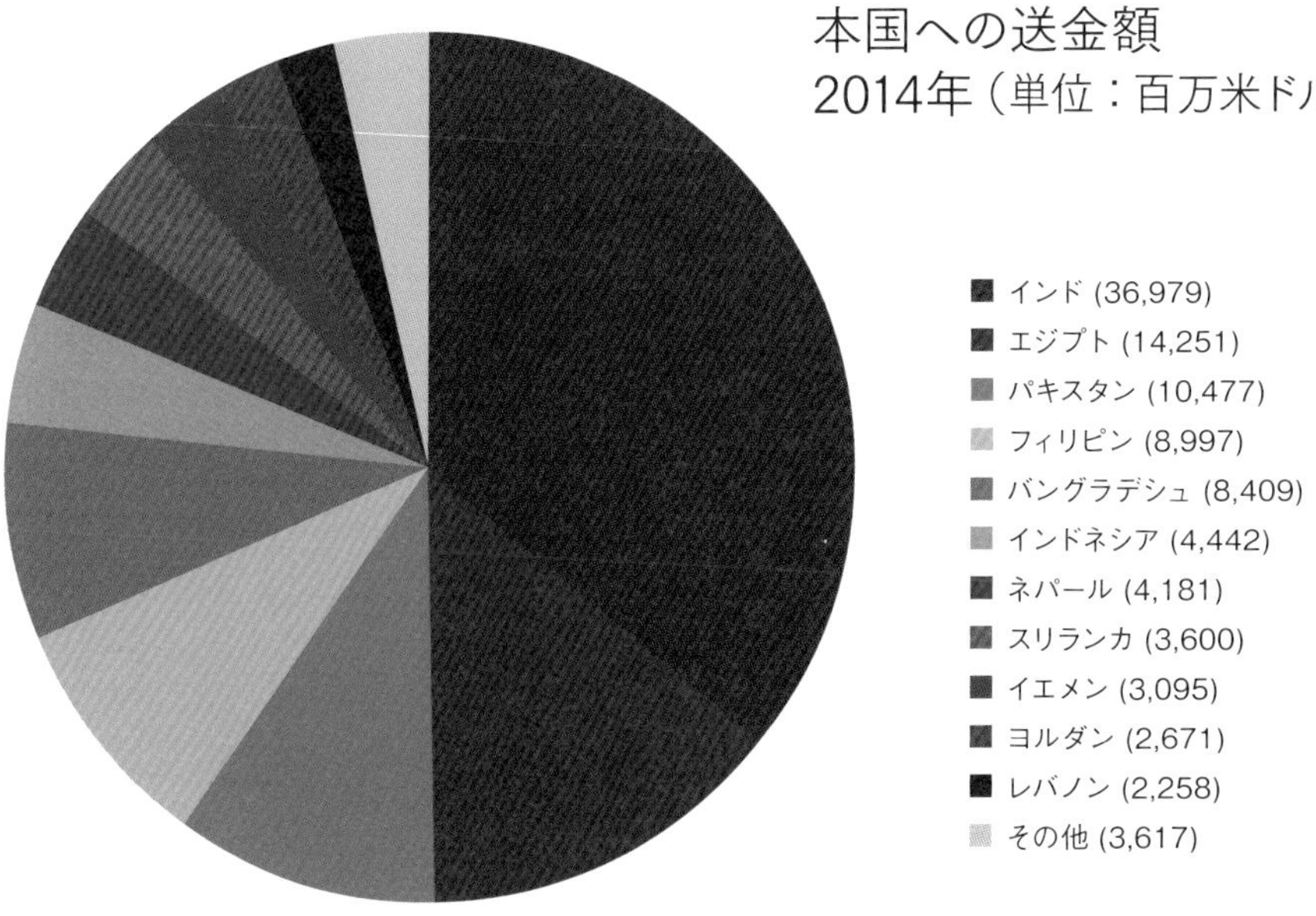

第31章 地中海における人の移動

地中海ははるか昔から、アジア、アフリカ、ヨーロッパからやって来た人々が出会う、極めて重要な場所だった。クレタ島への移住が始まったのは1万1000年前である。人が早くから地中海を渡って移動していたことは、ギリシアの植民市をみればよくわかる。ギリシア人は紀元前7、8世紀に、3つの大陸をつなぐ地中海の沿岸にミレトス、エフェソス、スミルナ、キュメ、レギウムなどの、多数の都市を建設した。その遺跡を今も多くの旅行者が訪れている。

フェニキア人の移動の跡はギリシア人ほどはっきりしていない。フェニキア人は地中海東岸を拠点とするセム語系の人々で、紀元前1200〜前800年ごろには地中海貿易でよく知られていた。聖書では「海の王子」とさえ呼ばれている。レバント地方にビブロス、ティルス、シドンなどの都市を築いたこともわかっているが、それ以外のことを伝える史料は乏しい。だが、フェニキア人が地中海を支配していたことを象徴的に示す重要な証拠が、少なくとも1つある。「エウロパ（Europa）」という語だ。エウロパはフェニキアの王女で、クレタのミノス王の母となった。ヨーロッパ（Europe）は彼女にちなんで命名された。

ギリシア、中東、アフリカの文化の影響は地中海を介してあちらこちらに及んだ。たとえば、ギリシア神話に出てくるゼウスの話はクレタ島に伝わる話に基づいている。古代ギリシアは西洋文明の源で、その中心地となったとよく言われるが、非ヨーロッパ文化との密接なつながりもみられる。歴史学者のマーティン・バナールは著書『黒いアテナ』（全3巻）で、古代ギリシア文明はアフリカとアジアの文明の影響をうけて成立、発展したと論じた(1)。

これは大きな論争を引き起こしたが、彼の主張は、思想や人は古代にアフリカからヨーロッパに入ってきたと考える人々からとくに支持された。実際、北アフリカは古くから南ヨーロッパと強いつながりをもっている。カルタゴの勇将、ハンニバルは、アフリカゾウを連れて地中海を渡った。イスラーム軍は8世紀からスペイン、ポルトガル、南イタリア、マルタに侵攻。その影響は、強制的な改宗や追放によって15世紀末にようやく薄れた。

フェニキア人の交易路と植民市

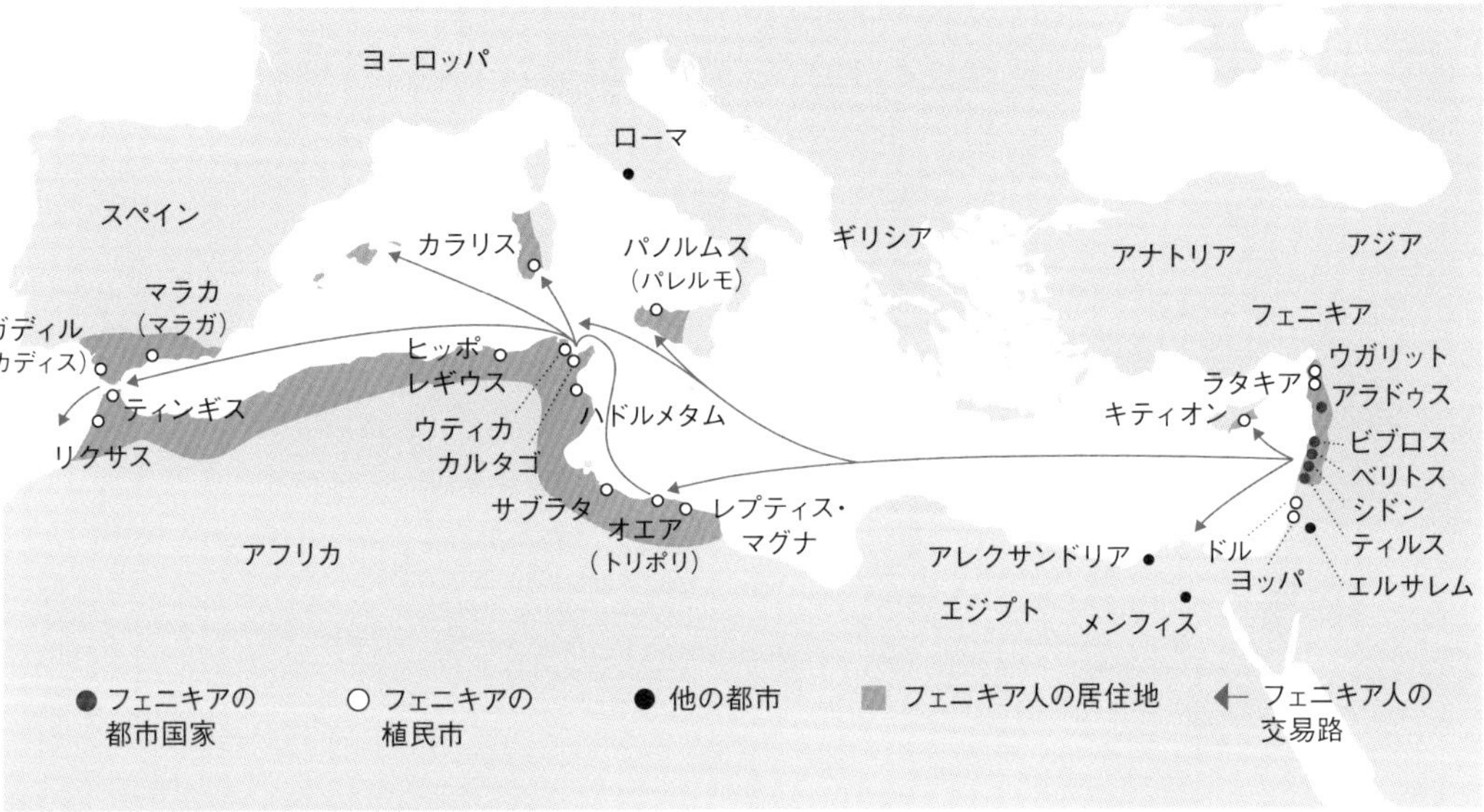

死の海

古くから商人、移住者、学者、伝道師、漁民、戦士など、さまざまな人が行き交った地中海。そうした人の動きをみて、フランスの歴史学者、フェルナン・ブローデルは『地中海』（１９４９）を書いたのかもしれない。大きな影響力をもつこの著作で、彼は、地中海沿岸のさまざまな地域と、地中海に浮かぶ島々、そして地中海そのものが結びついた１つのゾーンが現れたと述べている。ゆっくりとした環境の変化や、帝国、文明、社会構造の長期的な移り変わりは、広大なパノラマが展開する、すべてのものが混じり合った複雑な海をつくりだしたのである(2)。

ブローデルは短期的な変動より長期的な動きに関心をもっていた。だが、地中海が２０１４年以降、死の海に

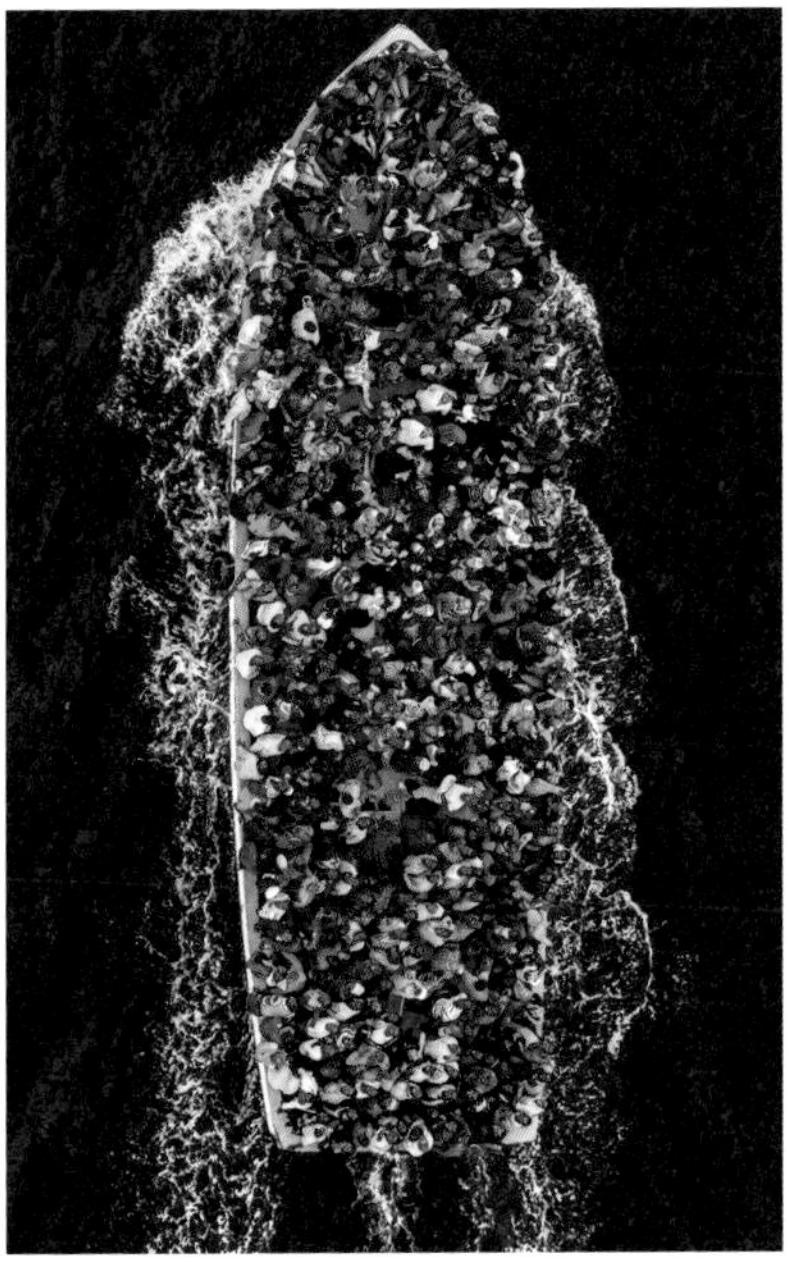
上と次ページ：トルコからエーゲ海を渡ってギリシアのレスボス島に到着したシリア難民（2015）

変わってしまったことを知ったら、大きな衝撃をうけるだろう。安全やチャンスを求めるアフリカや中東の人々が、ヨーロッパをめざして小さな舟で地中海を渡ろうとしているのだ。この危険な航海で命を落とした人の数は、２０１６年をピークに以後は減少した。それでもまだ多いのは確かで、そのなかには子どもも含まれている。

　なぜ密航業者に大金を払って危険を冒す人が後を絶たないのかは、簡単には理解できない。彼らには必死の思いでそうした行動に出ざるを得ない理由があるのだろう。そこにはリスクの計算も働いている。たとえば、最も死亡率が高く、危険な年だった２０１８年には、渡欧を試みた人の多くが途中で拘束されたが、11万６６４７人は成功し、亡くなったのは「わずか」２％だった。実際は1人の死さえ認めることはできないが、この「わずか」という言葉には、難民がいかに大きなリスクを覚悟しているかが示されている。

地中海での難民死亡者数　2014 ～ 2019年

（2019年の数字は1月1日から4月15日まで　国際移住機関資料）

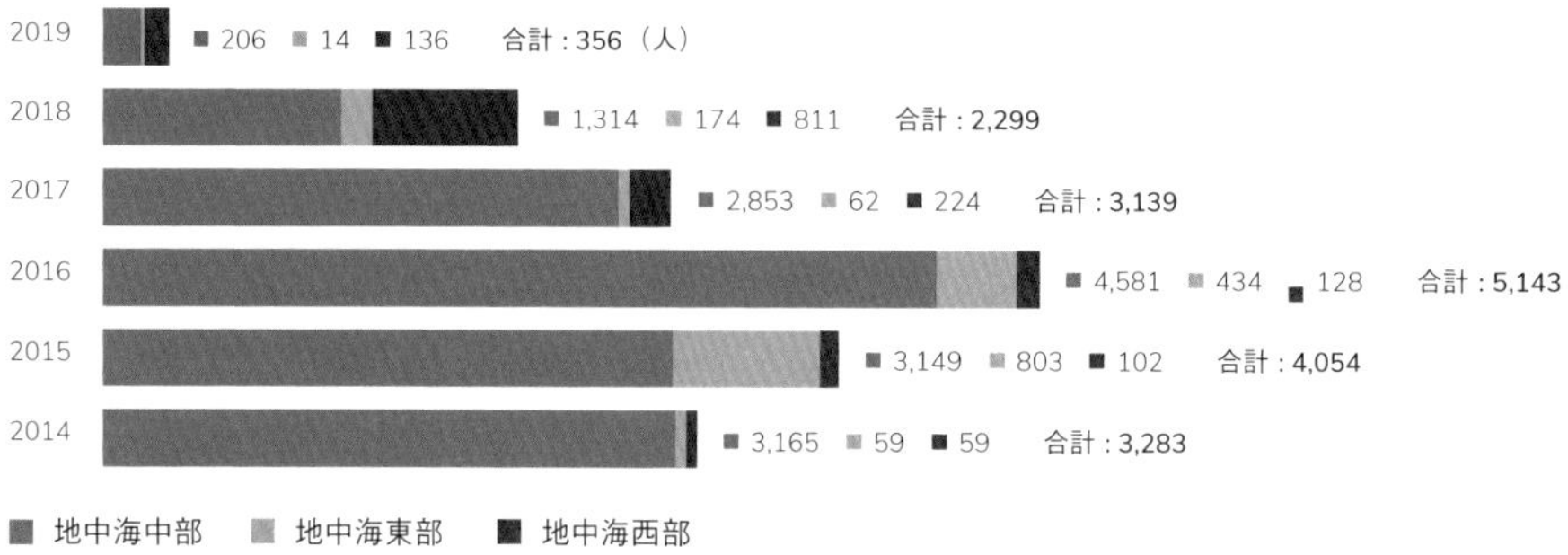

ヨーロッパへの海路による難民到着者数　2015 ～ 2018年

（国連難民高等弁務官事務所資料）

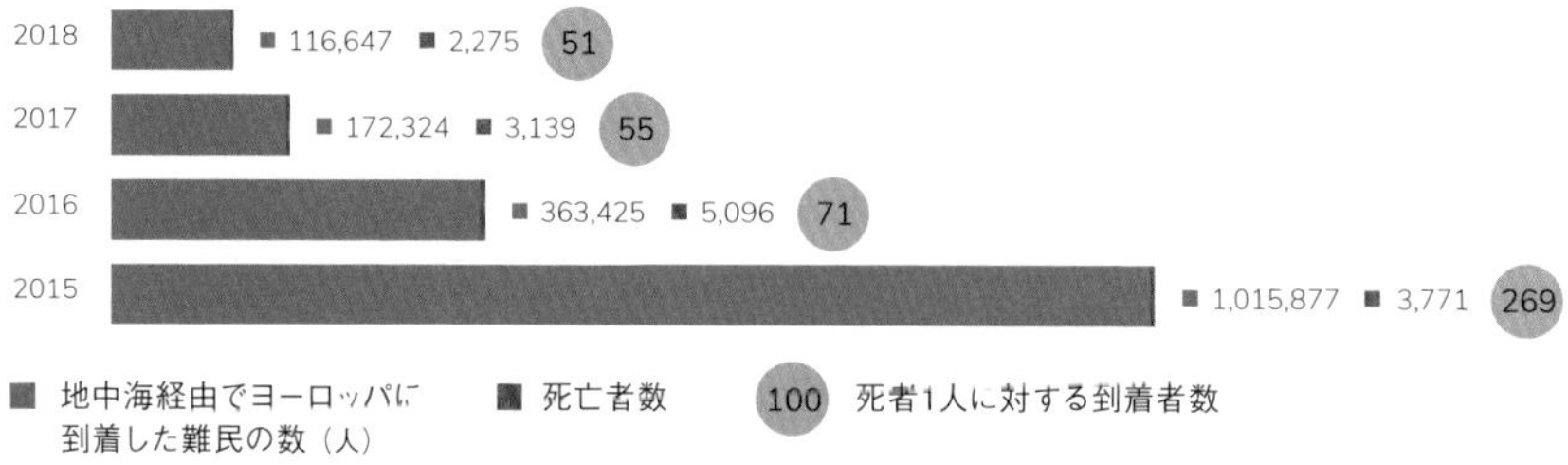

セウタ　アフリカのスペイン

セウタはアフリカの北海岸にあるスペインの小さな飛び地（18.5平方キロメートル）で、1668年にポルトガルから割譲された。ジブラルタル海峡を越えればすぐスペインで、モロッコと国境を接している。セウタがスペインの領土で、本土にも近いことから、移住をめざすアフリカ人はここを経由地にしてヨーロッパに入ろうとしている。モロッコとスペインを分けるのは最上部に有刺鉄線が張られた高さ7メートルのフェンス。意を決したアフリカ人は、一団となってフェンスを駆け上ったり、よじ登ったり、ボルトカッターで切ったりしてスペイン側に入ろうとする。数十人、ときには数百人が成功することもあった。しかし、侵入を阻止するために「ヨーロッパ要塞」には警官が常駐している。そして、感知装置やスポットライト、カメラを使って侵入しようとする者をすぐに発見する。ある報告によると、見つかった者は「たいてい警官に警棒と素手で殴られ、たたき出される」(3)。

たとえフェンスを登ったり突破したりすることができても、まだ難関が待ち受けている。丘につくられた拘留センターに収容されるのだ。拘留期間は次第に長くなっている。人類学者のルーベン・アンダーソンはこう書いている。

> *一時性……は不法移民との「戦い」における多面的なツール、手段となった――ちょっとした武器でさえある。……EUとの境界線をついに突破すると、（移民は）運命の女神が微笑んでいると考える。ところが、彼らはそこで「動きがとれなく」なる。EUのアフリカ移民のための情報管理センターがあるマリ共和国のバマコや、自国にいるのと変わらない絶望的な状況に陥るのだ。北アフリカにあるスペインの飛び地は、時間の流れが周囲と異なる――独自の理論で時間のコンセプトがゆがめられた空間だ。そして、その空間のなかで、拘束の時間と移住の時間が真っ向からぶつかり合う*(4)。

移住をめざす人々がモロッコとスペインを分けるフェンスをときどき急襲する。

第32章　世界の医療従事者

現在、医療従事者の需要が世界的に急増している。貧しい国の人々は伝染病やマラリアを治すために、そして豊かな国の人々は、心臓病や糖尿病、がんと闘うために、医療を必要としている。

医療が進歩し、新薬の投与や先進医療、心のこもった介護を望む人は多い。だが、医療従事者が大幅に増えない限り、こうした希望は満たされない。ある試算によると、２０３０年には有資格の医療従事者が世界全体で４００万人以上（医師１２０万人、看護師３２０万人、助産師７万人）不足する（1）。

需要の高まりで医療従事者を増やさなければならないのはどこも同じだ。国の豊かさや地域は関係ない。それでも、とくに深刻な状況が予想されるのが南北アメリカと西太平洋地域（オーストラリア、ブルネイ、カンボジア、中国、日本を含む）である。

さまざまな志向性

医療従事者が豊かな国から貧しい国、豊かな国から豊かな国、貧しい国から豊かな国へとさまざまな方向に移動することから、この問題は複雑化している。どの国も、病院やコミュニティでどれほどの医療スタッフが必要かをはじきだしたうえで育成しているのだろう。だが、計算通りにはいかない。それは、医療関係の免許が他国でも通用するケースが増えているからだ。たとえばイギリス、オーストラリアで

労働市場における医療従事者の需要
2013年、2030年（予測値）
165カ国対象

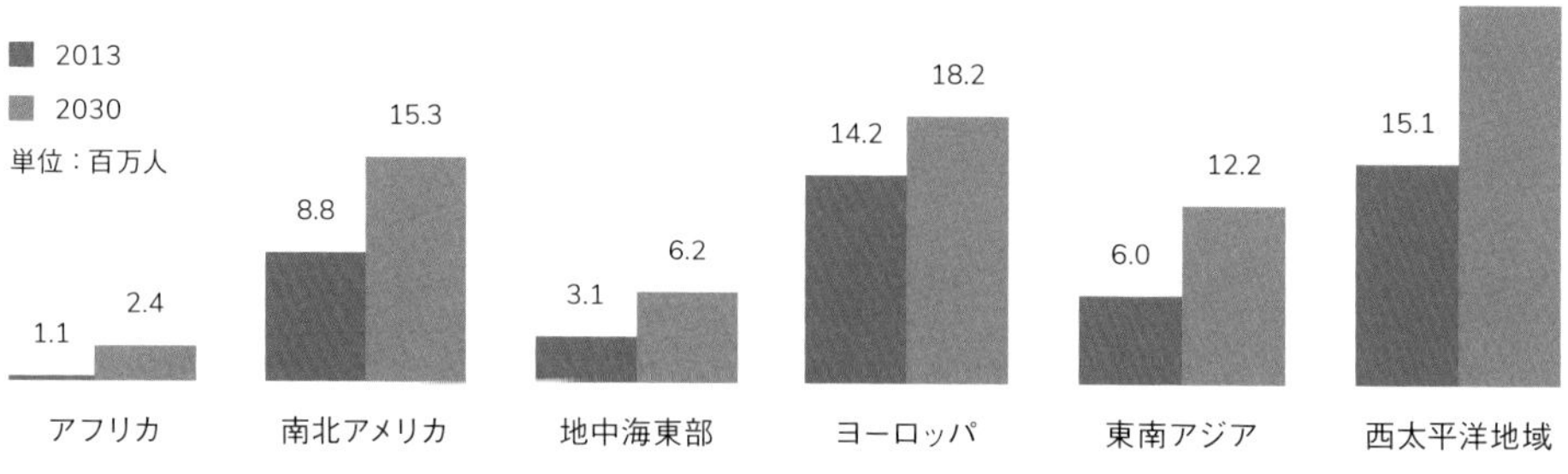

海外で働く看護師をイギリスで募集する

2019年3月に発表されたある報告によると、2029年にイギリスの公的保健医療制度（NHS）は、10万8000人（フルタイム換算）の看護師不足となる。それを半分補うだけでもたいへんな話で、2021年までに年間の育成数を5000人以上増やさなければならない。中退率を大幅に下げ、資格取得後はより多くの看護師をNHSで勤務させることも必要だ。2018年だけでも3万3000人の看護師がNHSを去ったのだ。看護師をやめた人が多く、私立病院に移った看護師もいたが、かなりの数の看護師が海外で働くという選択をした。イギリスの資格が「移植性」を有しているということは、熟練した看護師や助産師が職を求めてこの先も海外へ流出していくということである。

イギリスの看護師の募集に積極的なエージェントは多い。彼らはどんなメリットが得られるかを示して売り込みを図る。たとえば、メダックス・ヘルスケアは、カタールでは残業がなく、病院は近代的、安全性が高く、スタッフは親しみやすく、プロ意識に徹した職場だ、と説明している。人手不足で過重労働になりやすいNHSとは職場環境がまったく異なることを伝えようとしているのだ。

ジョブズ4メディカルはこう問いかける。「今の職場で行き詰まりを感じているあなた。あなたのスキルがもっと評価されるところに移ってはいかがでしょうか」。そして説明する。「NHSに幻滅した多数の看護師が海外で働くことを検討しています。何千人もの看護師が仕事探しを始めました。労働環境も賃金も海外のほうがよい場合が多いのです」

nurses.co.ukは、オーストラリア、中東、ニュージーランド、アラブ首長国連邦、アメリカ、アイルランドの求人情報を提供している。オーストラリアで働くことになれば、スポンサーシップビザを取得することができ、赴任のための費用をカバーする「申し分のない赴任パッケージ」も用意されている(2)。

看護師免許を取得すると、カタールやサウジアラビアでも看護師として働くことができ、実際、多くの人がこの道を選んでいる。そうした人向けに必要なサービスを提供するエージェントもある。たとえば、RPSは海外にもオフィスを構えるオーストラリアの移住エージェントだ。RPSの創業者は自社のサイトで移住サービス界のロックスターと自称し、「オーストラリアの看護師を海外に送ります」、「オーストラリアで働きたい経験豊かな看護師や熟練労働者に最適なビザを知っています」など、自社の紹介をしている(3)。

医療従事者は、ほとんどの場合、低・中所得国から高所得国へ移動する。経済協力開発機構（OECD）によると、そうした医師の大半を、OECD加盟36カ国（ほぼすべての国が豊かと言える）が受け入れてきた。そのうち20万人以上がアメリカとイギリスで働いている。

アメリカ、イギリスで働く
外国で養成された医師

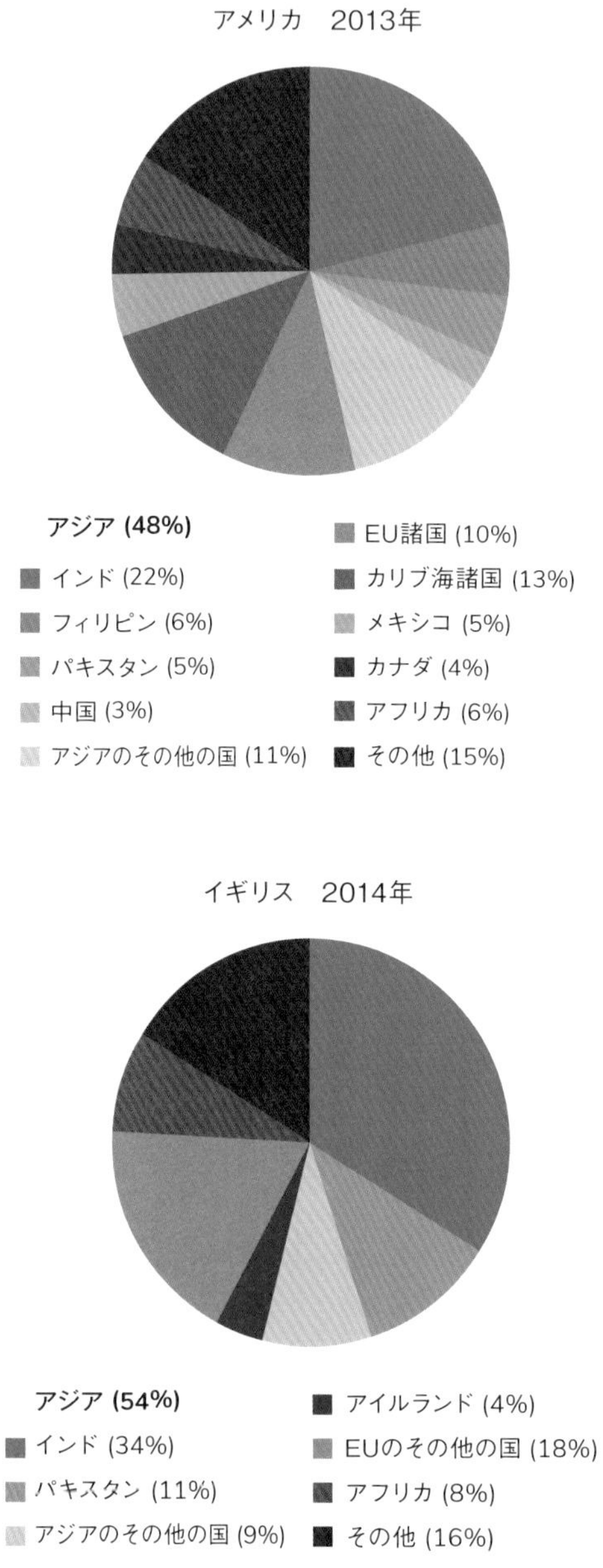

供給側の問題点

貧しい国から豊かな国へ医療従事者が移動すると、送り出し国は大きな経済的負担を負うことになりかねない。とはいえ、その国の大きさや移民戦略によって事情はまったく異なる。たとえば、インドやフィリピンは、患者数当たりの医師数が少ないにもかかわらず、医師や看護師を海外に送り出すために育成している。育成のための費用を上回る送金収入が見込めるからだ。

一方、状況がはるかに厳しい国もある。南アフリカは医師の育成にお金を投じたが、医師は高額の収入を得られる国に渡っていき、２０１１年には14億１０００万米ドルの損失が出た(4)。また、ジャマイカのような小さな国にとって、医療従事者の減少はとくに深刻な問題である。ジャマイカでは２００１年に医学部卒業生の41・４%が国を離れた。看護師も毎年８%、専門看護師は20%が海外に出ていく。行き先は大半がアメリカかイギリスだ。２００３年には看護師の国全体の欠員率が58%に達した(5)。同じようなことがケニアでも起きている。２００９~１２年のデータによると、ケニア生まれの医師のうち、海外で働く人の数は、国内の公立病院で働く人の倍に及んでいる。

海外で働くケニア生まれの医師

ケニアの大学の医学部卒業者数（年間、人）

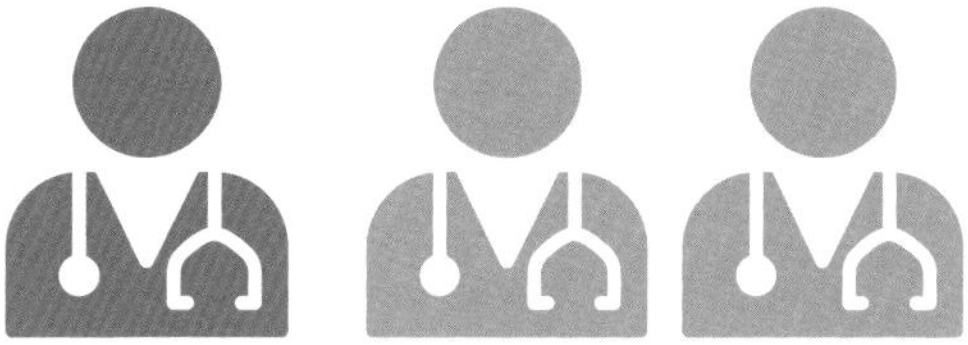

ケニア生まれの医師のうち、海外で働く人の数は、紹介状が必要な国立病院や健康省で働く人の倍に及んでいる。

海外に住むケニア人医師数　2000年

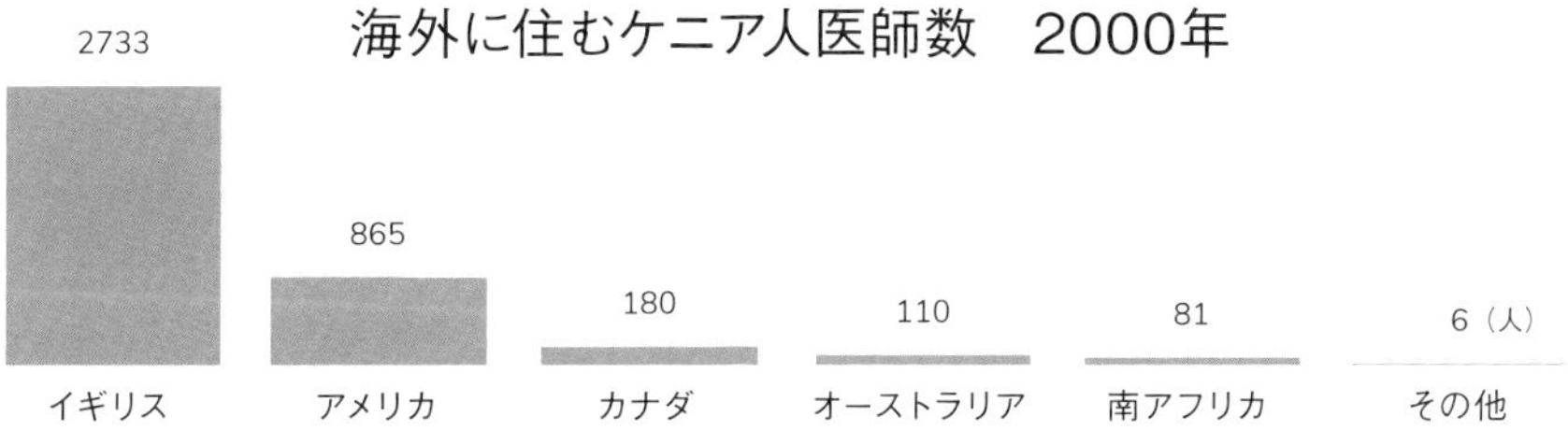

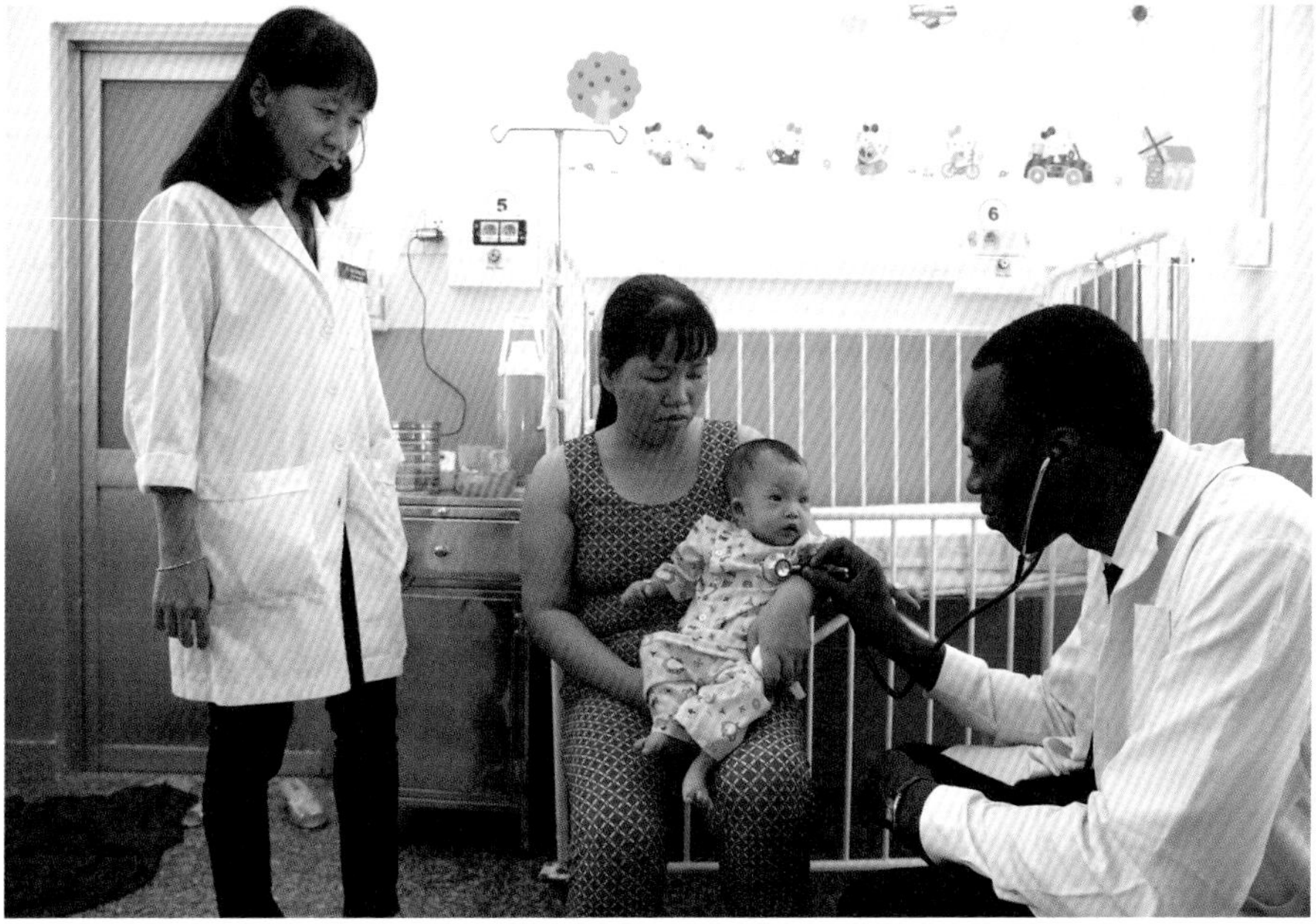

ベトナムの病院の循環器内科で診察するセネガル人医師

第33章 シリア難民 レバノンの場合

2011年3月、シリア南部の都市、ダルアーで民主化を求める抗議デモがアサド政権に弾圧され、シリア内戦が始まった。8年たった今、戦いはようやく終わろうとしている。

これは当初は内戦だったが、次第にロシア、イラン、レバノンのヒズボラ、アメリカ、イギリス、フランス、トルコ、サウジアラビア、カタール、クルド人など、多数の勢力が絡み合う戦闘に変わっていった。そして2019年、シリア東部にあったIS（イスラーム国）の最後の拠点が陥落し、戦いは終わりを迎えた。この内戦でシリア国民はたいへんな経験をした。内戦前のシリアの人口は2200万人だったが、その55%近くが国内での避難、あるいは国外への脱出を余儀なくされた。

国を離れたシリア人の大半は、トルコ、レバノン、ヨルダン、イラクなどの近隣諸国へ逃れた。難民危機が生じた2015〜16年にヨーロッパの新聞などをよく読んでいた人は、シリア難民の大半は徒歩でドイツまで行ったか、海路でギリシアの島に渡ったというイメージをもっているかもしれない。確かに、地中海を渡る人もいた。バルカン半島の東部経由で逃れる人もいた。ドイツのメルケル首相の決断は勇気あるすばらしいものだった。国民から反対の声が上がるのを承知で、難民に扉を開いたのだ。しかし、次ページの図をみれば、近隣諸国がシリア難民をどれだけ受け入れたかがよくわかるだろう。

2011年以降、
シリア人の半分以上が
避難を余儀なくされた

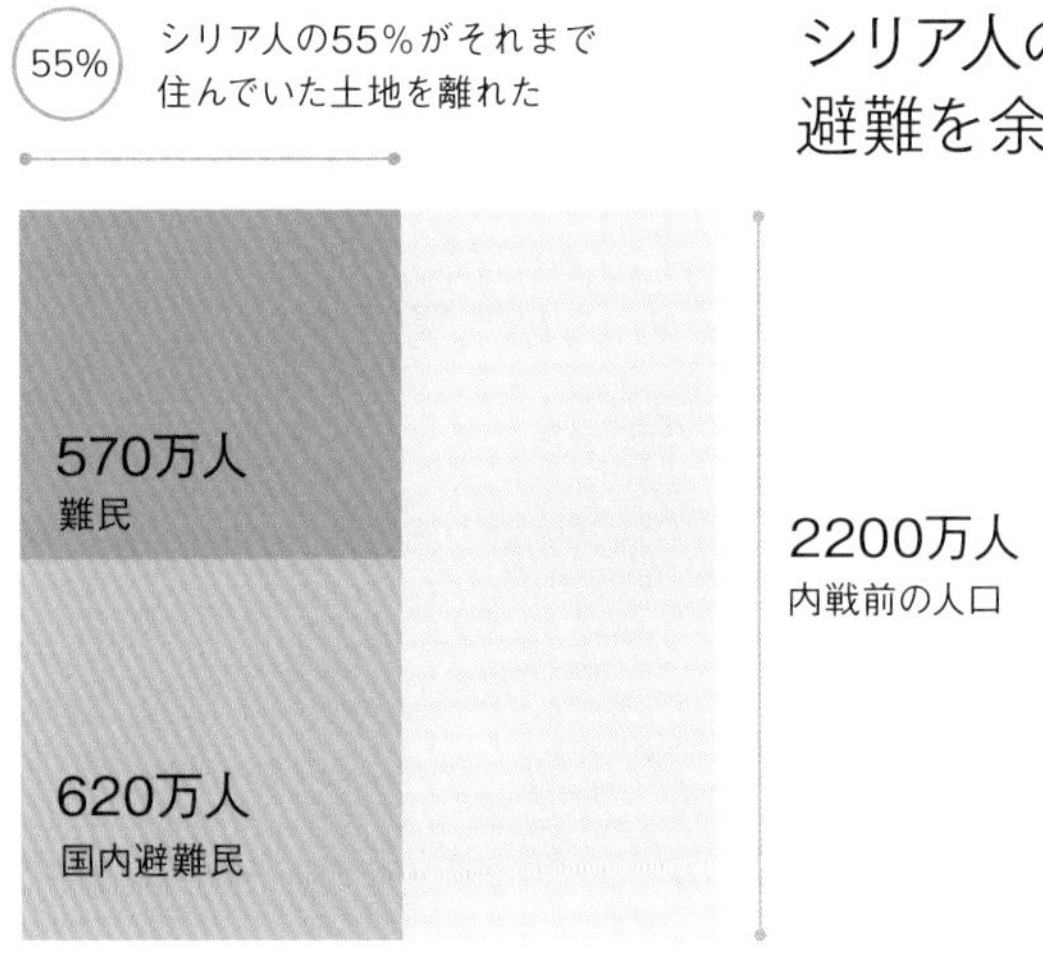

シリア難民の避難先
2018年12月現在

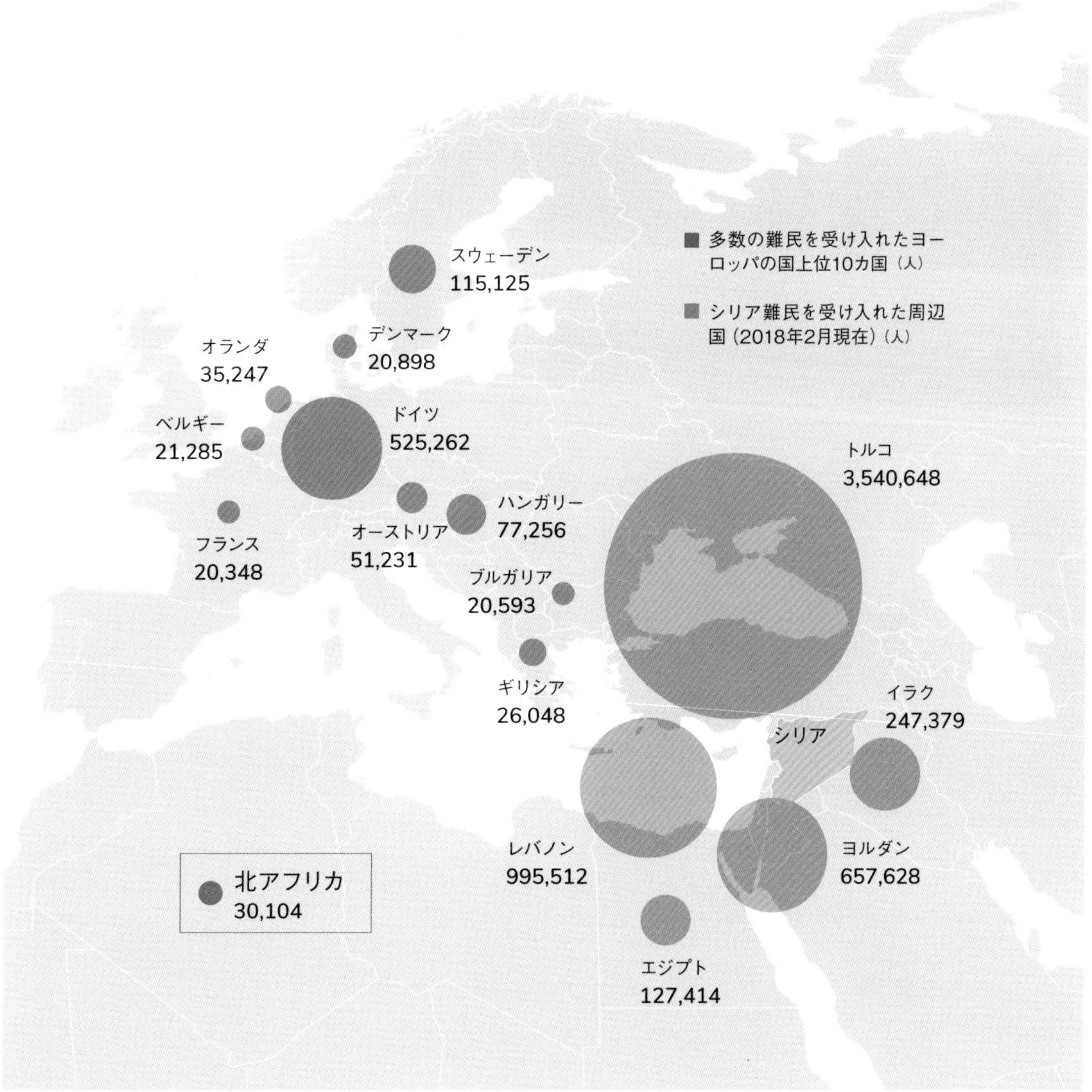

多数の難民を受け入れたヨーロッパの国上位10カ国（人）
シリア難民を受け入れた周辺国（2018年2月現在）（人）
スウェーデン
115,125
デンマーク
20,898
オランダ
35,247
ベルギー
21,285
ドイツ
525,262
フランス
20,348
オーストリア
51,231
ハンガリー
77,256
ブルガリア
20,593
ギリシア
26,048
トルコ
3,540,648
シリア
イラク
247,379
レバノン
995,512
ヨルダン
657,628
エジプト
127,414
北アフリカ
30,104

レバノンに逃れたシリア人

レバノンには約100万人のシリア人難民[*1]が流入した。この国の6人に1人がシリア人という驚くべき状況である。多宗教国家（スンニ派、シーア派、ドルーズ派、アラウィー派、イスマーイール派、マロン派、ギリシア正教など）で、政治的にも分裂しているこの国に、突然、多数のシリア人が入り込み、もともと不安定な政治的、社会的秩序がさらに脅かされることになった。内戦の間、レバノンの政治家は対立し、議会はシリアのアサド大統領を支持する者と支持しない者に二分した。レバノンのシーア派の軍事組織、ヒズボラは、シリアに入りアサド政権のために戦った。また、難民は受け入れ国にとって大きな経済的負担でもあった。

それにもかかわらず、レバノンがなぜこれほど多数のシリア難民を受け入れたのか、すぐには理解しにくいだろう。これは1つには、両国の長年にわたる歴史的なつながりが関係してい

レバノンからバスで母国に向かうシリア人（2019年1月）

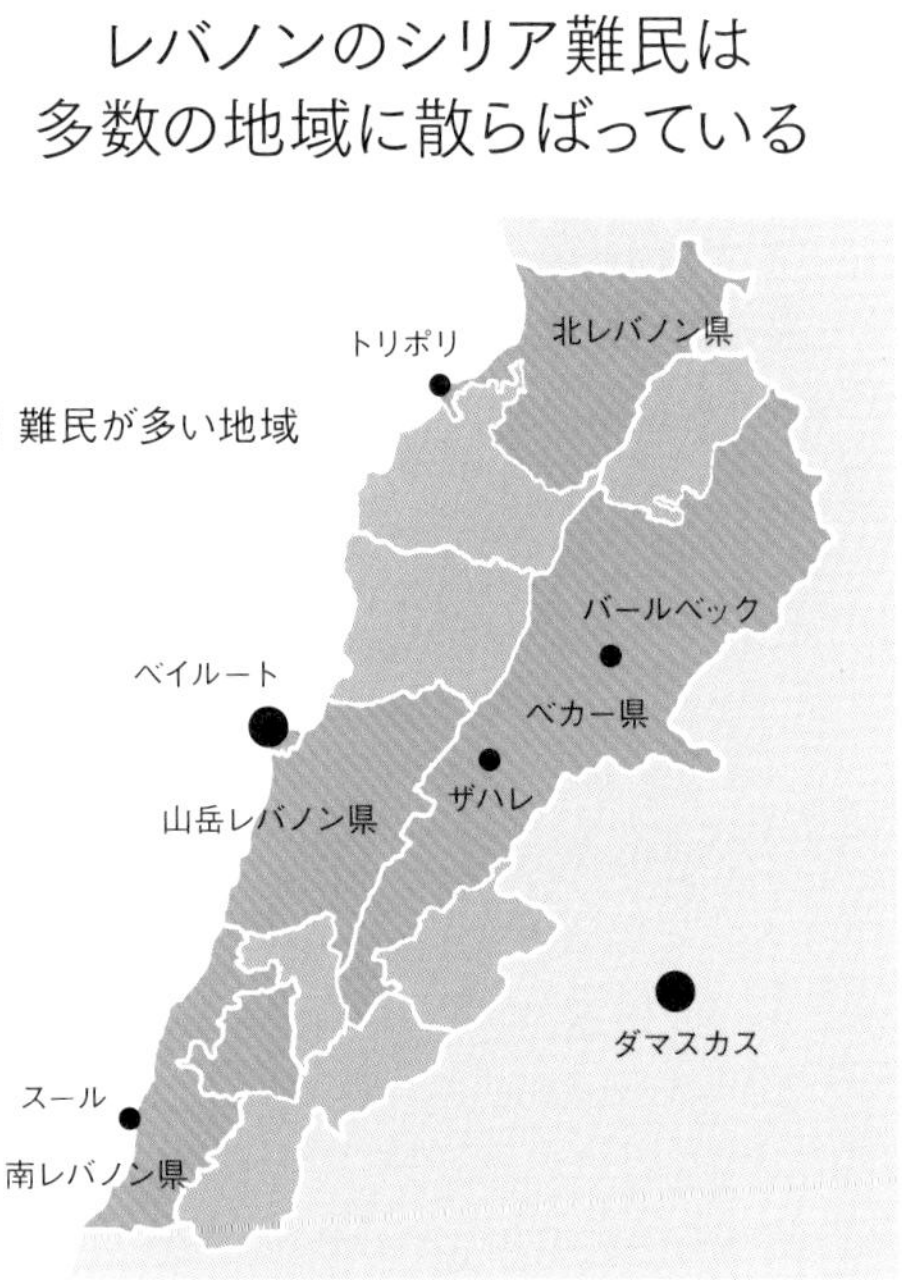

る。オスマン帝国の時代、レバノンは大シリアの一部だった。このため、今も多数の地域にシリア人の家族や親戚のいる人が住んでいる。そして、キャメロン・シボスの指摘通り、シリア難民の85%は血縁を頼って１６００のコミュニティに散らばっていった。そのため、テントや古い建物を改造した非公認の難民居住地に住んでいるのは15%（15万５０００人）程度である（1）。

レバノン政府は難民キャンプの設置を認めない方針を打ち出して称賛されてきたが、難民はあまりに多く、実際にはキャンプがいくつかできている。しかし、テントであれ、それ以外の場所であれ、難民の生活は不安定である――彼らの大半は居住権をもたず、極貧にあえいでいる。ベカー渓谷では貧しさから逃れるために多数のシリア難民の子どもが労働を強いられ、若い女性は早い結婚や「生きるための売春」（性的行為と引きかえにお金や物を得る）をさせられている（2）。学校に通えない子どもは30万人に及ぶ。こうしたことを考えると、まだ危険な状況にはあるものの、シリアへの帰国のための条件が少し整ったところでシリア人が祖国に向かいはじめたのは、当然かもしれない。

ノハの話

「ノハ」は40歳の女性で、2012年にシリアを離れ、ベイルートの南のシャティーラにある難民居住地で数年間、家族と一緒に暮らしている。シャティーラは1949年にパレスティナ人の難民キャンプとして建設された町で、レバノンの歴史上よく知られた土地だ。1982年にここで大量虐殺が起きたのだ。レバノンの極右政党、ファランヘ党に近い民兵組織が3500人の市民を殺害。その大半がパレスティナ人とシーア派のレバノン人だった。侵攻してきたイスラエルの軍隊は虐殺を傍観していた。そんな過去をもつシャティーラを、ノハは「キャンプ」と呼んでいるが、実際にはコンクリート造りの建物が並ぶ非公認の居住地で、何本もの電線が垂れ下がっている。

「貧しかったけれど、私たちは幸せでした。自分が難民になるなんて思ってもみませんでした」。ノハはこう嘆く。彼女はレバノン人兵士から暴言を浴びせられ、性的嫌がらせをされたという。「プライベートな部分を触ってくるんです」

ノハがインタビューをうけたのは、シャティーラに住んでから2年半たったころだった。医療や安全の確保も、必需品の入手もむずかしい状況。夫は一度倒れたことがあり、夫と7人の子どもの世話が彼女の肩にかかっている。ノハは、慈善団体の力を借りて、床材を売る小さな店を開いた。彼女は子どもたちが外に出ていくと、嫌がらせをうけないか、電線は大丈夫かと気にかかる。

ノハは今もシリアでの生活を思い出すという。「村はきれいなところで、パンの材料も汚染されていませんでした。自分で育てた作物を食べるので、健康的です。子どもたちは家で過ごし、通りに出ていくことはありませんでした。ここでは、子どもたちの帰りが遅いと心配で……キャンプは不安な場所です」(3)

ベカー渓谷の町バル・エリアスの難民キャンプ。丘の斜面でシリア難民の子どもたちが遊んでいる。(2019年3月12日)。シリア人難民の多くはキャンプでは暮らしていない。

＊1　2011年、チュニジアで反政府デモにより、独裁政権が打倒されると、この動きはアフリカ、中東の各国に広まり「アラブの春」と呼ばれた。シリアでは当初、デモやストライキなど、独裁に対する市民の抵抗運動であったが、アサド政権はこれを弾圧し、アサド政権派のシリア軍と反政府勢力との間で武力衝突となった。その後、反政府勢力内での衝突も起こり、アサド政権を支援するロシア、イランや、反政府の各勢力を支援するトルコ、サウジアラビア、アメリカ、クルド人勢力、アルカイダ系勢力が入りまじり、イスラム主義や宗派対立を含めた複雑な様相を呈している。イスラーム国（ＩＳ）も一時勢力を広げたが、アメリカなどの介入で2019年に壊滅したとされている。

ケベック州ブラックプールの一時拘留センターでフェンスをのぞき込む少女。彼女とその家族は、難民認定を求めてアメリカからカナダに不法に入国した（2017）。

第4部

論争と進展

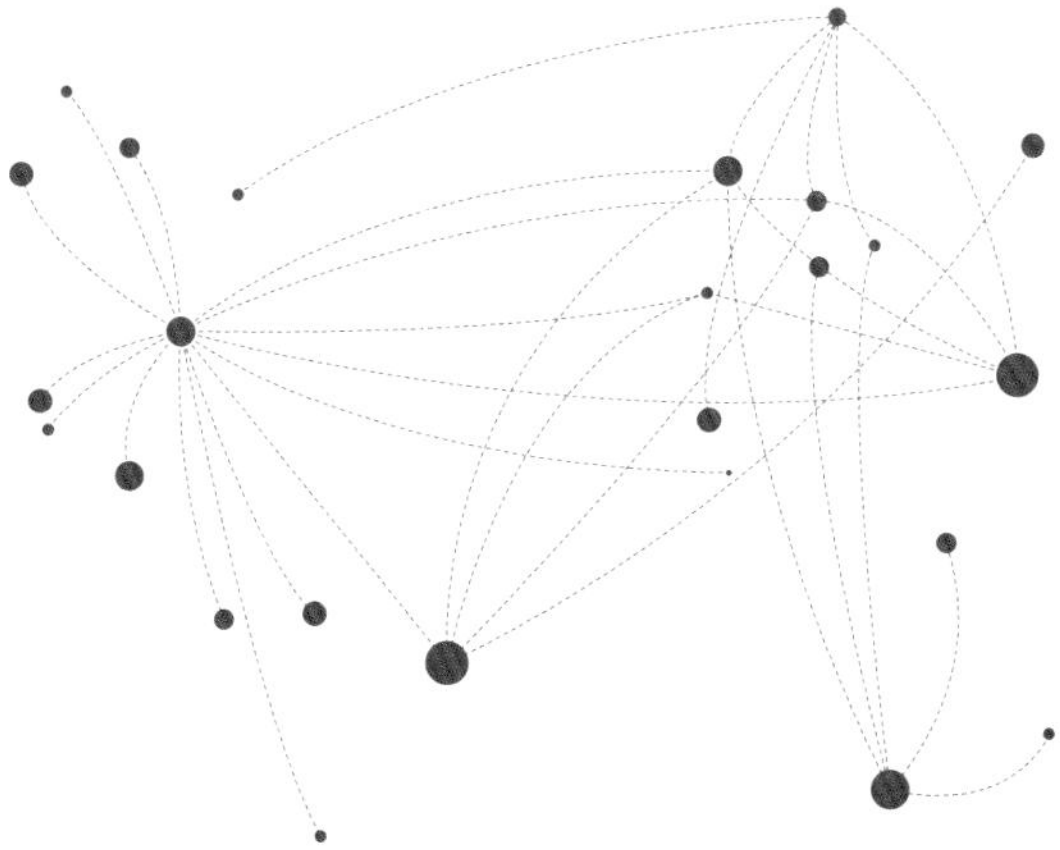

第34章　音楽のルーツとルート

本書は人の移動について書いた本である。だが、移動するのは人だけではない。彼らの心や頭のなかに刻まれた、彼らの歴史とともに引き継がれてきた音楽もまた、運ばれていく。ときには、彼らの青春時代を思わせるような音色の楽器を携えて移動を続けることもある。したがって、音楽や楽器の移動の跡をたどれば、人の移動の流れを理解するうえで役立つことが多い。

音楽は「移動中」にも生まれる。そして、音楽のスタイルや歌詞には、移動中の人々の新たな経験が反映されている。その変化をたどれば、彼らの体験、苦難、熱い思いがどのようなものだったのか、深く知ることができる。ここではアフリカと、アフリカ人の移住先におけるアフリカ音楽を例に論じていこう。

楽器の移動

木琴

人の移動について知るために楽器に注目するという方法には2つの問題点がある。1つは、同じ楽器が別々の土地で同じころに誕生する可能性があること。そしてもう1つは、旅の途上の音楽家で、元の楽器とほぼ同じものをつくれる人は限られているということだ。とはいえ、民族音楽学者は、どの程度の範囲にわたって人が移動し、文化交流が行われていたかを地図上に示すことに成功している。たとえばロジャー・ブレンチによると、アフリカの木琴はセネガルからモザンビーク南部まで分布し、アフリカの西側では広い地域で見られる。木琴の各音板の下には共鳴させるために瓢箪《ひょうたん》がつけられていた。瓢箪の代わりに牛の角が使われることもあった。どの土地の木琴も、作り方や調律の仕方だけでなく、演奏技術やメロディーまで似ていた。これは、人の移動によって楽器が広まったことを裏づける証拠である(1)。

バンジョー

バンジョーの起源を1つに絞るのは非常にむずかしい。バンジョーは基本的には弦を張ったドラムであり、

アフリカにおける木琴の分布

極東、アフリカ、中東にそうした楽器が多数みられる。1620年にガンブラ川（現在のガンビア川）を探検したリチャード・ジョブソンは、日記にバンジョーのような楽器に関する記述を残している。その楽器は「大きな瓢箪とネックから成り、弦がしっかりと張られていた」[2]。そのような楽器がカリブ海地域やアメリカ南部にあったアフリカ人奴隷のコミュニティでつくられるようになったことを記した文書もある。そうすることで、彼らは自尊心と文化をある程度保つことができたのだ。

バンジョーのデザインはアメリカで進化し、瓢箪が木製の胴に変わり、弦が1本増えて5本になった。新しいバンジョーは「白人」の楽器として使われるようになり、ミンストレル・ショーという黒人音楽を演奏する白人のショーによって広められた。その後、アパラチア地方で発展したブルーグラスもバンジョーの広まりに一役買った。この楽器は大衆の抵抗とも結びつき、20世紀後半には、フォークシンガーのピート・シーガーがバンジョーを弾きながら排除された人々の声を伝え、ベトナム戦争に抗議した。

ウィリアム・シドニー・マウント作「バンジョー奏者」（1856）。マウントはアメリカの白人画家で、自尊心と感受性をもつアフリカ系アメリカ人を描くことで知られていた。

人の移動と音楽の関係

ジョン・ベイリーとマイケル・コリアーは、映画、ダンス、文学と同じように、音楽は文化的生産の一形態であり、人の移動について多くを語ると述べている。だが、文学が一部のエリートによって生みだされるのに対して、多くの場合、音楽は民衆によって生みだされ、移民の文化の生産、消費において大きな役割を果たす。2人はさらに、ポピュラー音楽の歌詞からはさまざまなことが読みとれるが、音楽にはその歌詞を超えて、「記憶を呼び起こし、感情をよみがえらせる」力があると指摘する(3)。音楽はこの点において、移動と最も強く結びついているのだ。

行進する兵士の先頭に立って演奏する軍楽隊の音楽は、侵略軍の士気を高め、植民地化された側を威圧するためのものだった。しかし、ショームやホーンパイプなどの伝統的な管楽器をもつインド、パキスタン、カシミールの軍楽隊は、カラフルなタータンチェックやバグパイプをとり入れて、植民地支配をするイギリスの文化を吸収した。また、帝国軍の兵士と違ってまったく非力な移民は、音楽を通して故国を思い出し、自分がおかれた新しい環境のなかで再びアイデンティティを確立した。たとえば、イギリス、アイルランド、スコットランドのバラードは移住先でも歌い継がれた。

大移動に伴うブルースの3つのスタイルの広まり

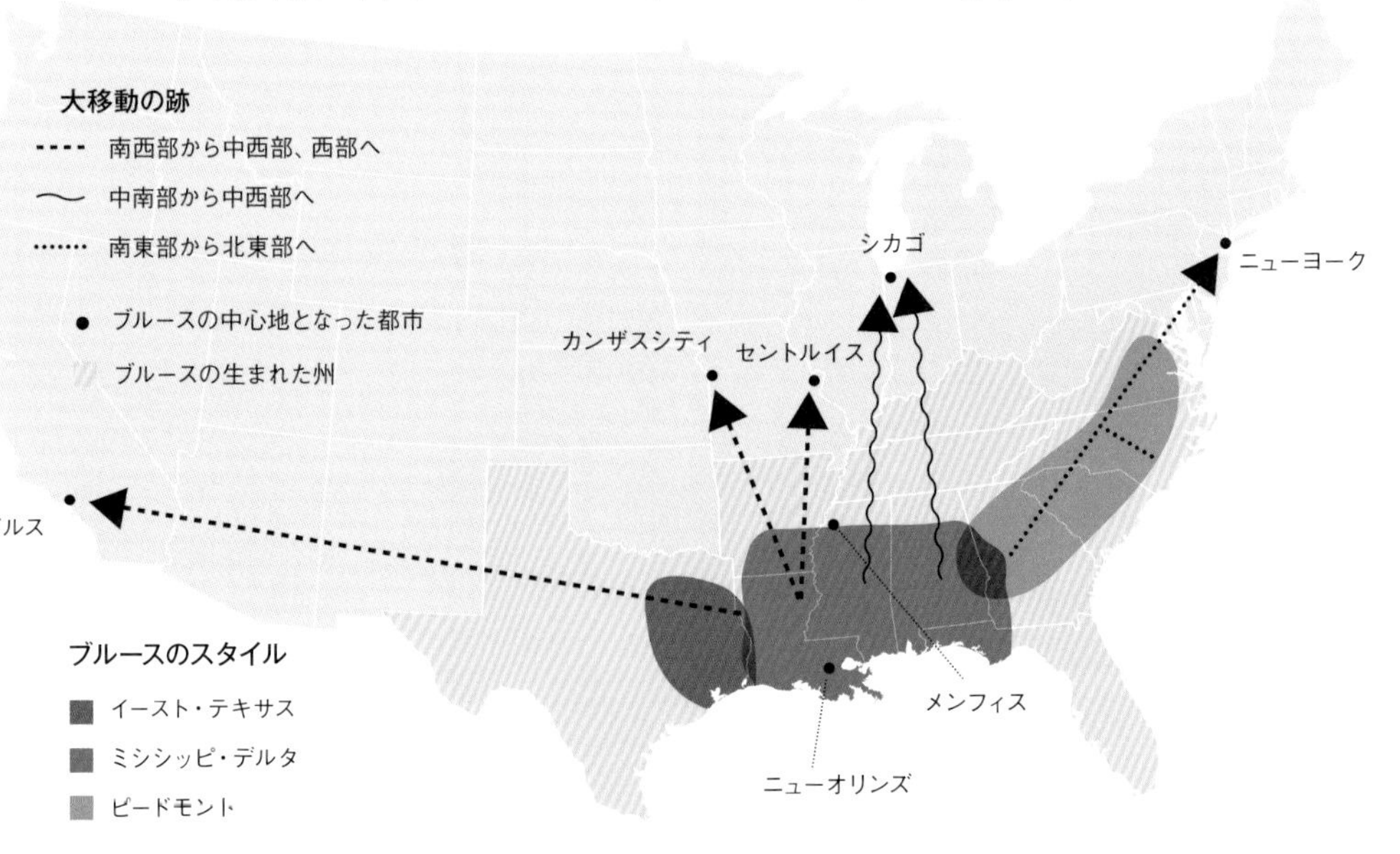

フォークシンガーは、過去の思い出を美しい歌にするだけでなく、つらい思い出のよみがえる悲しい歌もつくった。たとえば、「フィールズ・オブ・アセンライ」。これは、ジャガイモ飢饉のとき、家族のために食料を盗んで罪に問われ、囚人船でオーストラリアのボタニー・ベイに送られたアイルランド人「マイケル」のことを伝える歌である。今でもジャガイモ飢饉という悲惨なできごとを振り返り、スポーツイベントなどで歌われている。

マイケル、あなたは連れていかれた／トウモロコシを盗んだだけなのに／
子どもたちが明日も生きられるようにと思って／輸送船が入り江で待っている／
アセンライの野（中略）／飢饉と女王に立ち向かい／私は捕らえられてしまった

移動中に生まれる音楽

1865年にアメリカ南部で奴隷制が廃止され、奴隷だった人の多くは農業には適さない土地を耕作してなんとか生計を立てていかなければならなくなった。彼らは綿花を栽培した。小作人として綿花畑で働く人もいた。綿花の栽培にとって大きな脅威だったのが、ワタミハナゾウムシである。古くから歌を通して知られていたこの害虫は、19世紀末にメキシコから侵入し、ミシシッピ川を越えて広がった(4)。すると、害虫被害を恐れる人、被害をうけた人が北に向かって移動を始め、工業化の進む北部で工場の仕事に就きたい人もこの流れに加わった。アメリカではこれを「大移動」と呼んでいる。1900〜70年までに南部の田舎から北部の都会に移り住んだ人は実に600万人に達した。彼らはその途上で歌を生みだした。

アメリカ南部は、ジャズの中心地でもあった。ジャズは、アフリカ系アメリカ人の民族音楽とヨーロッパ音楽が融合して生まれた音楽で、アフリカのバンジョー、ドラム、リズム、ヨーロッパのトランペット、クラリネット、サックス、教会とバーで使われていたアップライトピアノが一緒になって新しい音楽を生み出した。アフリカ系アメリカ人が北に移動していくと、南部の街ニューオリンズを中心に発展したラグタイム、ゴスペルソング、マーチングバンドの明るい響きが「ブルース」へ変わっていった。ブルースは恐れや哀愁、希望、郷愁の入り混じった独特の魅力をもつ音楽で、たいていギターを弾きながら歌われた。ギターは安価で持ち運びの楽な楽器だった。

シカゴのブルース歌手（1947）

第35章 知識を求めて 留学生

中世のヨーロッパでは放浪する学者——scholares vagantes（ドイツ語ならfahrenden Schüler）——の姿がよく見られた。人によっては自堕落で、ほとんどの場合貧しい彼らは、大学の講義を聞き、荒れた宿に泊まり、また別の町へと移動していった。

現代の学者はこれとはまったく対照的だ。大学進学希望者が多く、授業料が高いこともあって、学者は立派な教授の場、高価なスポーツ施設、快適な住まいを提供されている。一方、別の土地へ行って学ぶ留学生は年齢も教育段階もさまざまだが、留学の需要がとくに高いのは高等教育で、留学生に大きく依存している大学もある。

どの国でも海外で学ぶ学生は増えているが、最も多くの学生を送り出しているのはインドと中国だ。２０１７年にはアメリカで学ぶ留学生の約半分がこの2国の学生で占められていた。インドと中国は、留学の機会に恵まれることはまずないと思われる貧しい人が多い一方、中産階級の豊かな人もたくさんいる。中国の統計局によれば、中国の「中産階級」は4億人だ。しかし、アメリカを基準の国とし、５万～50万米ドルの資産をもつ人を中産階級と定義するレポートをみると、中国の中産階級は１億９０００万人とされている。世界の留学生数は年率約12％で増加し、２０１６年には４８０万人に達した。

留学生の受け入れ国

留学生を受け入れるのは従来、英語母国語圏の国だった。留学生の数がとくに多いのはアメリカとイギリスで、カナダとオーストラリアも多数の学生を受け入れてきた。だが、最近はヨーロッパ大陸の国々も受け入れ数を伸ばしていて、英語の授業を用意することで成功した国もあ

留学生数　2011～2016年

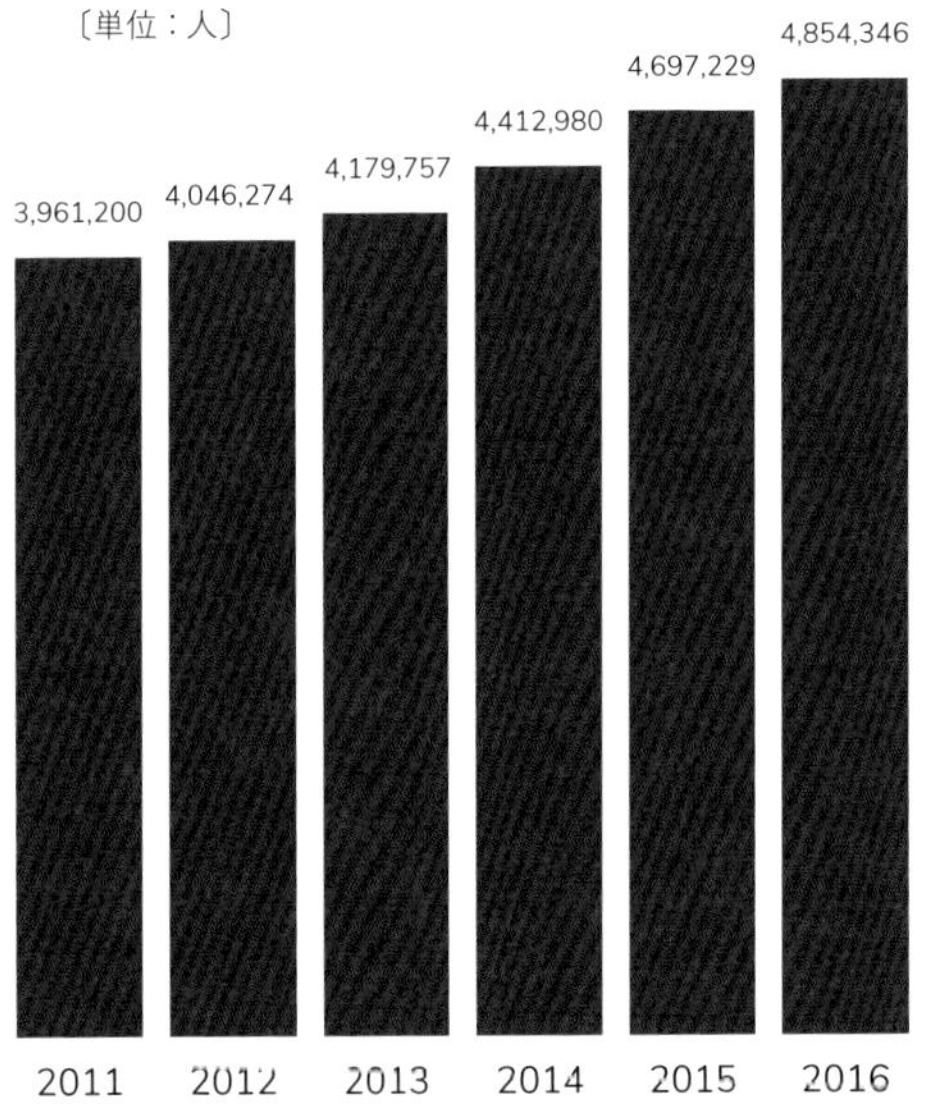

る。オランダでは850の修士プログラムに英語が導入され、イギリスの学生がオランダに留学するまでになっている。カナダは永住権を取得できるさまざまな道を開いて、留学生の数を大幅に増やした。

アメリカでグリーンカード〔アメリカにおける永住資格の証明書。アメリカに居住し就労することが認められる〕の発給に遅れが生じていることも、カナダに有利に働いている。トランプ大統領が厳格な移民政策を提唱しているために、学生は留学先を変更しはじめた。このことについて米国国際教育研究所のアラン・グッドマン所長は、とくに慌てたようすは見せずにこう述べている。「安全面、費用、それからおそらくビザに関する政策など、すべての点が重要です。……学生がアメリカには行けないと感じている、とは聞いていません。学生には選

カナダで学ぶ留学生　2018年

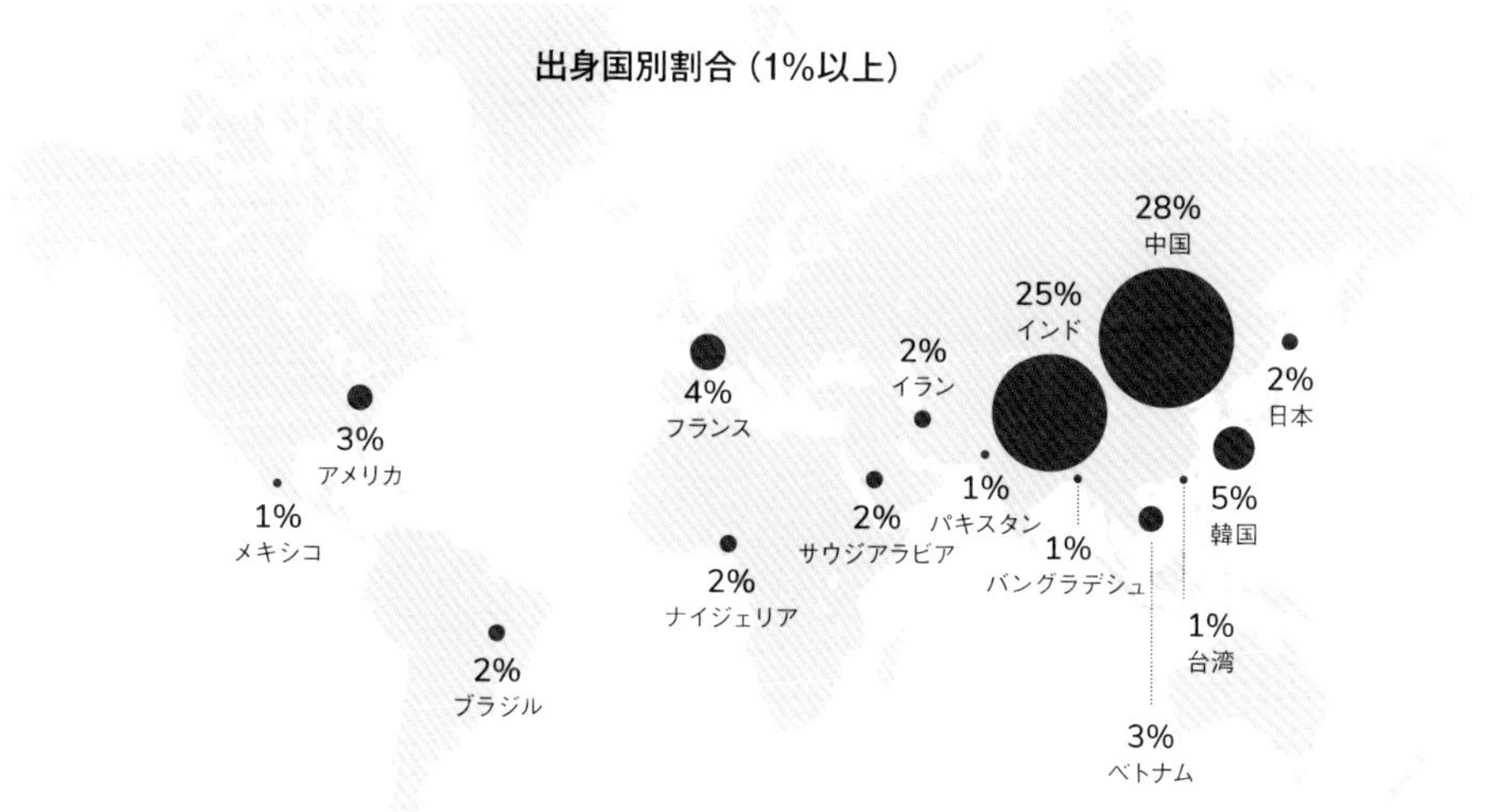

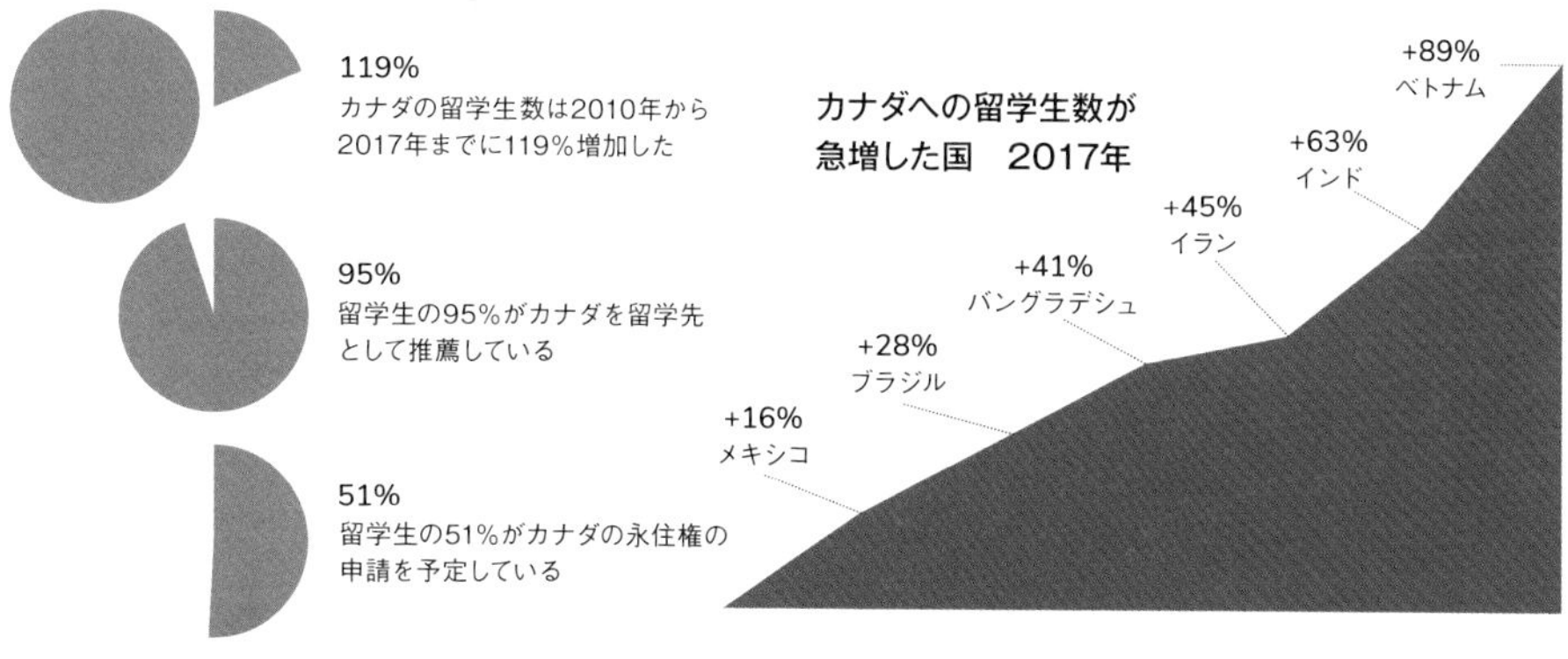

択肢があります。他国と競わなければならないのはよく承知しています」(1)。ビザ政策の影響は、すでにインド人留学生数の減少という形であらわれている。また、2019年のある調査では、高い技能を身につけたインド人移民の70%が、もっとビザを取得しやすい国に移り住むことを「真剣に検討」していると回答した。調査を行った研究者によると、この70%が全員他国に移ると、アメリカは「才能豊かな人々を失い、それに代わる人材を得るために、190億〜540億米ドルの支出が必要になるだろう」(2)。

アメリカの研究では損失額が推計されたが、イギリスのある調査では、留学生がもたらす経済利益に目が向けられた。マクロ経済の調査会社、オックスフォード・エコノミクスが英国大学協会の依頼で行った調査によると、2014〜

イギリス、スタッフォードシャーのキール大学を卒業する留学生

偽の大学(5)

偽の大学は以前からあったが、近年急増している。こうした大学は大きな利益を生むだけでなく、移民規制を逃れる手段となるからだ。学生の多くは何も知らずにだまされるが、一部の学生は自分が違法行為に関わっていることを十分承知している。イギリスの公的機関、高等教育学位データチェック(Higher Education Degree Datacheck)のデータベースには、国の認可をうけている高等教育機関471と、認可されていない機関243(2019年4月12日現在)がリストアップされている。なかには次のような、偽の大学とすぐわかるところもある。

オックスフォード・イングランド大学
オックスフォード国際大学
オックスフォード博士課程カレッジ

だが、本物の大学とほとんど変わらない、それらしい名称で人の気を引く大学もみられる。

ロバート・ゴードン国際大学(本物は、ロバート・ゴードン大学)
マンチェスター・オープン大学(本物は、マンチェスター大学、オープン大学)
ウォルヴァーハムトン大学(本物は、ウォルヴァーハンプトン大学)などだ。

マンチェスター・オープン大学は3万5000ポンド以下の学費で学位が取得できると宣伝し、ありもしないオックスフォード・ロードのキャンパスで90カ国から集まった2000人の学生が学んでいると説明している。

15年には「留学生と彼らを訪ねてきた人々がキャンパスの内外でお金を支払うことによって、イギリスの総生産が258億ポンド押し上げられた」。さらに、留学生は大学のある町や都市で20万6600人の雇用を支え、108億ポンドの輸出収入をもたらした(3)。

しかし、留学生が受け入れ国にとってどれほどの実用的価値をもつのか、その点ばかりに注目していると、留学が留学生とその出身国にもたらす文化的、科学的、教育的、実際的利益を軽くみる恐れがある。

出身国にどれくらいの利益がもたらされるかは、留学生がどの程度帰国するかによって決まる。これにはさまざまなパターンがみられるが、大半の学生は、仕事やチャンスがあれば、新たに習得した技術を活かして母国のために貢献しようとする。オランダのある研究によると、留学生の80%は帰国している(これは、全OECD加盟国の平均値と同じだ)。留学残りの20%の学生はオランダに残ったが、そう決めた大きな理由の1つは、留学先でその土地に住むパートナーを見つけたことだった(4)。

新たな展開

アジアの大学もヨーロッパ、北アメリカ、オーストラリアの定評のある大学と競い合うまでになってきた。シンガポールや、中国、香港のいくつかの大学は、教育、研究の両面で著しい進歩をみせ、世界ランキングでも上位を占めている。中国では、平均的な規模の大学を毎週1校開校しているようなペースで、施設の拡張と新しい機関の開設が進んでいる。中国の18~23歳人口は減少しているが、政府は数年後の全員受け入れをめざして準備を進めている。また、留学生の受け入れにも力を入れ、2020年の目標は50万人（カナダと同じ規模）とされている。

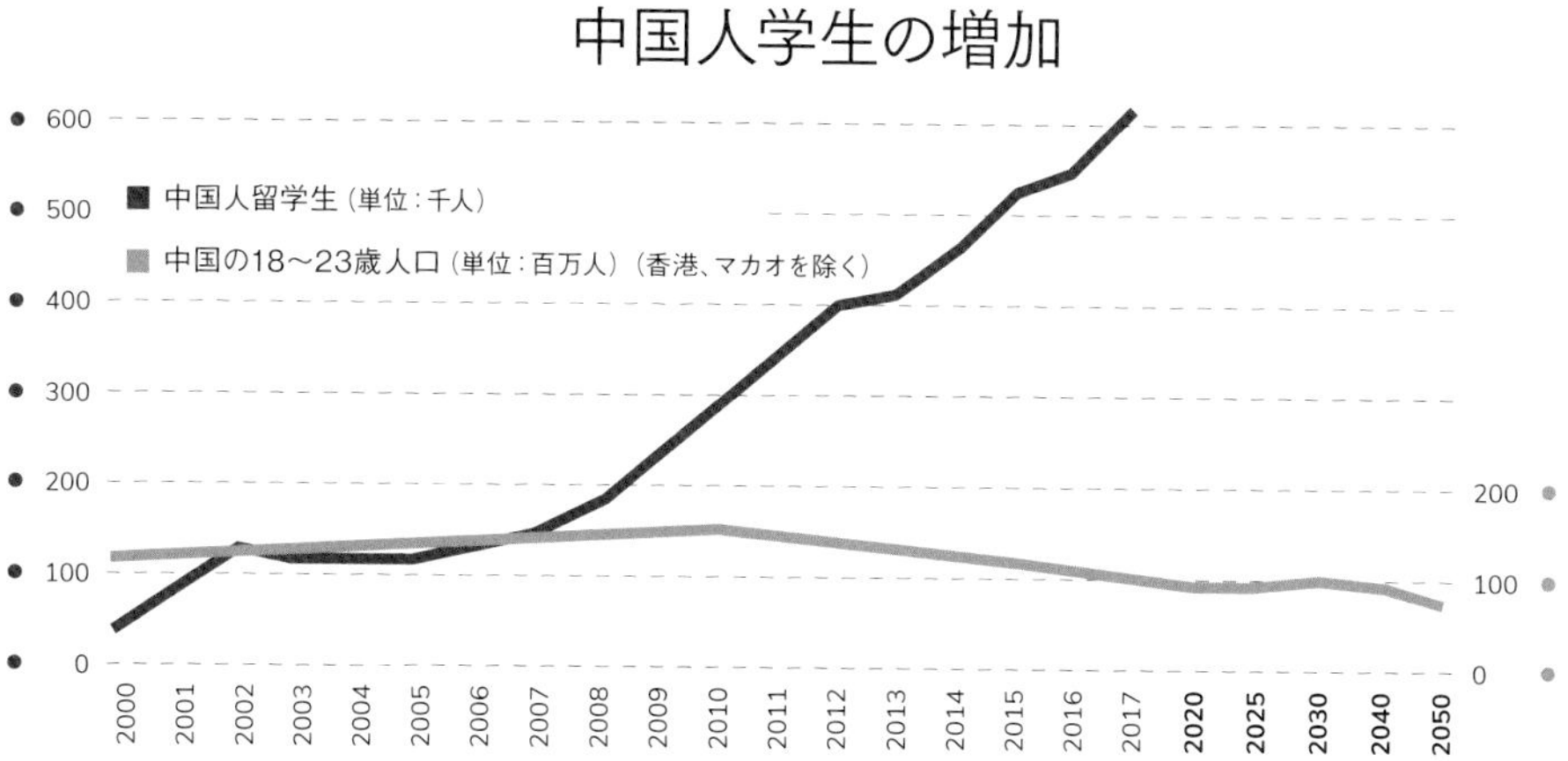

第36章 結婚と移住

これは偏った見方だが、移民というと、男性が仕事を求めて国境を越えていくイメージがある。実際、1940年代まで、女性の移民は夫につき従うことで在留資格を得る、影の薄い存在だった。

結婚あるいは婚約をした女性は、通常、主たる移民ではなかった。先に新しい土地に移り住み、生活が落ち着いてきたパートナーに「呼び寄せられた」のだ。男性にそうした相手がいない場合は、女性が「写真花嫁」、あるいは見合い相手として、男性の住む国に渡っていった。遠く離れた土地に住む2人を結婚させるというやり方は今もみられるが、現在はインターネットがそれを強力に後押ししている。多数の女性が仕事を求めて自ら海外に進出しはじめると、移住は性別とは関係のないものになった。だが、結婚と移住は今も深く複雑に結びついている(1)。

日本の写真花嫁

1885年から1924年までの間に20万人の年季奉公人が日本からハワイに渡り、サトウキビやパイナップルのプランテーションで働いた。「写真花嫁」という言葉は彼らの体験から生まれたものだ。日本の年季奉公人は約束通りの賃金を支払われず、当初の3年という契約期間を延長せざるをえなかった。そこで、彼らは自分の容姿や暮らしぶりが実際よりもよく見える写真を添えて、「結婚相手を見つけてほしい」という手紙を日本の家族に送った。

これに2万人ほどの日本人女性が応え、多くの場合、ハワイへ「写真」が送られた。バーバラ・F・カワカミは1990年代初めまで、40年にわたって、写真花嫁への聞き取り調査を行った。250人から体験談を聞いたが、その多くは悲惨なものだった(2)。ある女性はこう語った。「夫が大酒飲みで困っています。……夫は酔っ払うと私を殴りました。子どもたちはそれが怖くて、暴力が始まると家から走り出て納屋に駆け込み、終わるまでそこに隠れていました」。また、こう話す女性もいた。「日本まで海を歩いて渡れるならそうしたい、と思っていました」。家族という単位は、多数の文化や社会で、とても大切なものとされている。そのためか、移住に関する規定で

1度も会ったことのない夫のもとに船で向かう日本の写真花嫁。（南アメリカ、1931）

代理結婚　オーストラリアのイタリア人

ハワイの写真花嫁については多数の記録が残されているが、これと似たようなことは、実際、多数の移民コミュニティで行われている。コミュニティ内の男女の数が大きく異なる場合や、階級、人種、民族、宗教などの違いから移住先の女性との結婚が認められない、あるいは自ら控えるといった場合に、こうした結婚がみられる。だが、オーストラリアに住むイタリア人男性と結婚した1万2000人のイタリア人女性の場合は、少しようすが違った。オーストラリアに移住して結婚生活を始める前に、「代理」結婚をしたのだ。結婚の儀式に2人のうちのどちらかが出席できないため、代理人を立てて行われるのが代理結婚で、法的に認められている。それについて16歳の「カルメーラ」はこう説明した。彼女は近所に住む人から息子の「ヴィンチェンツォ」と結婚してほしいと言われた。ヴィンチェンツォはその数年前にオーストラリアに移住していた。カルメーラは初めは断ったが、彼の写真を見て気が変わった。そして代理結婚をし、オーストラリアに渡った(3)。

も、配偶者の移住を含め、家族が1つになることを認めている。だが、明らかな例外もある――なかでもよく知られているのが、南アフリカの例だろう。アパルトヘイトの時代、黒人が家族で「白人居住区」に住むことは認められなかった。

イギリスでは、常に配偶者の移住が「永住許可」のかなりの部分を占めてきた。だが、その割合を細かくみていくと、施策の変更に応じて変わっていることがわかる。男性の移民をめぐる複雑な法的問題としてあげられるのが重婚だ。イギリスでは、重婚者が2人目以降の妻を呼び寄せることは認められておらず、2人目以降の妻への給付金を請求することもできない。

日本は国際的な人の移動が少ない国と考えられている。日本人の国際結婚の件数や多様性は、日本における移住について知るうえで役立つだろう。国際結婚の動向は、厚生労働省が発表している婚姻に関する統計に取りまとめられている。２０１３年には日本人の結婚の約30件に1件（66万６１３件中2万１４８８件）が国際結婚だった。結婚相手の国籍が夫と妻とで大きく異なるのが興味深い。

「花嫁不足」と花嫁の商品化

「花嫁不足」――結婚対象となる地元の女性の数が十分でない状態――が生じる一般的な理由は3つ考えられる。

まず、インドの地方や「一人っ子政策」を進めていた中国では、男児が好まれた。２０１０年のデータでは、出生時の男女比がインドは１０９対１００、中国は１１８対１００だった。親は出生前診断で胎児の性別が女児なら中絶を選ぶのだ。その件数は膨大な数にのぼっている（4）。

次に、農村では男性は土地に縛りつけられ、女性は土地を離れていくことがあげられる。多数の女性が、社会

永住の総許可件数と配偶者に対する許可件数、
イギリス　1995～2009年

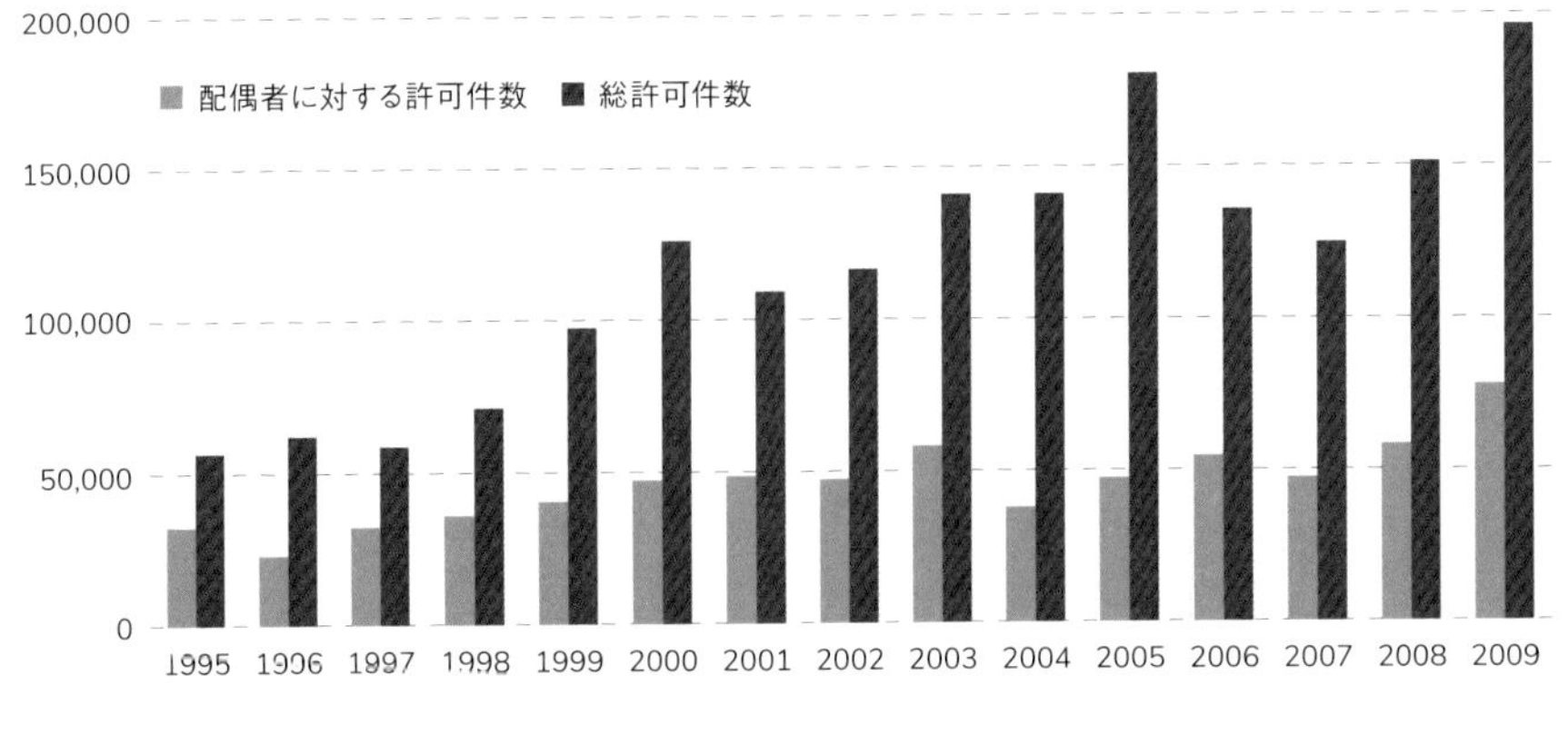

外国人配偶者の国籍、日本　2017年

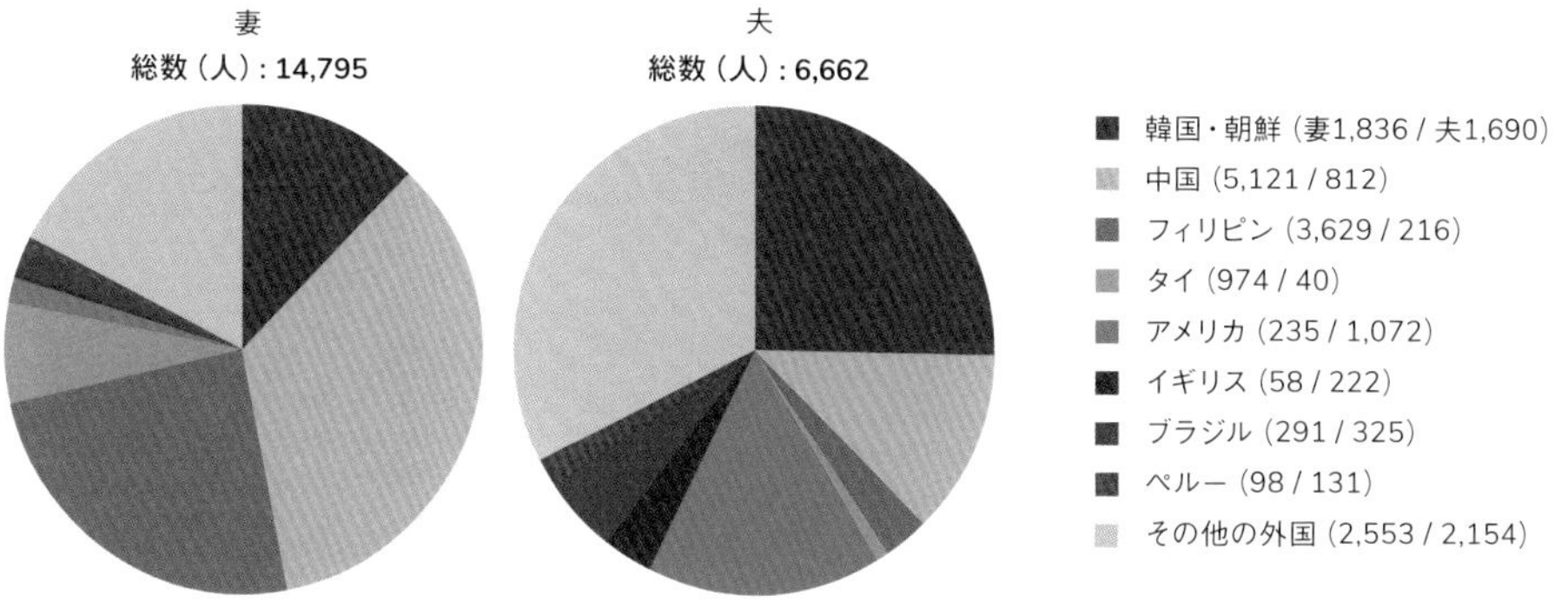

アジアの女性の未婚率 1970～2005年

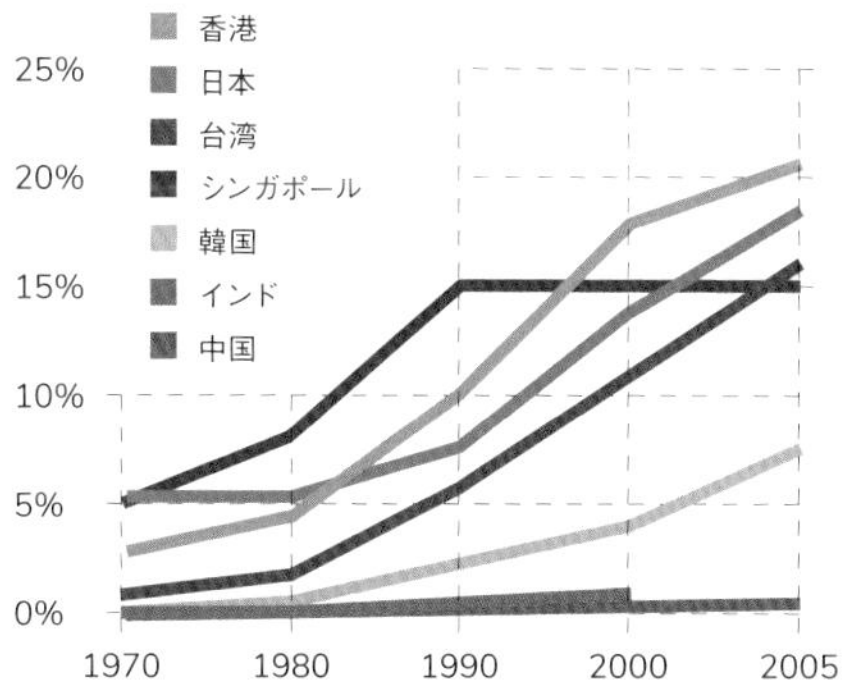

から切り離されたような農村での生活をきらい、チャンスを求めてよその土地に移っていくのだ。

そして、地方でも都会でも結婚願望をもたない女性が増えていることも、花嫁不足につながっている。この傾向がとくに強いのがアジアだ。アジアでは、かつては結婚しない女性はほとんどいなかったが、現在は、香港、台湾、日本で、女性の未婚率が非常に高い。

結婚しない女性のなかにはもちろん、1人で外国に移り住む人もいる。だが、花嫁不足のいちばんの影響は、ネットで花嫁を探す男性の増加という形で現れている。花嫁探しは多くの場合、国境を越えて行われ、たとえばフランスの地方に住む男性はマダガスカルの女性を迎えようとし、日本の農家の男性はフィリピンの花嫁を探している。こうした結婚は、従来ブローカーが仲立ちをしていた。彼らは今も「メールオーダー花嫁」を商品化するシステムのなかで大きな役割を果たしている。インターネットの発達で、こうした取引もデジタル化が進み、地球規模で行われるようになった。[*1] インドにはShaadi.com、Jeevansaathi.com、BharatMatrimony.comなど、多数の婚活サイトがあり、どこも成婚数の多さを宣伝している。

＊1　インドではカースト制度が社会に残存し、結婚相手として同一カーストを求めるために困難が増える実態があるといわれている。

第37章 リタイアメント移住とライフスタイル移住

退職後に移住する人が1970年代に急増しはじめた。さまざまな要因が考えられるが、最も大きく関係しているのは平均寿命の延びと退職の早まりである。

66歳以上の人口は以前より大幅に増加している。1970〜2005年に平均寿命が延びた豊かな国には、とくにこの年齢層が多い。一方、同じころ、勤めや自営をしている人がそれまでより早く退職するようになった。その結果、「退職後に過ごす年月」が14年から20年に延びた。第2の人生が長くなったことで、退職後、移住を選択する可能性のある人が数字のうえで増え、実際、移住者は増加した。

全体像

リタイアメント移住に大きく関わっているのは平均寿命と退職年齢だが、その選択を促した要素は他にも多数ある。

・交通費が低下し、旅行の機会が大幅に増えた。たとえば、ヨーロッパの航空運賃は1992年から2010年までに実質で約50%低下。これによって旅行者がさまざまな土地を訪れるようになり、それまで知られていなかった場所が移住の候補地に加わった。

・現在、引退生活を送る人々は比較的豊かで、親の世代が得ていた年金などの収入も、子どもの世代が得ると思われる年金などの収入も上回る金額の収入を得ている。

・リタイアメント移住は、ライフスタイル移住の1つと考えられて

OECD加盟国における退職

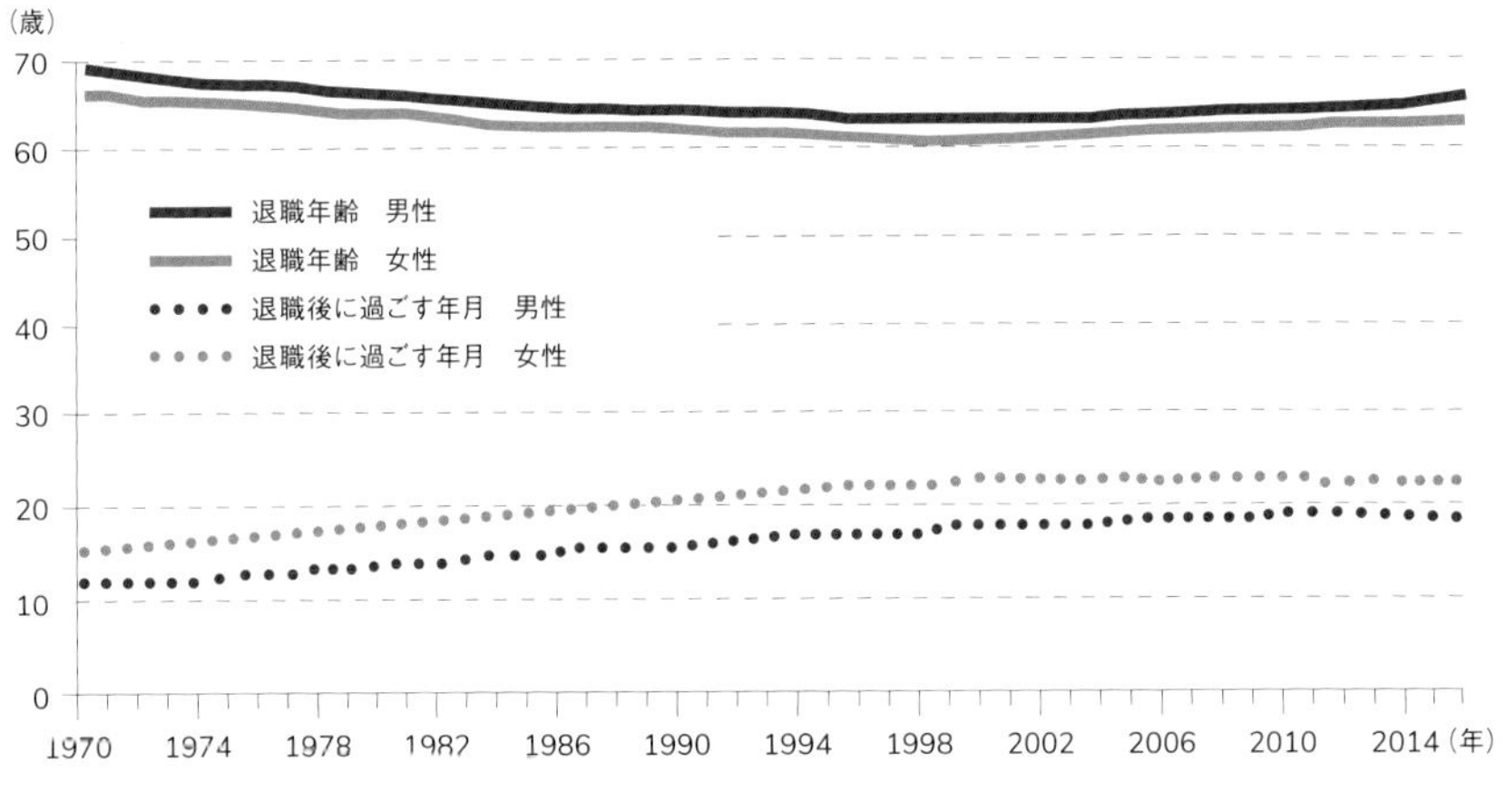

いる。66歳以上の人も、早期退職した人も、人があふれ、無愛想で、冷たく、競争圧力にさらされる都会を離れ、安全で、陽光が降り注ぐ、汚染されていない、ストレスの少ない土地で、「よい人生」を送るために移住を選択するからだ（1）。

・1950年代以降に職を求めてヨーロッパや北アメリカに渡った多数の移民が、第2の人生を歩みはじめたか、歩みはじめようとしている。そこで直面するのが、移住先にとどまるか、母国に再移住するかの選択だ（2）。

リタイアメント移住者とライフスタイル移住者の移住先

アメリカ

一般的に、退職者は温暖な気候を求めて「南」に向かう。そのなかには職を求めて北に来ていた人もいるだろう。そのよい例が、アフリカ系アメリカ人のアメリカ南部への移住だ。彼らは産業が衰退した北東部の地域を離れ、今も人種差別が残っているにもかかわらず、テキサスやジョージア、フロリダ、ノースカロライナへと移動していく。退職者に人気の高い10の州を下の図に示した。ほとんどの州が年中温暖だが、移住を促す大きなポイントが他にもある――なかでも重要なのは、生活費が比較的低く、人気エリアでも住宅価格が手頃、そして、州や地方自治体が退職者を引きつけるために税の優遇措置を用意している点だ。

アメリカの退職者が選ぶ移住先　上位10州
61歳以上の純移入民数

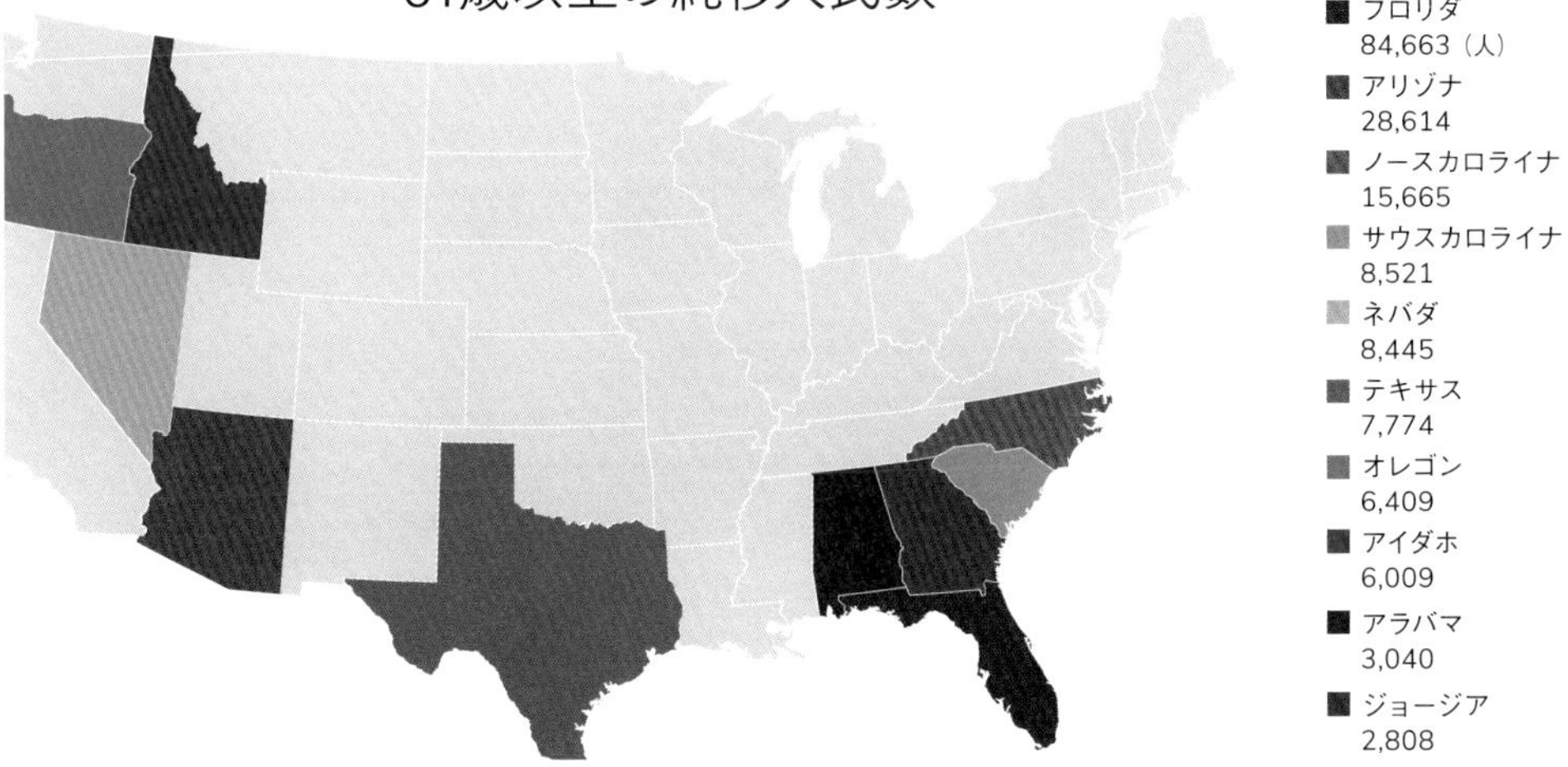

イギリスとフランス

フランスの人口統計学者が、英仏海峡をはさむ「海峡地域」におけるイギリスとフランスの人口動態を明らかにした(3)。彼らは、ブリテン島、とくにイングランドの人々が、以前から南海岸――ブライトン、プール、ボグナーリージスなどの海辺の町――にリタイアメント移住をしていることはすでに知っていた。だが、フランスでも同じようなことが起きているとはあまり考えていなかった。コートダジュールのような高級リゾート地や、ノルマンディやブルターニュへの移住が進んでいたのである。こうした土地にはイギリスの退職者もやって来た。イギリスの南海岸や、フランスのドルドーニュのような流行りの場所に比べ、不動産価格が低いのが魅力なのだ。西に行くほど高齢化が進んでいることが下の図からわかる。

ライフスタイル移住

多くの人はよりよい人生を求めて移住する。だが、ライフスタイル移住者は、なんとしても仕事や生計手段を見つけなければならない状況にあるのではなく、新しい環境で自己表現、自己実現をしたいという思いが移住の動機になっている。そのため、ミカエラ・ベンソンとカレン・オライリーも指摘するように、ライフスタイル移住では、移住者の主観（何を感じ、求めているか）が重視され、移住先を決めるうえでポイントとなる社会構造や制度、産業については

海峡地域における61歳以上の純移入民数と人口動態

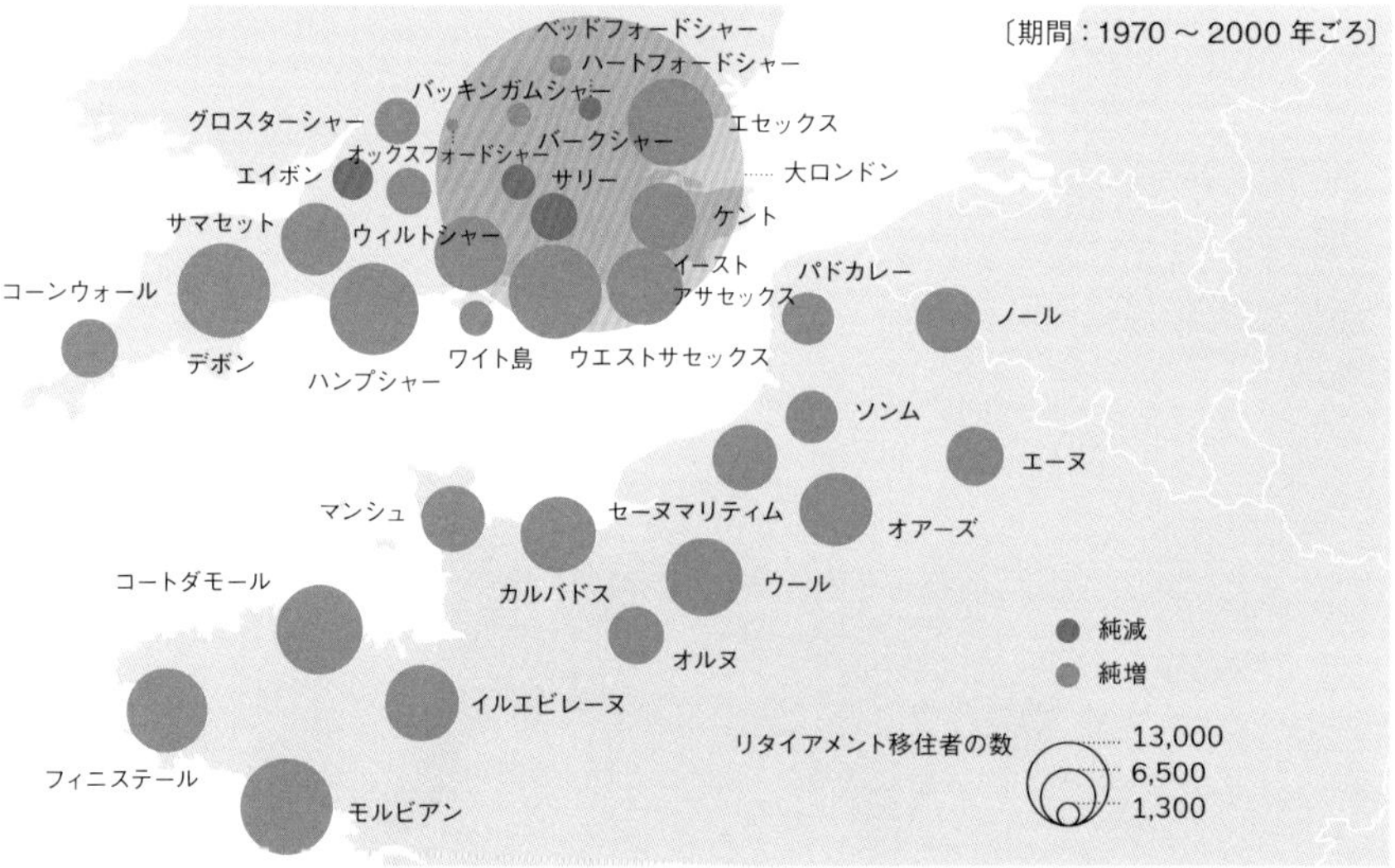

軽視されがちである。ライフスタイル移住をより複合的にみると、不動産市場の動向や空港へのアクセス、海外投資（租税を回避するためのオフショア投資を含む）、年金の海外での受けとり、そして権力や特権の構造などを含むすべてが新しい土地で別の人生を見つけるという決定に関わってくるのである（4）。

アディオス　アミーゴス

リタイアメント移住、ライフスタイル移住は、経済、社会、政治の現状を広く理解したうえで決定しなければならない。このことは、ヨーロッパ人の移住先である地中海に面した国々へのリタイアメント移住が減少しているのをみればわかる。「アディオス　アミーゴス（友よ、さらば）」と題した『エコノミスト』誌の記事によると、スペインの住宅価格は２００８年から２０１６年までの間に3分の2に低下し、「国の南の海岸には誰も住まないコンクリートの建物が点在している」。そして、イギリスからの移住者は負の資産（ローンを組んで購入した資産の評価額がローン残高より低い状態）をかかえることになった（5）。イギリスからヨーロッパの国々へのリタイアメント移住は、２０１７年までにほぼ流れが止まっている。

スペイン、フランス、ドイツ、イタリアに住むイギリスの年金受給者数（増加率）2003～2017年

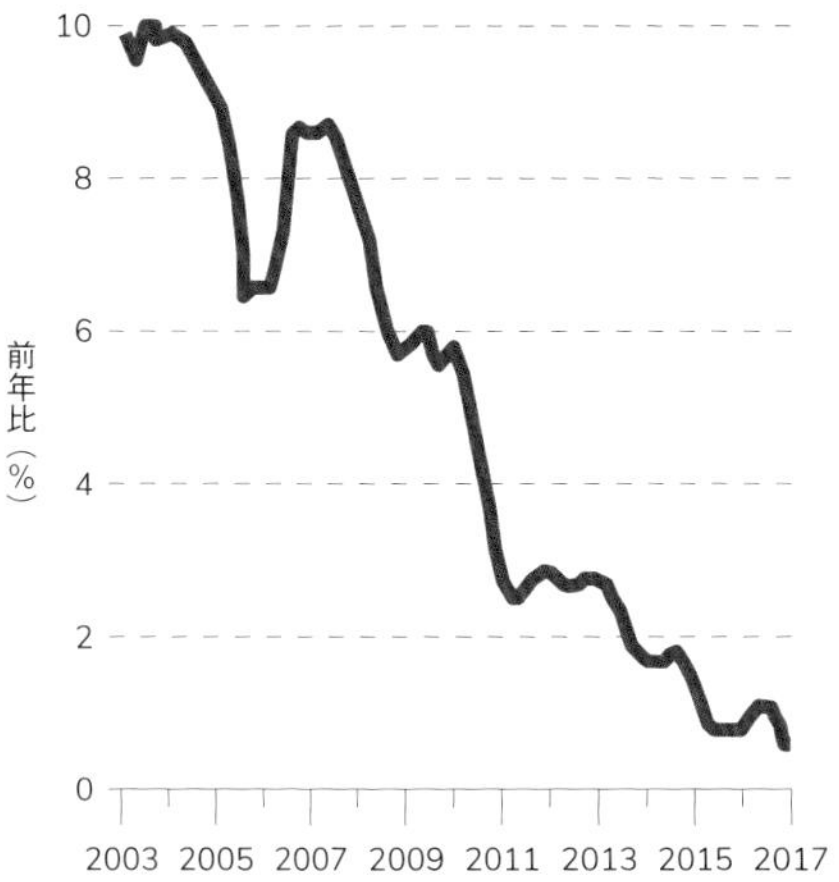

ヨーロッパの特定の国々へのリタイアメント移住が減少したのには、他にも2つの要素が関わっている。本章の冒頭で2つのトレンドについて述べたが、多数の国で、それに変化が生じているのだ。たとえば平均寿命は、アメリカやイギリスなどで延びが止まった。また、年金制度の維持がむずかしくなっていることから、その解決策として、長期にわたって働くことが求められるようになっている。２０１６年の国民投票でイギリスのＥＵ離脱が決まったことから、英仏海峡を越えて移住する人はさらに減少しそうだ。ヨーロッパ大陸に住む多数のイギリス人が法的に宙ぶらりんの状態となり、資産は目減りする一方ということも考えられる。彼らが大挙してイギリスに帰国すると、厳しい状況にある社会・保健医療サービスに一層の負担がかかるだろう。

第38章　気候変動による移動

インターネットをみていると、旅行者向けによくこんなことが書いてある。ツバルとキリバスを「必見」の場所として旅行の候補地リストにのせている人は、退職したら行こうなどと悠長に構えていてはいけない、と。

現在と同じ割合で海面水位が上昇していくと、ツバルの人は全員、２０５０年までに島を離れなければならなくなるだろう。そして、キリバスは２１００年までに全島が水没するだろう。２００８年にモルディブのモハメド・ナシード大統領は、将来国民が移住できるよう、観光収入の一部を使ってインド、スリランカ、オーストラリアに土地を買うことを決めた。ヴェネチアが海面の上昇で大きな被害をうけていることも、よく知られている。徐々に進行する海面上昇と長期的な気候変動は、この先、人の移動に重大な影響を及ぼすだろう。だが、今日見られる気候関連の人の移動は、大半が、突然生じた思いがけない自然災害によって引き起こされている。

突然の退去

政治家のなかには気候変動の影響を認めようとせず、無関心な人がいるが、気候科学者は、温暖化によって、生物多様性の喪失、穀物生産量の減少、熱波の発生数の増加、異常気象、豪雨などの影響がすでに出ていることをはっきりと示している(1)。台風、洪水、ハリケーン、地すべりはたいへんな数の人命を奪い、多数の人々がそれまで住んでいた土地を離れなければならなくなった。２０１６年に生じた人の移動を規模の大きなものから10個をみていくと、いずれも気象災害によって引き起こされたものだった。

２０１９年3月半ば、サイクロン「イダイ」がアフリカ南東部の広い範囲を襲った。当初の推定では60万人以上が家を失い、とくにモザンビーク、ジンバブエ、マラウイの低地が深刻な被害をうけた。モザンビークのベイラに住んでいたある5人家族は自宅の竹の壁が壊れ、トタン屋根が風で飛び、町を離れなければならなくなった。初めは近所の家に避難したが、それも強風で飛ばされてしまったのだ。一家は避難所となった学校に収容されているが、通常の生活に戻るめどは立っていない。取材に対し彼らは、おじのことがとても心配だと話していた。おじは漁師で、当時海に出ていたため、サイクロンに巻き込まれて亡くなったのではないかと案じていた(2)。

気象災害による10の大規模な人の移動　2016年

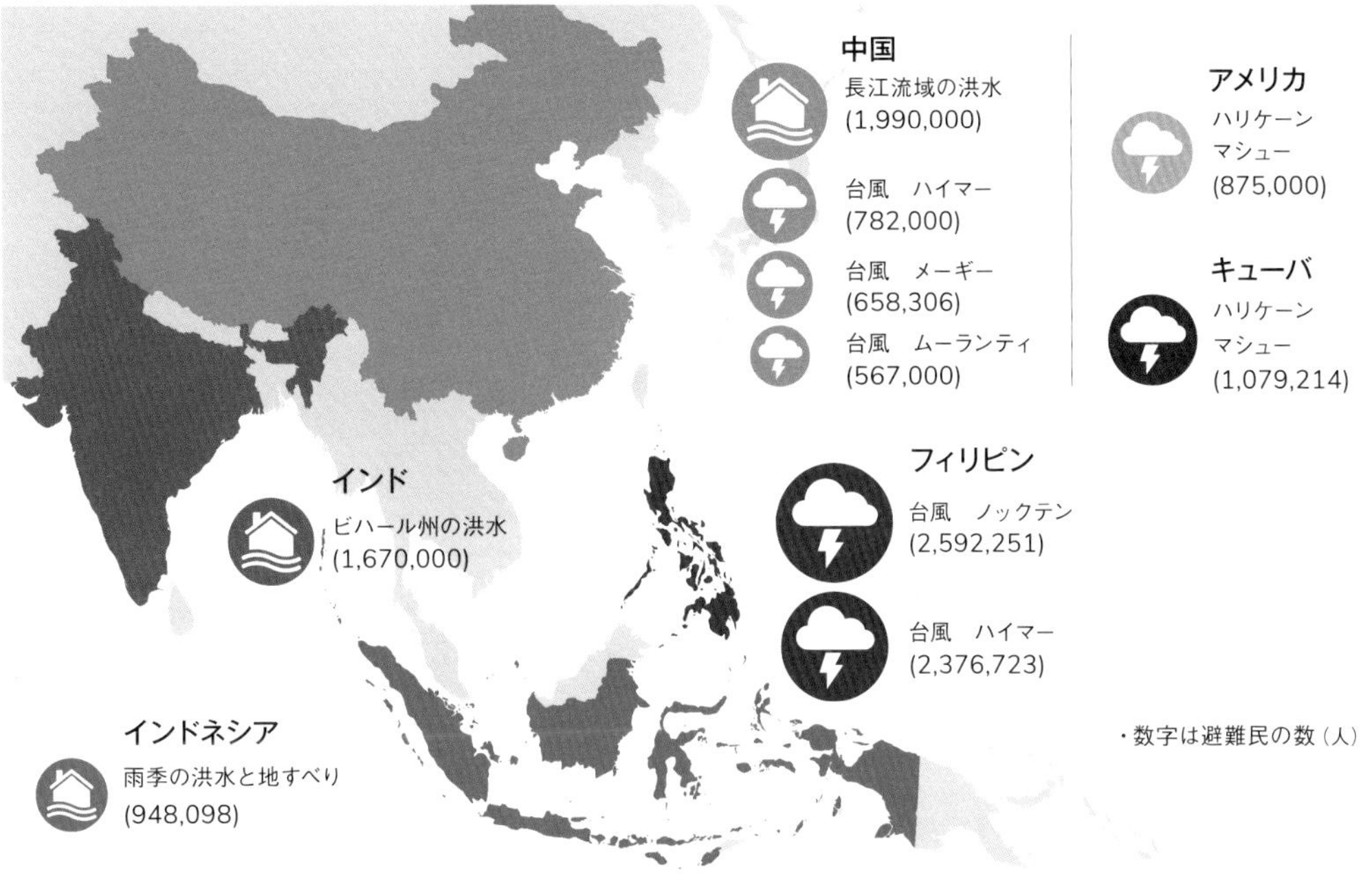

サイクロン「イダイ」による洪水被害
モザンビーク、ジンバブエ

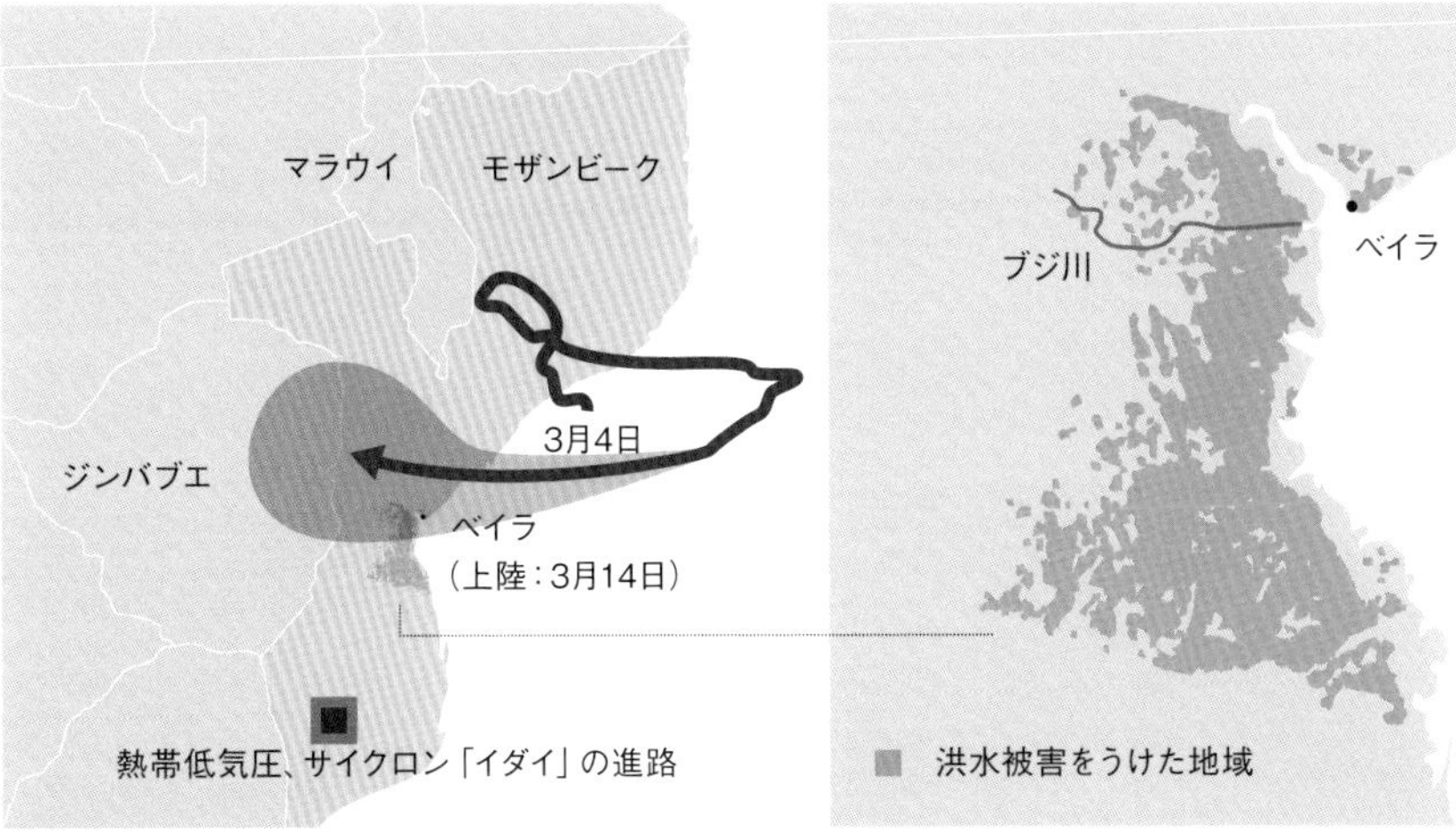

サイクロン「イダイ」に襲われたベイラ（モザンビーク）のようす（2019年3月24日）

気候、食料安全保障、紛争、人の移動

気象災害が人の移動を引き起こすことはテレビを見れば明らかだ。しかし、ここで気候、食料安全保障、紛争、人の移動の因果関係について長期的視点からよく考えてみる必要がある。砂漠化、異常な豪雨、地球温暖化、貯水量の不足（たとえば、サハラ以南のアフリカにある大きなダムの数はわずか980で、そのうち589は南アフリカにある)。こうしたことが作物の収穫高の減少や家畜などの死につながっている。豊かな農家は凶作が数年続いても乗り切れるかもしれない。だが、放牧地や水へのアクセスをめぐって論争が生じれば、すぐに紛争へと発展する可能性がある(3)。

水をめぐって国同士が争う状況を招きかねないのが、たとえばエチオピアのダム建設だ。エジプトはナイル川の水（古代エジプトのファラオはナイル川に宗教的意義を認めていた）に対して歴史的権利を主張しているが、それにもかかわらず、エチオピアは青ナイル川でグランド・エチオピアン・ルネッサンス・ダムの建設を進めている。これは国家間紛争の火種をかかえる例だが、地方レベルでは、水の供給やアクセスをめぐって、インドや中国、アフリカ諸国ですでに多数の武力衝突が起きている。水へのアクセスが制限される、食料安全保障が確約されない、といったことが原因で紛争が生じる。こんなとき、人は移動という方法で切り抜けようとする。スーダンのダルフールでは遊牧民と農耕をする人々の間で以前から水をめぐって抗争が続いていた。それを背景に2003年のダルフール紛争が生じ、多数の死者が出た。人が水や耕作に適した土地を求めて移動すると、それがまた新たな争いを引き起こすことが多い。

アセスメント

気候変動によってどれくらいの人々が移動を強いられるのか、事前評価するのはむずかしい。それには2つの問題があるからだ。まず、政府や政治家が気候変動の影響を抑えるためにどれほど実効性のある政策や対策を推し進めるのか、この点がほとんど未知数である。そのため、2050年までに移動を余儀なくされる人の数は2億人から10億人と、予測には幅がある(4)。世界銀行は3つの地域でどの程度の人が国内移住をすることになるか、3つのシナリオ――対応に何の変化もみられない「悲観的」なシナリオ、「より包括的な開発」が行われるシナリオ、政策決定に際してまず環境面から考える「よりクライメイト・フレンドリー」なシナリオ――に基づいて予測。その数は2億人を下回った。このうち、悲観的なシナリオの場合、1億1700万～1億4300万人が移動を迫られるとみている（次ページの図参照）。

気候変動の影響を予測するうえでもう1つ問題となるのは、環境問題の専門家は1つの観点から移動について説明しようとし、移動を専門とする研究者は大半が、さまざまな点から検討を重ねたうえで移動という決定が下されると考えている点である。たとえば、仕事は見つかるのか、家族はどうするのか、移住先の文化はこれまでと変わらないものか、それともまったく異なるのか。そして、本人の意欲や思いもそこに加わってくる。洪水やハリケーンなど、緊急を要する災害以外は、移動を環境の変化だけに結びつけて考えることのないよう注意しなければならない(5)。

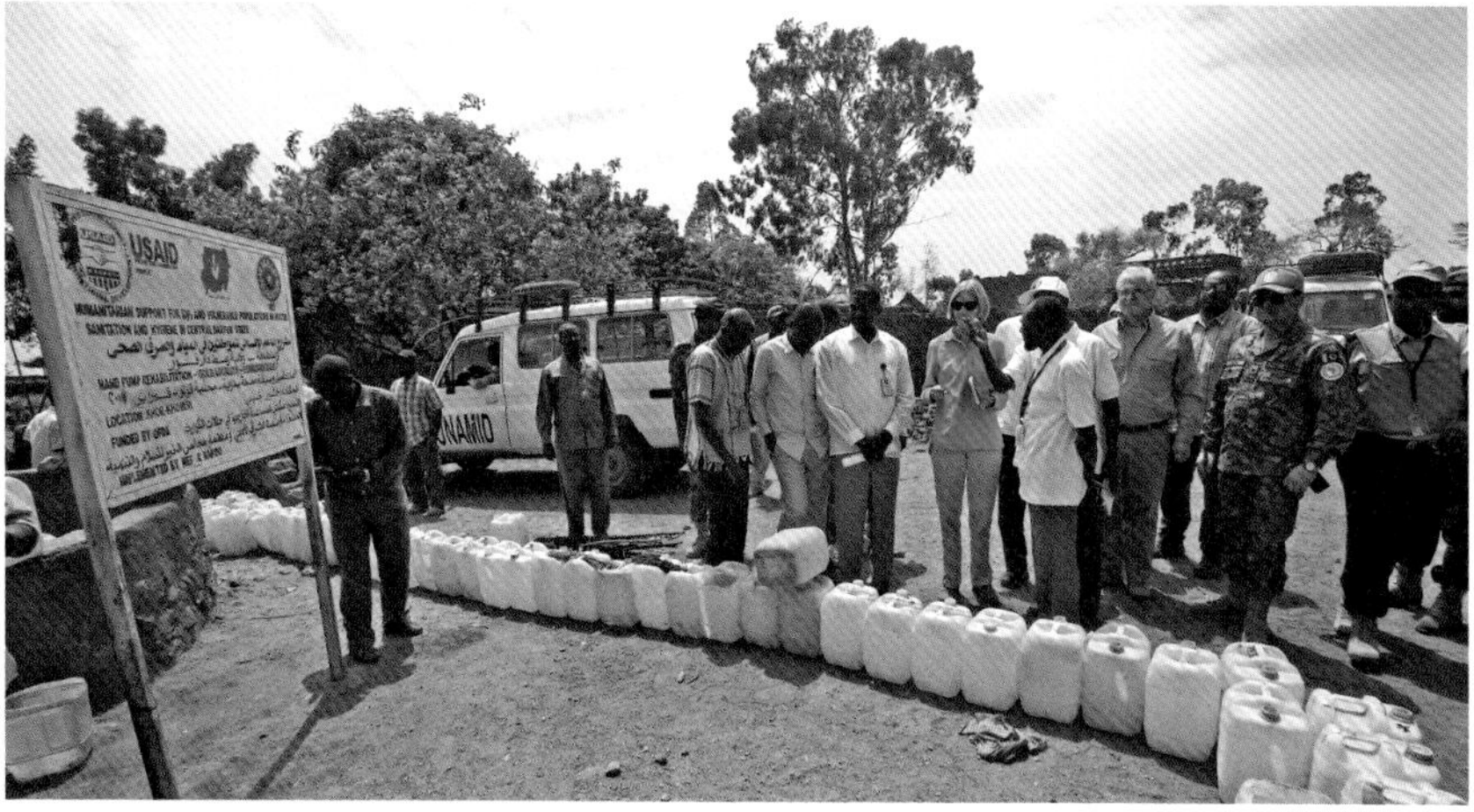

戦争で荒廃したスーダンの中央ダルフール州ゴロで、米国国際開発庁の支援をうけて進められている給水ポンププロジェクトを視察するアメリカの関係者（2017）

気候変動によって2050年までに国内での移動を余儀なくされる人の数

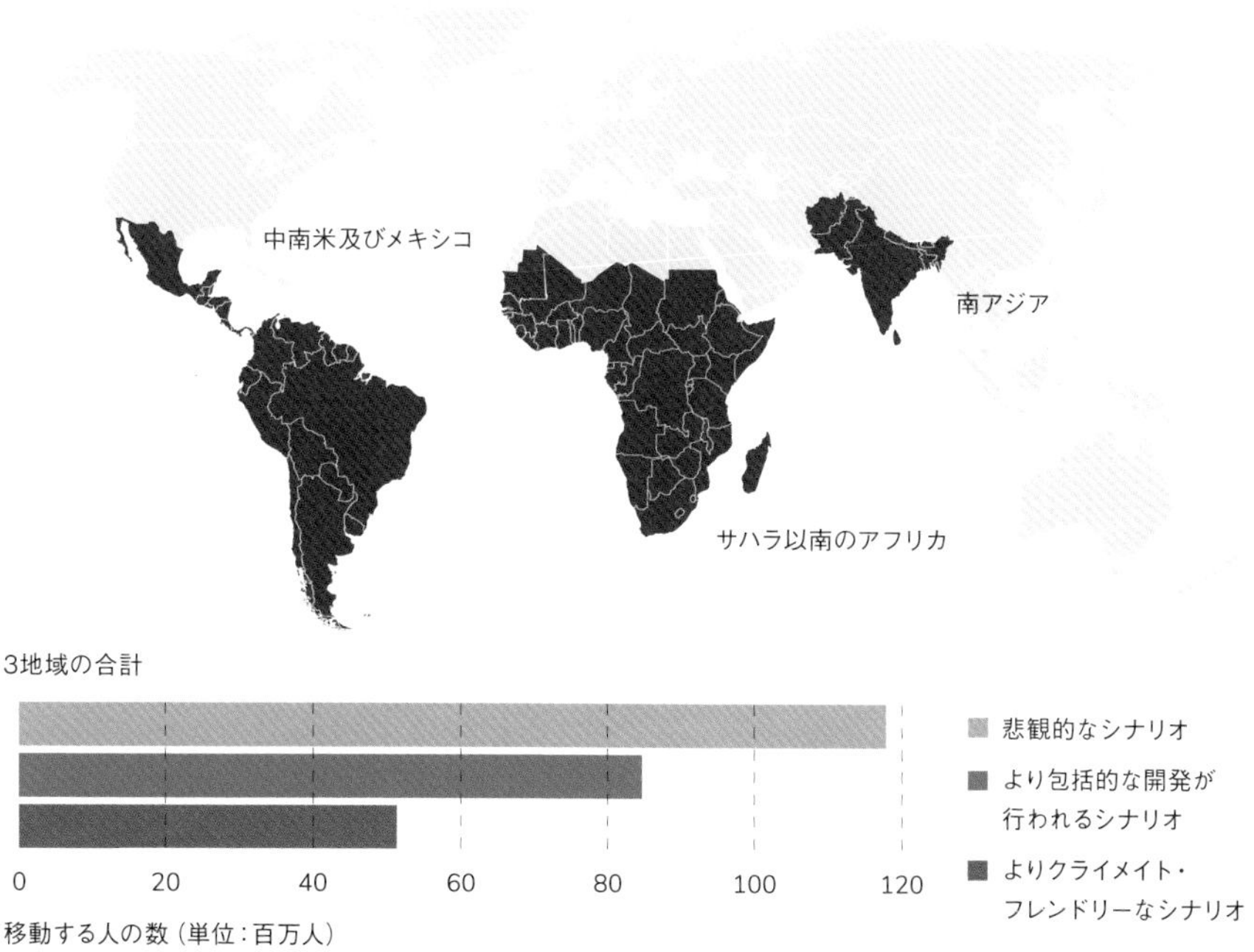

第39章 ツーリズム 移動とその不満

本書では、移住の定義（定住や就業を目的に人が移動すること）にしばられることなく、さまざまな形の移動について論じてきた。その点からいうと、ツーリズムは極めて大きな、そして急速に拡大している人の移動の1つである。第二次世界大戦直後には世界の海外旅行者数（到着ベース）は1500万人程度にとどまっていたが、2030年には18億人に達するものとみられている。

ツーリズムはデジタルメディア産業、石油産業、自動車産業に並ぶ、世界の合法的巨大産業の1つである。世界観光機関によると、世界の10人に1人が旅行・観光に関わる仕事につき、世界のGDPの約10％をツーリズムが占めている。北アフリカで治安の悪化から旅行者数が減少したり、2008年の世界金融危機で世界的に旅行者数が落ち込んだりすることはあった。だが、そうしたケースを除くとツーリズムは堅調な伸びをみせ、2017年には海外旅行者数が13億人に達した。

旅行には多数のプラス面がある。旅行者はそれまで知らなかった風景や文化、料理を楽しみながら余暇を過ごすことができる。貧しい国にとって旅行者は外貨をもたらしてくれる存在であり、ホテル、レジャー業界で雇用が生まれる。第二次世界大戦前は、海外旅行をするのは基本的に富裕で教育レベルの高い層に限られていた。しかし、人々が豊かになり、旅へのあこがれが高まって、1950年代に入ると、とくにヨーロッパとアメリカで、大衆の間にも海外旅行が広まりはじめた。イギリスやドイツではパッケージツアーや安価な航空券が人気で、多数の旅行者がスペイン南部をめざした。比較的富裕な北欧の労働者も、国内をトレーラーハウスでめぐっ

ヴェネチアに到着したクルーズ船、クラウン・プリンセス

たり、不安定な天気を気にしながらキャンプをしたりするのをやめ、陽光の輝く温暖なイベリア半島のリゾート地で休暇を過ごしはじめた(1)。

パッケージツアーは、しばらくの間は、誰にとっても都合のよいものに思えた。旅行業者は繁盛し、航空会社は飛行機が満席になり、旅行者は日々の生活から逃れられる。ホテル経営者やサービス業従事者はシーズンになると大いに稼ぎ、ほぼ年中潤うところもあった。ところが、旅行者の数が急速に増加するにつれ、こうした人の動きのマイナス面が見えてきた。地元住民を蚊帳の外においたまま、頼りない、あるいは腐敗した地方自治体がホテル建設をどんどん認可し、政府は雇用の創出に力を入れた。旅行会社、開発業者、外国航空会社の思いのままという状況になっていったのだ。

ツーリズムとサステナビリティ

船旅やバックパック旅行、安価な個人旅行が増え、Airbnbのような民泊予約サイトも登場し、観光地には、町の人口をはるかに超える旅行者がやって来るようになった。スペインを訪れる人は2017年だけで8200万人に達し(同国の人口は4700万人足らずである)、人口5万5000人のヴェネチアは毎年2000万人の観光客を受け

国際観光の拡大

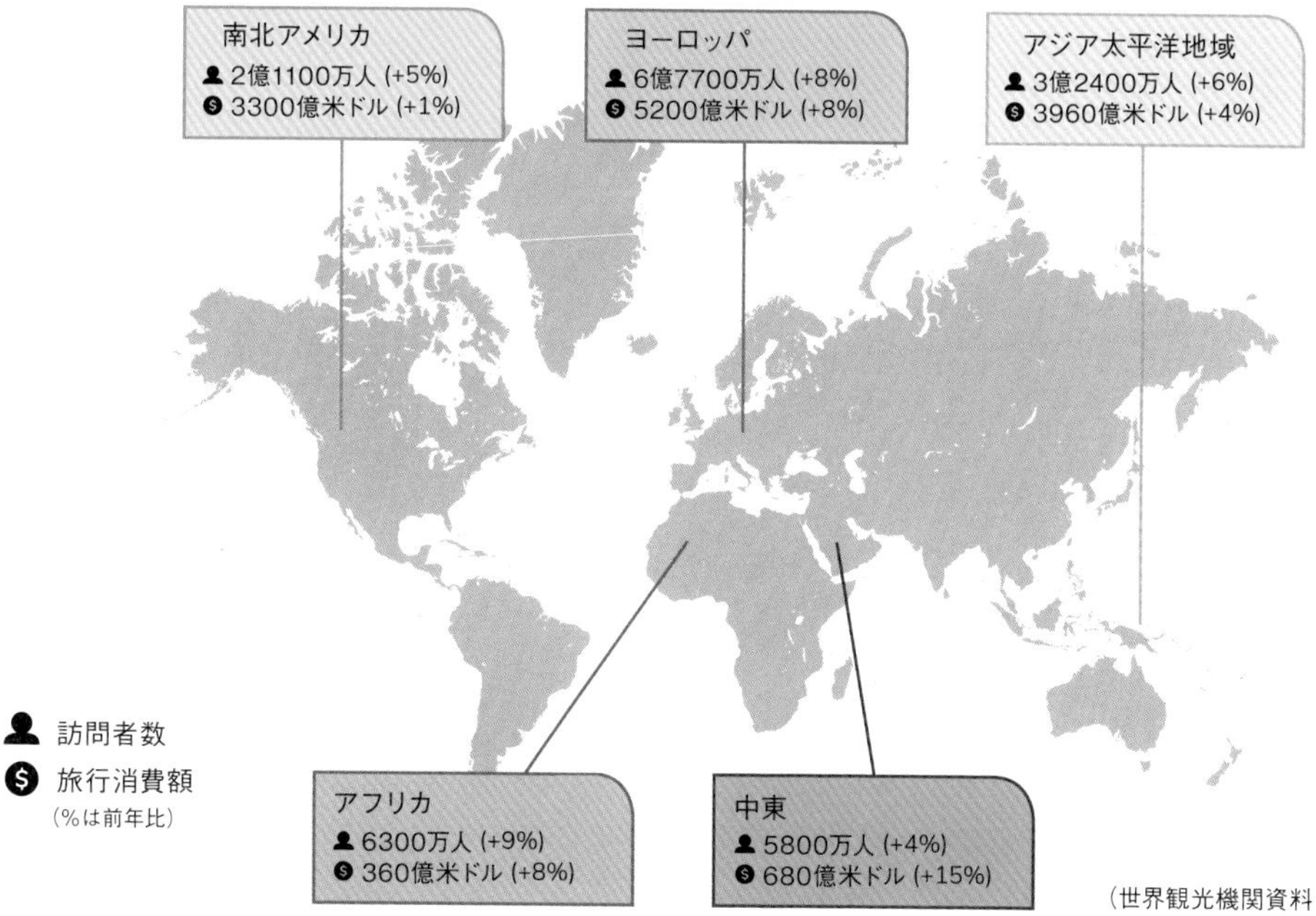

(世界観光機関資料〈2017〉)

アパートが旅行者の宿になっていることに抗議して浜で垂れ幕を掲げるバルセロナの住民（2017）

入れなければならない。訪問客がここまで増えると、地元にはさまざまな弊害が及ぶ。２０１４年ごろから多数の人気の観光地でツーリズムに反対する落書きや抗議行動を見かけるようになったのもよく理解できる。

１９７０年代以降、開発の専門家やプランナーは野放し状態のツーリズムの危険性に気づき、リゾートホテルを建設するのではなく、地方で地元の宿泊施設を利用する観光を奨励してきた(2)。実際、「サステイナブルツーリズム」、「エコツーリズム」、文化遺産や自然遺産を観光資源として利用する「ヘリテージツーリズム」を導入している地域は多い。台湾はこうした取り組みを早くから推し進めてきた国の1つで、「コミュニティ主体のツーリズムが持続可能な開発と環境の保全につながっている。コミュニティ主体のツーリズム、とくに農村、漁村、先住民居留地における地域住民による観光開発は、現在の台湾政府の方針でもある」(3)。

だが、持続可能な観光はいつまでたっても達成できそうにない。好調な経済を背景に中国の中産階級の人々は、かつてヨーロッパやアメリカの観光客がたどったのと同じルートで観光地をめぐり、大金を落としていく。

旅行者の流れは止めようがなく、有名な観光地のなかには被害をうけるところが出てきている。ペルーのマチュピチュでは石の表面の劣化やごみの投棄が問題となり、オーストラリアのグレートバリアリーフでは日焼け止め化粧品によるサンゴの白化が進んでいる。そして、さらに事態を悪化させているのが、

中国人旅行者の旅行消費額はとびぬけて多い

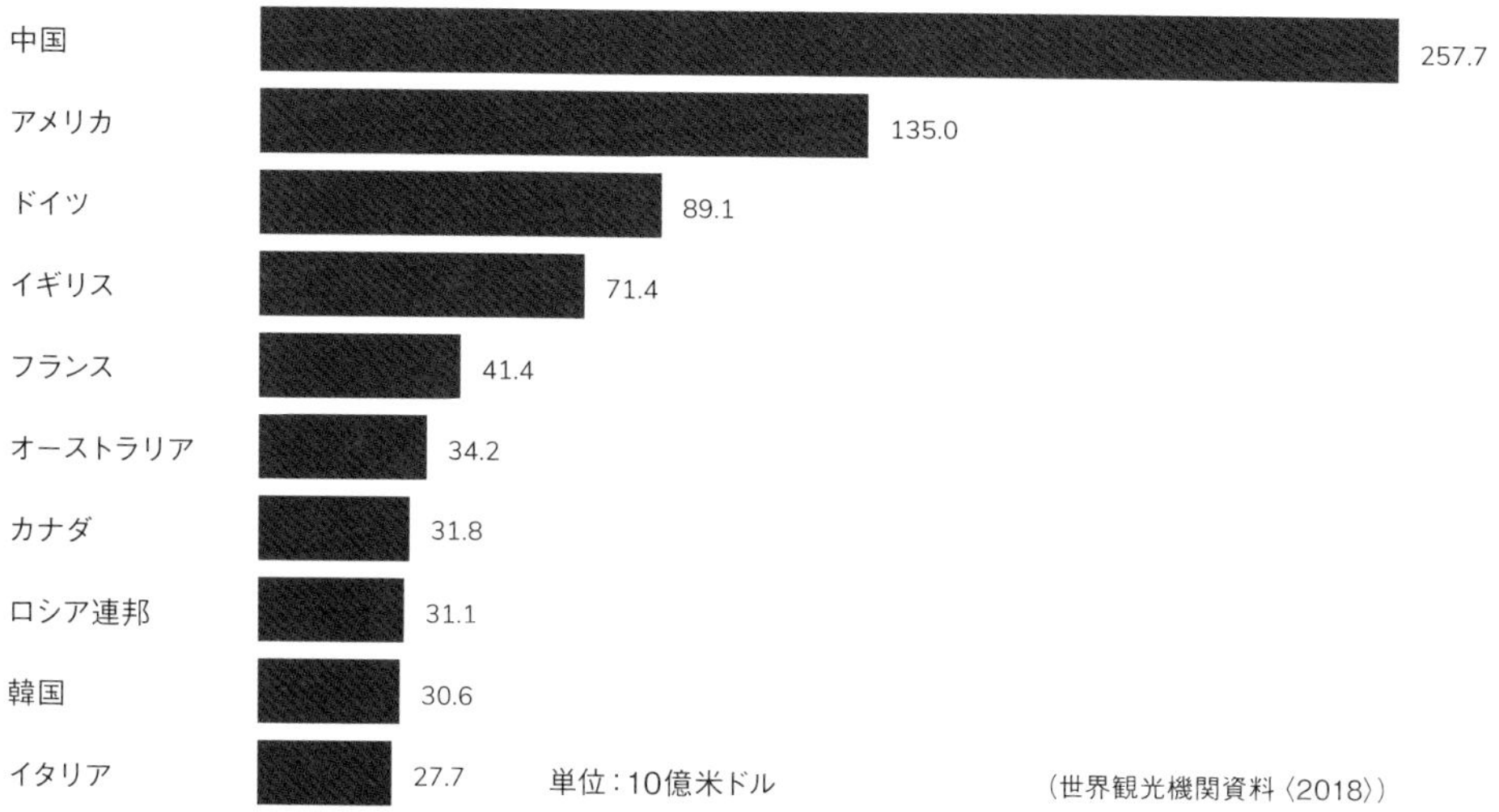

自分の利益しか考えない旅行業者である。「最後のチャンス」と銘打って、アマゾンの熱帯雨林やフロリダのエバーグレーズを消滅前に訪れるツアーや、全島が水没しないうちにモルディブにいくツアーを売り出しているのだ（4）。観光客は壊れやすいエコシステムを脅かし、国の史跡や宝を「台無し」にするだけでなく、長く保たれてきた文化的価値観や慣習を損なうケースも多い。保守的な社会にとって、酔っ払って裸になる旅行者は大きな問題である。だが、これとは対照的に、タイなどでは性風俗店の利用が「旅行者に人気で、評判のよいガイドブックでも赤線地区が紹介されている」（5）。信頼できる最新のデータを入手するのはむずかしいが、タイには20～30万人のセックスワーカーがいるというのが大方の見方で、その多くは外国人を相手にしている。ツーリズムは、功罪をあわせもっている。

ロンドンのチャイナタウンで写真を撮る中国人旅行者。後方に場違いな「トーキョー・ダイナー」が見える。

第40章　子どもと移動

難民に占める子どもの割合は高く、少数派ながら、移民のなかにもかなりの子どもがいる。子どもは声を上げることができないケースが多く、3000万人を超える子どもの移民がどんな問題をかかえ、どのような経験をしているのかはほとんどわかっていない。

子どもの難民がおかれた状況について論じられることはこれまでほとんどなかった。だが、彼らの人権問題を取り上げる弁護士や調査報道ジャーナリスト、社会政策の専門家はいる。そして今、受け入れ国の福祉関係の機関や担当局で、親に伴われない子どもや、親と離れてしまった子どもにどう対応するのかについて関心が高まっている。子どもは自分が移民ではない場合にも、移住の影響を大きくうける。親が仕事を求めて遠い土地に行き、家族の他のメンバーに子どもが託される場合は、とくに影響が大きい。本章ではまた、幼少期に親に連れられて不法入国した若者や、不法滞在者の親のもとに生まれた若者の立場についても考えてみたい。

世界の子どもの移住者

国連の発表によると、2017年の世界の移民数は2億5800万人、そのうち3000万人が子どもだった。だが、この数字は誤解を招く恐れがある。2013年に中国では2億4500万人が国内移住をし、そのうち3600万人が子どもだったのだ。似たような状況はインドでもみられる。信頼できる最新のデータは2007～08年のものだが、そのときの子どもの国内移住者数は1500万人だった(1)。

子どもの大半は当然、一方の親か両親に連れられて移動する。しかし、家を離れ、困難な旅を続け、新しい環境に慣れなければならないのは、彼らにとって大きな負担である。難民の場合はなおさらだ。ハーバード大学の心理学者、ヴァシレイア・ディジディキがギリシアのレスボス島の難民キャンプにいる中東の子どもたちを対象に行った調査がある(2)。それによると、多数の子どもが不眠症になり、夜尿症や悪夢を経験していた。これらはすべて「明らかに心的外傷後ストレス障害の症状である」。子どもたちの多くは、あとに残してきた家族が亡くなる、旅の途中で家族を亡くすという経験をしていた。なかには、親がトラウマをかかえているのを自分のせい

年齢別海外移住者数　1990～2017年

18歳未満の子どもの割合を示した

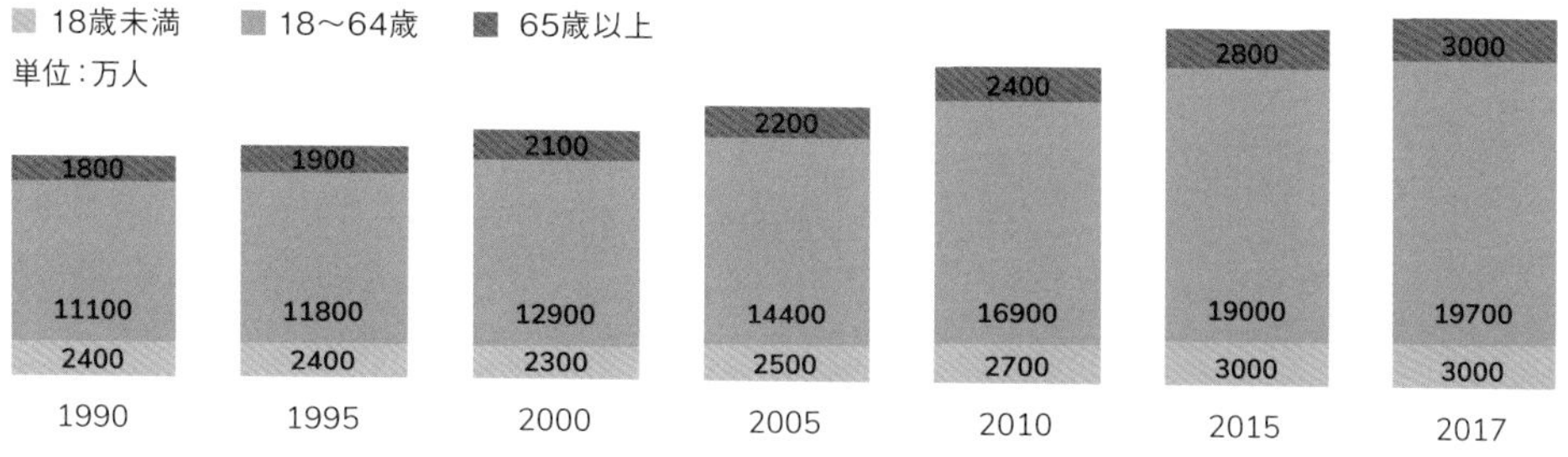

ギリシア、イタリア、スペイン、ブルガリアに到着した移民の構成　2017年

親に伴われている子ども、親に伴われていない、もしくは親と離れた子ども、の割合を示した

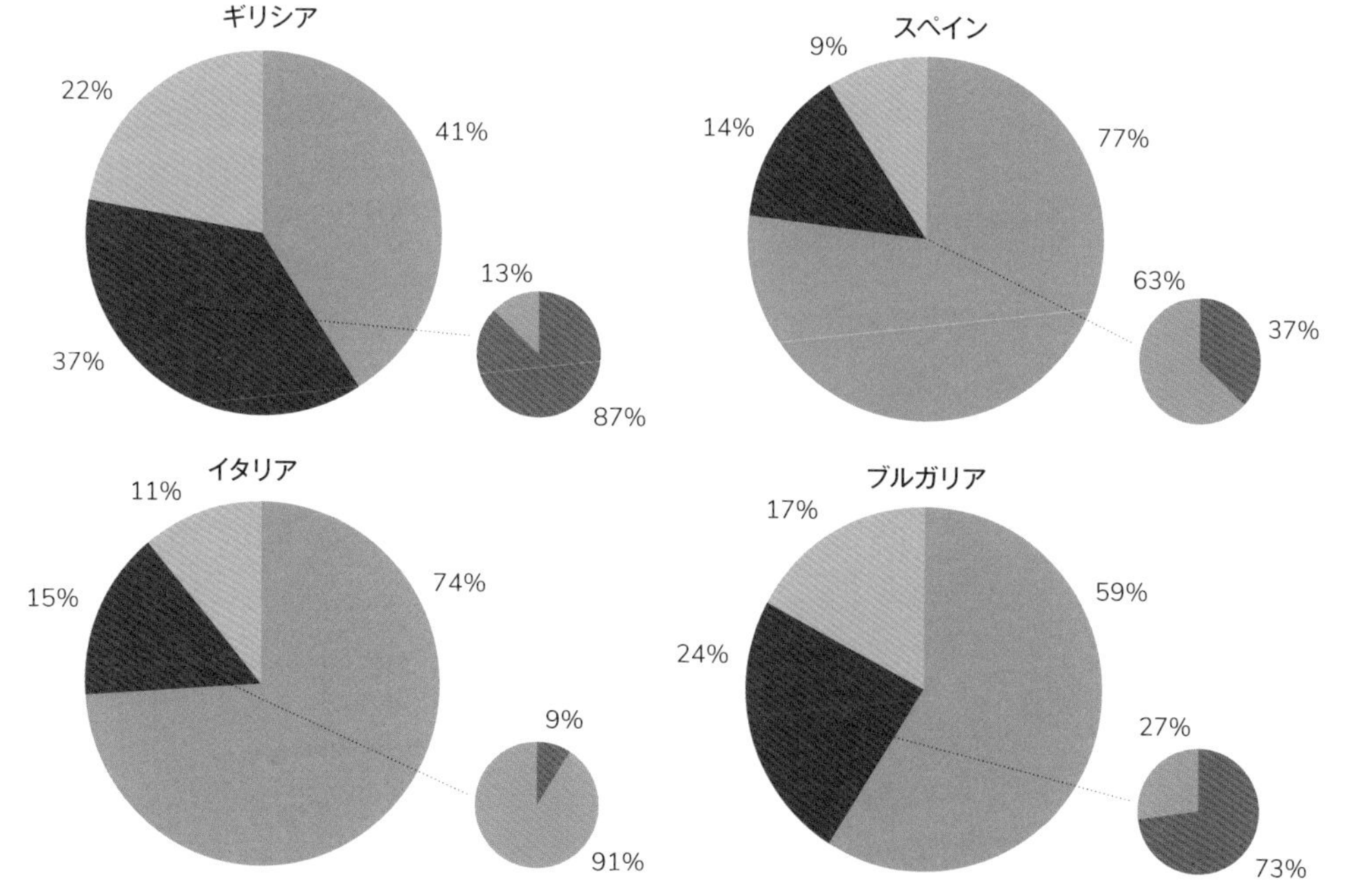

だと感じている子どももいた。

だが、子どもたちは島でプラスの経験もすることができた。拘留センターではなくオープンな収容施設にいたおかげで、ある程度、普通の暮らしができ、母国語と、通過国、最終目的国の言葉（ギリシア語、ドイツ語、英語）で教育をうけることも可能だった。そして、難民の子どもと地元の子どもが一緒に遊ぶことで、難民の子どもは心が癒され、地元の子どもは外国人を恐れたり非難したりする気持ちが和らいだ（3）。

アフリカや中東から地中海やバルカン半島を経由して大量の移民がヨーロッパに押し寄せた移民危機は、2015～17年にピークに達した。このとき親に伴われていない、あるいは親と離れた多数の子どもはたいへんな思いをし、今も情緒障害がある、法的問題をかかえているというケースは多い。

置き去りにされた子どもたち

子どもは、自分が移住しなくても、親が移住すると大きな影響をうけることがある。中国を例にとってみよう。中国では戸籍制度（第23章参照）によって、都市の住民と農村の住民が区別されており、農民が都市に出ても、医療や教育面で都市の住民と同じサービスをうけることはできない。そのため、子どもの大半（2013年は7000万人）は村に残されることになる。村で世話をしてくれるのはたいてい祖父母だが、祖父母は孫を学校まで連れていけないことが多い。2013年には農村部の子どものほぼ10人に4人が、両親が都市に移住して家にいない、あるいは片親しか家にいない状況だった。

親が子どもを「置き去りにして」海外に移住すると、問題はさらに深刻かもしれない。ラトガース大学のカティ・コーが、ガーナで、親が外国に移住した、トウィ語を話す子どもを対象に調査を行っている。子どもたちは家族が一緒に住めないことに対する悲しみを「ファミリー」という英語を使ってはっきりと表現した。トウィ語にもファ

中国の農村の学校に通う「置き去りにされた」子どもたち。学校に通うことができても、不安を感じやすく、成績はふるわない（2016）

ミリーとほぼ同じ、一族を意味する語はあるが、それは使わなかった。欧米やアジアの核家族という形態を受け入れたのだろう。彼らは親戚の世話をうけていたが、世話の仕方に対して不満をあらわにする子どもが多かった。親が自分のために送ってくれたお金が、親戚の子のために使われていると訴える子どももいた（４）。

アメリカのドリーマー

「ドリーマー（DREAMer）」とは、アメリカに住む、法的には「外国人」の未成年を指す言葉である。おかしな呼称だが、この語は２００１年に民主党の２人の上院議員が提出したＤＲＥＡＭ法（Development, Relief, and Education for Alien Minors Act）から生まれた。アメリカで不法移民の親のもとに生まれた子どもに対して市民権取得への道を開く法案だったが、通過せず、その後も何度も審議されたものの、成立には至っていない。トランプ政権は厳しい移民政策を進める方針であることから、ＤＲＥＡＭ法が修正なしで、近い将来、議会を通過することは考えにくい。

アメリカの２０１９年の不法移民数は１１３０万人で、ドリーマーは３６０万人と推定されている。オバマ政権では、児童期入国移民送還延期措置によって１８０万人のドリーマーが退去処分をうけずに済んだ。本書の執筆時点では、ドリーマーに関する問題に決着をつけるため、議会の代表とトランプ大統領の交渉が続いているが、大統領は保護延長と引きかえに、国境の壁（第41章参照）の建設費の予算計上を要求している。幸い、ドリーマーはよく組織化され、市民権を求めるキャンペーンは国民からかなりの支持を得ている。また、ラテンアメリカ出身の移民の多くはカトリックであり、この点や、倫理的理由からも、カトリック教会はドリーマーを強力に支援すると表明している。

DREAM法を支持し、ロザリオを手に祈りながら抗議行動をするカトリック教徒、ワシントンDCのキャピトル・ヒル（2018年2月27日）

第41章 壁は機能するのか 国境と人の移動

壁を築けば移民の流入を防ぐことができる。2016年のアメリカ大統領選ではこの発想が大いに注目を集め、ドナルド・トランプに煽られて、彼の支持者は「壁を築け」と連呼した。メキシコとアメリカの国境を越えて入国する不法移民を防ごうというのだ。

世界の多数の地域でフェンスや障壁、壁が築かれるようになった。これはナショナリズムの復興の現れである。国境を越える人や商品、ドラッグの動きを取り締まるために、安全確保という名のもと、同じような障害物が各地にもうけられた。4096キロメートルに及ぶインドとバングラデシュの国境に立つフェンス、ハンガリーとクロアチア、セルビアとの間の壁（2015年に建設が始まった）、イスラエルとパレスティナを隔てる分離壁。モロッコと西サハラの間には珍しい砂の壁が築かれ、地雷が埋められている。モロッコにあるスペインの小さな飛び地、セウタとメリリャは、EUにとって、アフリカと地続きになっている唯一の場所で、そこには人を威嚇するようなフェンスが張り巡らされている。ある著作によると、1989年のベルリンの壁崩壊後、2016年までに、壁は15から65と4倍以上に増え、40カ国に広がっている(1)。

こうした（一般用語を使うなら）「壁」は、地理的、社会的に複雑な事情が絡み合う場所に存在する。たとえばインドとバングラデシュは2015年に、自国内にある相手の領地と、相手国にある自国の領地を交換した。そうした飛び地は162カ所に及び、そのなかには「何とも奇妙な、世界でここだけの『飛び地の中の飛び地の中の飛び地』も含まれていた。バングラデシュ領のなかにインドの飛び地があり、そのインドの飛び地のなかにバングラデシュの飛び地があり、さらにそのバングラデシュの飛び地のなかにインドの飛び地があったのだ」(2)。イスラエルとパレスティナの間の「分離壁」も1967年の第3次中東戦争以前に定められた境界線に沿って建てられているのではない。境界線と一致する壁の長さは全体の15％にすぎないのだ。イスラエルによってつくられたこの壁は、ユダヤ人入植地を取り込むように曲がりくねって進み、複数のパレスティナ人の村を分断して、彼らをイスラエル側に孤立させることとなった。その長さはグリーンラインの2倍になる。グリーンラインとは、

〔一般には都市と自然との境界線の意味だが、固有名詞としては〕1948〜49年の第一次中東戦争後に定められた境界線のことである。

トランプの壁

トランプ大統領の壁はこうした囲い込みという一般的な動きの一部にすぎないが、支持者の心をつかみ、マスコミもこの話題を追い続けている。当初の壮大な構想はトーンダウンし、最近は、リオグランデ川や山岳地帯など、自然の障壁があるので、壁は全長3145キロメートルの国境の半分を少し上回る程度になるとされている。トランプの壁は実際的ではないと反対する人は多い。当初の見積もりでは40億米ドルだった建設費が、今は5倍以上に膨れ上がっている。壁が大統領の1期目に建設されるかどうかは疑わしい。トランプは、費用はメキシコが負担すると折にふれて述べているが、それが実現するとはとても思えない。

しかし、最も重要なのは、トランプの壁がメキシコとの国境を越えて入国する不法移民の流れに歯止めをかけるかどうかだ。大幅な減少はむずかしいと思われるが、それには多数の理由がある。まず、アメリカには不法滞在者が1100万人程度いるとみられている。だが、メキシコ出身者はその半分に満たない(3)。次に、不法滞在者が全員、不法にアメリカに入国したと考えるのは誤りである。「オーバーステイ」とは、合法的に入国し、ビザの在留期限が切

ベルリンの壁は東ドイツから西ドイツへの人口流出を抑えるために建設された(1961年6月6日撮影)。28年間存在したこの壁にならうようにして、今日、人を隔てるさまざまな壁が築かれている。

れてもそのまま滞在することだが、2014年までの不法滞在者総数の42%はオーバーステイをしている人々で占められていた。こうした人は増える傾向にある。2014年だけをみると、その割合は66%にもなるのだ(4)。

トランプの壁が建設されたとしても、効果が限られていることは、これらの数字をみれば明らかである。だが、トランプは「壁がゼロ」の状態からスタートするわけではない。壁はすでに一部あり、彼はその強化を提案しているのだ。したがって、国境地帯で徐々に進められてきた壁の建設と警備の強化によって、過去20年の間にどのような変化が生じたか、私たちは実際に知ることができる。これを入念に調査してまとめ上げたのが社会学者のダグラス・マシーだ(5)。壁や警備強化の影響は、越境ポイントの変化という形で現れている。従来のエルパソやサンディエゴに代わって、ソノラ砂漠のような場所から密入国を試みる人が増えているのだ。こうしたポイントからでもアメリカへの入国には成功するが、以前より危険で、費用もかさむようになった。密入国の手引きをする「コヨーテ」と呼ばれる業者が高い請負料を吹っかけ、懐を肥やしている。そして、入国した人はそのままアメリカにとどまり、メキシコに戻ってまた、国境を越えようとはしなくなっている。移民が国境を越え、母国に帰り、再び国境を越えるとしたら、その理由は何か。それは、19世紀以降、1つの巨大な経済圏が形成されてきたからだ。行き来が普通に行われ、メキシコ人は退職した親戚の世話をする、結婚式に出席するなど、さまざまな理由でメキシコに戻った。壁を築いて労働者の移動をさらに厳しく取り締まれば、一度国境を越えたら元の土地には帰らない人が増え、不法移民を防ぐどころか、抱え込むことになる。マシーによると、不法移民が最初の入国後12カ月以内に帰国する確率は1980年には48%だったが、取り締まりの強化で、2010年には0%になっている。

なぜ壁を建設するのか

壁やそれに類する障壁は移民の流入抑止に何の効果ももたないと言

ヨルダン川西岸地区のパレスティナとイスラエルを隔てる分離壁

トランプ大統領の国境の壁（2017年時点）

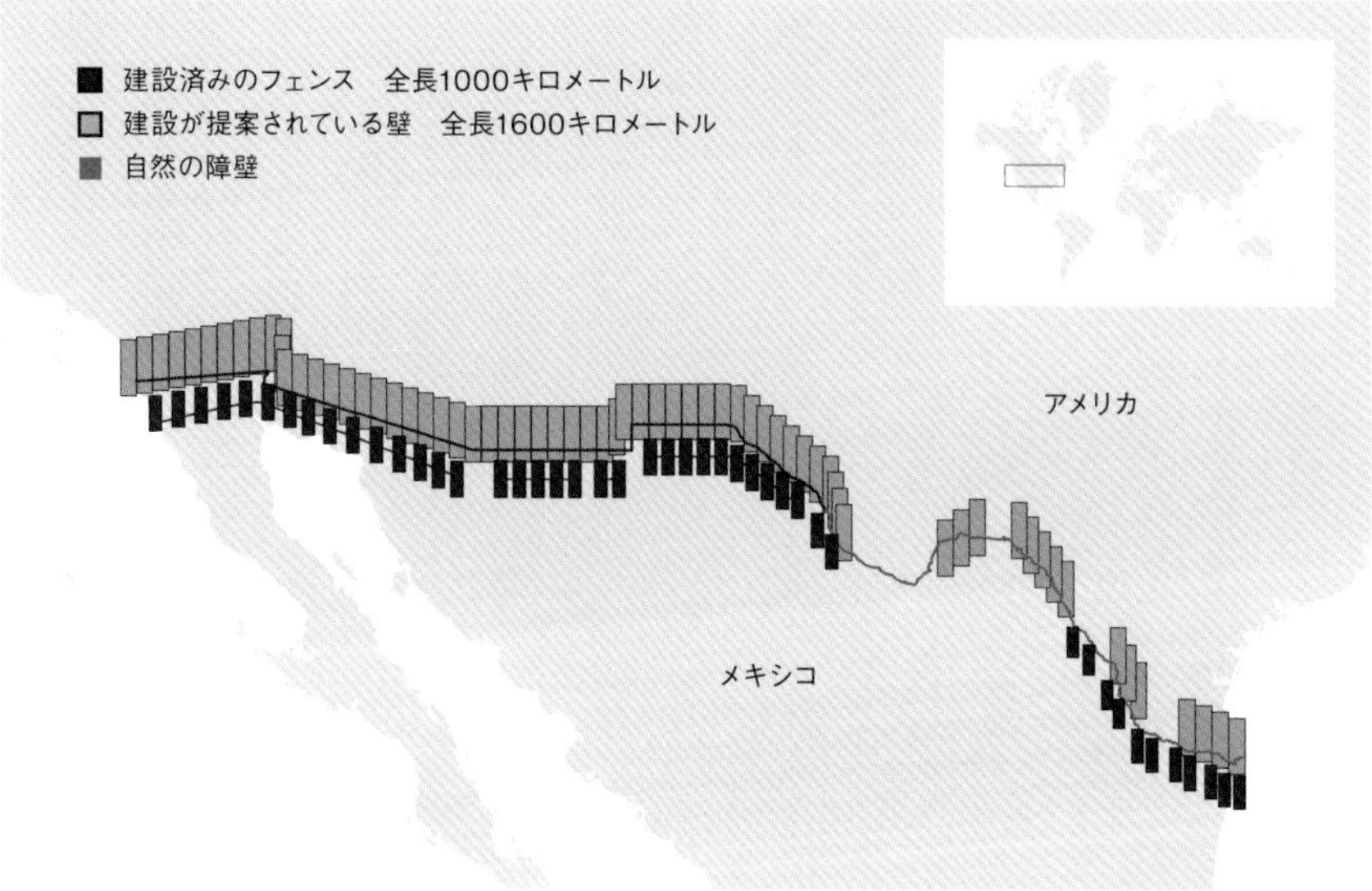

うと、言いすぎかもしれない。しかし、その有効性は過大評価されることが多い。アメリカとメキシコの場合なら、アメリカで得た収入を簡単に送金できるようにする、税制上の優遇措置をもうける、メキシコ政府と協力して帰国者の投資を促進するなどの方法で帰国を促すほうが、壁を築くよりはるかに効果的である。ということは、壁は何か他の理由で、たとえば、外国人に対する国民の長年の怒りを和らげるために、建設されているのかもしれない。トランプ大統領の言う「大きな美しい壁」は、「こちら側とあちら側」という考え方をはっきりと目に見える形で表す。社会学者のレイチェル・バスブリッジは、イスラエルとパレスティナの分離壁を取り上げ、壁は「国のパフォーマンス」であり、あるスペースが「私たちのもの」だと声高らかに宣言するためのものだと言う。そして、壁はまた「力の差を見せつけるものでもあり……その存在がそれぞれの側の国民の思考や心理にさまざまな影響を及ぼす」と説明する(6)。壁は強力なメッセージになる――「ここに来てはいけない」というだけでなく、「私たちは思い通りにすることができる。私たちのほうが力があるのだから」というメッセージも発している。トランプの支持者が聞きたいと思っているのは、まさにこのメッセージである。要するに、ポピュリストのリーダーにとっては、移民規制をするより、移民規制をしていると見せかけるほうがはるかに重要なのだ。

第42章　拘留と送還

ドイツの哲学者、イマヌエル・カントは『永遠平和のために：哲学的考察』（1795）で外国人の来訪目的が貿易など、平和的である限り、国は進んで国境を開くべきだという議論を展開し、評価されている。だが、国民国家は国境の治安維持のために警戒を強化する権利ばかりを主張するようになった。

国は、許可なく国境を越えて入国する移民の流れを食い止めようとする。そして、入国の条件に違反している移民には、拘留、送還という措置を講じようとする。最もよくある違反は「オーバーステイ」、つまり、合法的に入国し、ビザの在留期限を超えてもそのまま滞在する不法残留だ。入国前の犯罪歴を隠す、市民権や永住権を取得する前に罪を犯すなどの違反もある。違反がわかると送還される、あるいは、少なくとも送還すると脅されるケースが多い。

拘留

移民はさまざまな理由で拘留される。偽の書類を使用したのかもしれないし、入国時に渡航目的を偽ったのかもしれない。拘留されている人々のなかには、認定を待つ亡命希望者、有罪判決をうけた犯罪者、あるいは、オーバーステイをして送還される人もいるだろう。拘留し退去させるケースは、過去20年で大幅に増加している。ジュネーブに本部をおくＮＰＯのグローバル・ディテンション・プロジェクトによると、世界には１２５１もの拘留センターがある。このなかには、「収容センター」「移民施設」「被行政拘留者のための特別退去センター」など、名前からは実態のよくわからないところもある。だが、すべてに共通しているのは、目立たないように設置されている点だ。拘留されている人は中途半端な立場にあり、出身国からも滞在国からも通常の保護措置をうけることはできない。こうした施設にいかに多くの人が収容されているかは、アメリカにおける1日の平均拘留者数をみればわかる。その数は１９９４年以降7倍に増えているのだ。

多数の国で収容者数が増え、人権侵害を心配する人々が抗議の声を上げるようになった。主な問題は2つある。まずは、施設そのもの。そうした施設の多くは刑務所、あるいは、もと刑務所だったところで、家族や授乳期間

アメリカにおける1日の平均拘留者数
1994～2019年度

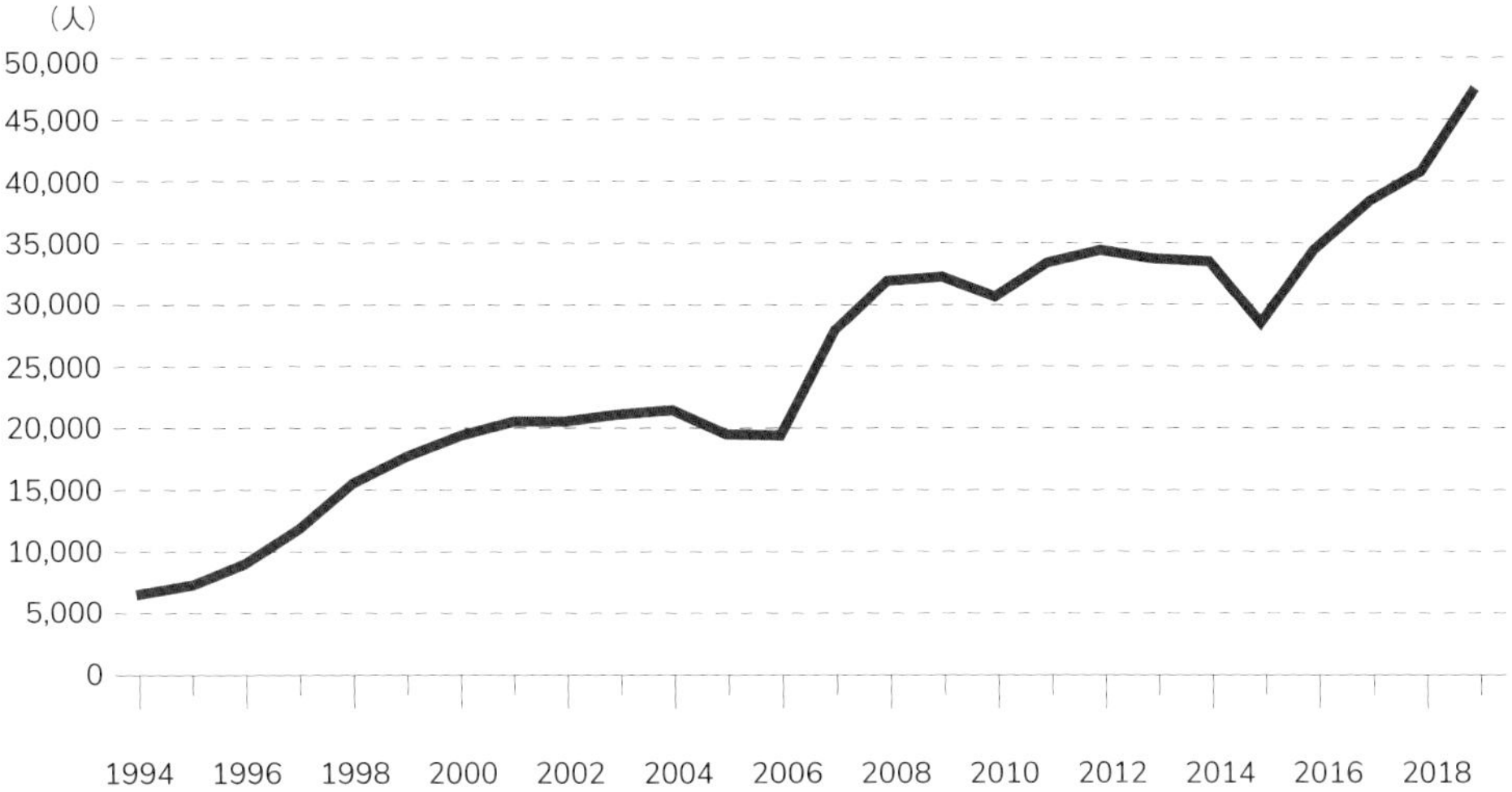

マヌス島とナウルに設置された移民収容所の閉鎖を求めて南オーストラリア州の議会まで行進した人々、オーストラリア、アデレード(2017年4月9日)

中の母親、亡命希望者にはふさわしくない。オーストラリアは国外のナウルとマヌス島に拘留センターを設置しているが、これに対する批判の声はとくに高まっている。

２つ目の問題は、財政的理由からか、考え方の問題なのか、拘留センターの運営が民間の業者に委託され、公的機関の目は行き届かず、法的な説明責任も果たせない状況にあることだ。ドーラ・シュリローがこの問題をとり上げている。シュリローはオバマ政権下で移民関税執行局（ＩＣＥ、国土安全保障省の1局）の拘留政策企画室（Office of Detention Policy and Planning）室長を務めていた。彼女はトランプ大統領の移民政策に批判的だが、オバマ政権の寛容な政策も問題がなかったとはいえないことを認めている。そして、人権侵害を防ぐために、民間に業務委託した拘留所はＩＣＥの厳しい監督下におき、家族はそこに収容すべきでないと論じている(1)。

送還

送還される移民がどれくらいいるかを知ったら、移民研究を行う学者も含め、多くの人が驚くはずだ。政治学者のマシュー・ギブニーによると、アメリカでは１９９７～２００７年に２００万人以上の非市民が本国に送られた。２００９年には、1年間で40万人もがこの処分をうけている。イギリスでは１９９７～２００７年に40万人以上が、ドイツでは２０００～０５年に13万人

ICEエアのフライトマップ　乗客は手錠をしている

ICEエア・オペレーションズは不法移民の国内移送やチャーター便による送還の手配をする。
地図には毎週便のあるルートを示した。

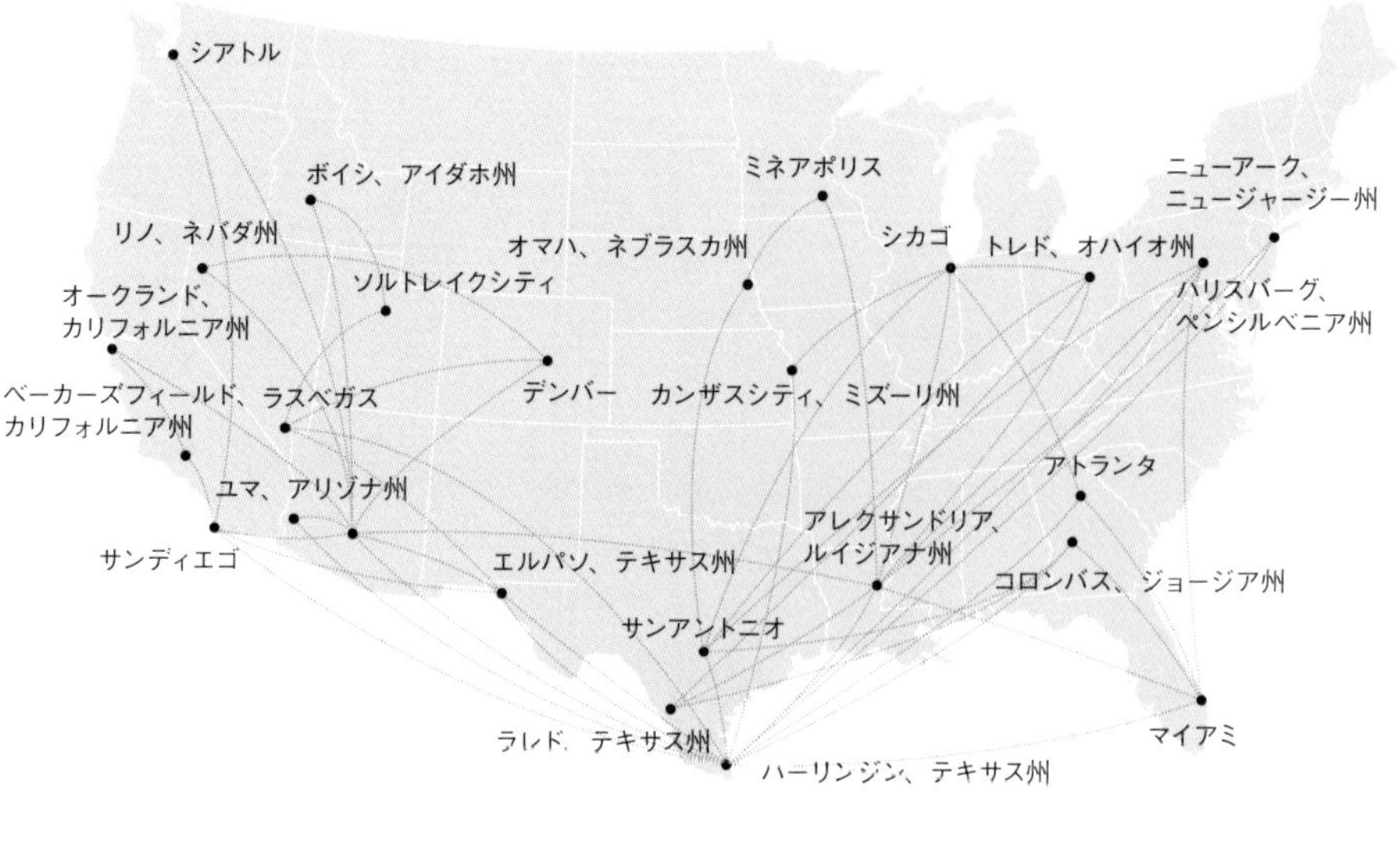

トラックを使った自発的な帰国を促すキャンペーン。ツイッターでは、#racistvanというハッシュタグをつけた投稿がみられた。

以上（飛行機輸送のみ）が送還された（2）。2001年9月11日の衝撃的な事件を機に、アメリカは国土安全保障省を創設した。同省は自動生体認証システムを開発し、1億以上の指紋データを保管している。そこから不法入国が明らかになれば、まず「拘留状」が出され、「極めて効率的」にことが進んでいく。国外退去になる移民は特別チャーター機で別の都市に運ばれ、十分な数が集まると、自国に飛行機で送り返されるのだ。バスで国境を越えることもある。飛行機代の他、燃料、警備、医療などで、2016年には送還の費用が1人あたり1978米ドルに達した。

イギリス

イギリスでは、送還は従来、ほとんど「市民に気づかれない」ように行われてきた。しかし、件数が増えるとそれがむずかしくなり、大きな政治的問題として扱われ、マイナスのイメージを生むようになった。オーバーステイしている人が地域に根をおろし、子どもが近所の学校に通っているような場合は、地元民の反対で送還されないケースが多い。ところが、カリブ海地域出身の住民の場合は、在留資格があるのに即決で退去させられた（第21章参照）。内務省は彼らに対して賠償をしなければならなくなっている。内務省はまた、トラックを使って不法移民に自ら名乗り出るよう促すキャンペーンを張って悪評を買った。地域の警察からは民族間の緊張を煽るという声が上がり、この企画はすぐに打ち切られた。

第43章　人の大移動に対する解決策

難民に対する保護は、1951年の「難民の地位に関する条約」に基づいて行われている。批准国は「人種、宗教、国籍若しくは特定の社会的集団の構成員であること又は政治的意見を理由に迫害をうける恐れがあるという十分に理由のある恐怖」を有する者を庇護することを求められている。

この条約はなくてはならないものであり、とくに「ノン・ルフールマン」（難民もしくは庇護を求める者を、生命または自由が脅威にさらされる恐れのある「危険な」国に送還してはならない）の原則は重要である。だが、人が大移動する今日、多数の人が条約を現状に即したものに改める必要があると考えている。今のままでは、一緒に移動する家族や子どもが十分な保護をうけられないのだ。また、ある集団のおかれた状況が明白な場合は、1人ひとりを難民認定するのではなく、その集団の全員を難民と認めて保護する必要がある。そして、そうした人々を受け入れる国は、条約に基づいて難民を保護する重要な立場におかれている。ところが最近では、多数の政治家が、本当に保護を必要としている人も含め、すべての移民に抵抗しなければならないというプレッシャーを感じており、この条約が公正な検討をするうえで大きな妨げとなっている。そのため、難民が適切な保護をうけられない「保護ギャップ」が生じているが、ギャップという言葉では済まないほど事態は深刻だという人もいるだろう。人の大移動という問題に対する、抜本的で想像力に富んだ解決策が求められている。

大移動という問題

1951年の条約制定後、難民や避難民が激増していることが、国連難民高等弁務官事務所（UNHCR）の発表したデータからわかる（次ページのグラフ参照）。「援助対象者」には4000万人の国内避難民が含まれている。彼らに対する責任はそれぞれの国にあるが、他の多数の難民は運命を他国に委ねるしかない。そのなかには、反移民を掲げる政党が急速に勢力を伸ばしている国もあるだろう。世界全体のデータはないものの、ヨーロッパ13カ国では、2013年1月には12・5%だった反移民政党を支持する有権者が、2018年9月には25%まで増えている（とはいえ、支持者はポーランド、ドイツ、イタリア、ハンガリーに集中している）(1)。おそらく、

難民とその他の「援助対象者」1951～2017年

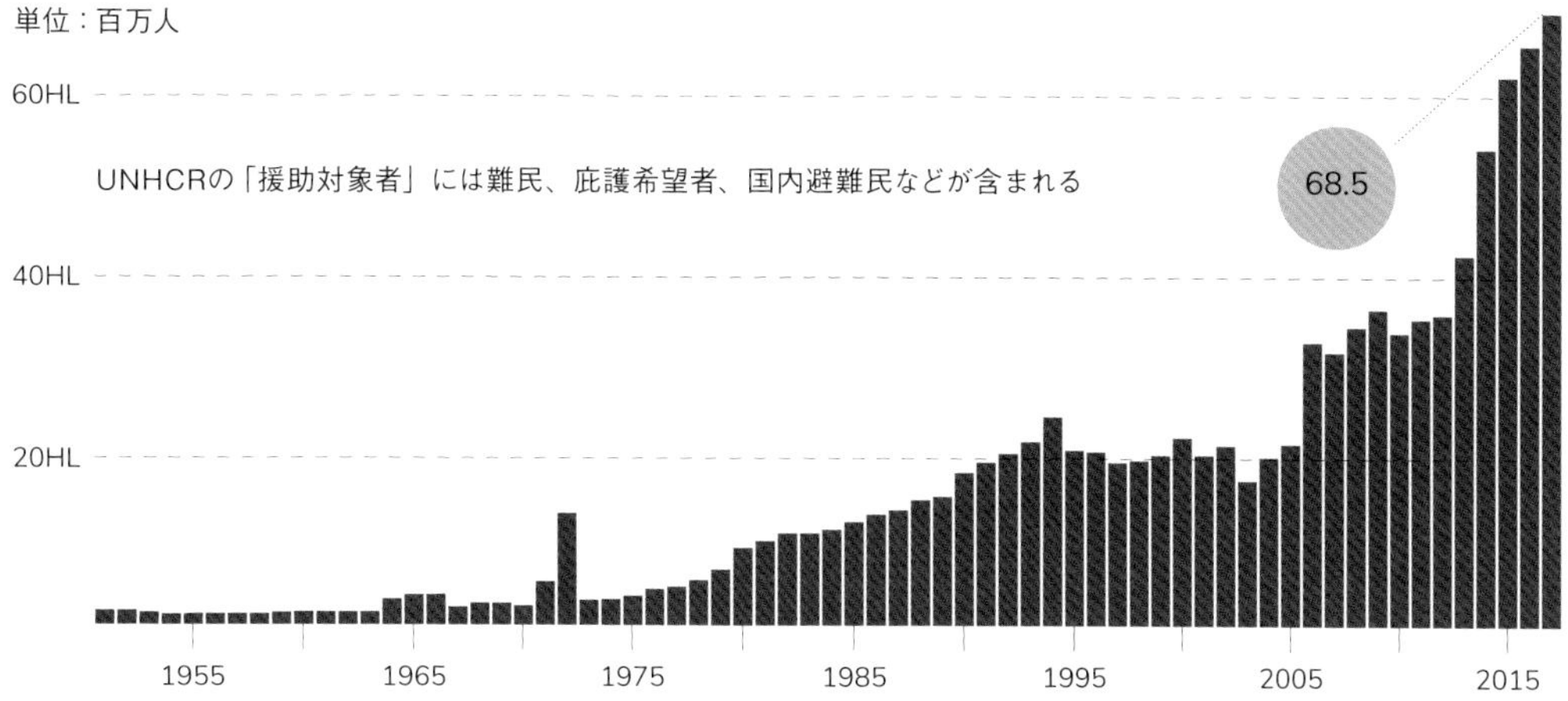

反移民の立場を最も明確に示しているのは、ハンガリーのヴィクトル・オルバン首相だ。ＥＵが決定した難民受け入れの割り当てに対し、彼はこう述べた。「だれと一緒に住みたいかを決めるのは、国民だ。外国人を国民に押しつけることなどできない。だれを受け入れるかは、国民に決めさせるべきではないのか」（２）。

西欧では、ムスリムが多数派の国は、他国のムスリムの窮状に気づかないふりをしていると考えられてきた。だが、それは誤りである。アムネスティ・インターナショナルの２０１７年の報告によると、難民の受け入れ数上位10カ国のうち、６カ国はムスリムの国だった（２１０ページの図参照）。

さまざまな構想

難民に対して寛容な国もあるが、支援物資やサポートはまだまだ不足している。そのため、多数の創意に富んだ幅広い提案がなされてきた。たとえば、島に難民専用の場所を建設する、難民キャンプを都市の原型に変える、国という枠組みにとらわれない新しい統治組織「レフュージア」という政治的共同体をつくり、難民が自治を進める、などの案が出ている（３）。

難民の島

難民のための島というアイデアで最もよく練り上げられているのは「アフリカのなかのヨーロッパ」（ＥＩＡ）だ。これは、チュニジア海台――地中海のチュニジアとイタリアの間の海底にある細長い台地状の地形――に都市国家を建設するというものである。計画では、欧州連合の資金で、海を埋め立てて盛土をし、新しくできた土地をチュニジアとイタリアから99年間リースして、そこに独自のパスポートや憲法、経済、社会システムをもつ新しい国をつくる。発案者は、高い評価をうけているオランダの建築家、テオ・ドイティンガーで、詳細な計画が立てられている。そこにはヨーロッパとアフリカの要素――モロッコのカサブランカにあるのと同じようなモスク、イタリアのローマにあるサン・ピエトロ大聖堂のような教会、イギリスのオックスフォードのような大学、マリ共和国のティンブクトゥのような都市構造など――がとり入れられる。ＥＩＡには15万人住むことができ、浅い傾斜地に土砂を入れて島を大きくすることも可能である。

テントを都市に

２つ目の解決策は、大量の難民が押し寄せる緊急時にもうけられた避難所やテントは一時しのぎのものでしかない、という問題に応えたものだ。長期間のキャンプ生活に、テントは適さない――すぐに破れ、悪天候に弱く、安全やプライバシーなどほとんどない。こうして、標準仕様のテントをもっとよいものにしようという競争が始まった。早くから提案されているのが、フラットパック方式の簡素な家である。当初、火災の危険性が指摘されたが、その問題は解決した。この家をつくっているのは、スウェーデンの有名な家具メーカー、ＩＫＥＡだ。

難民の受け入れ数 上位10カ国　2018年

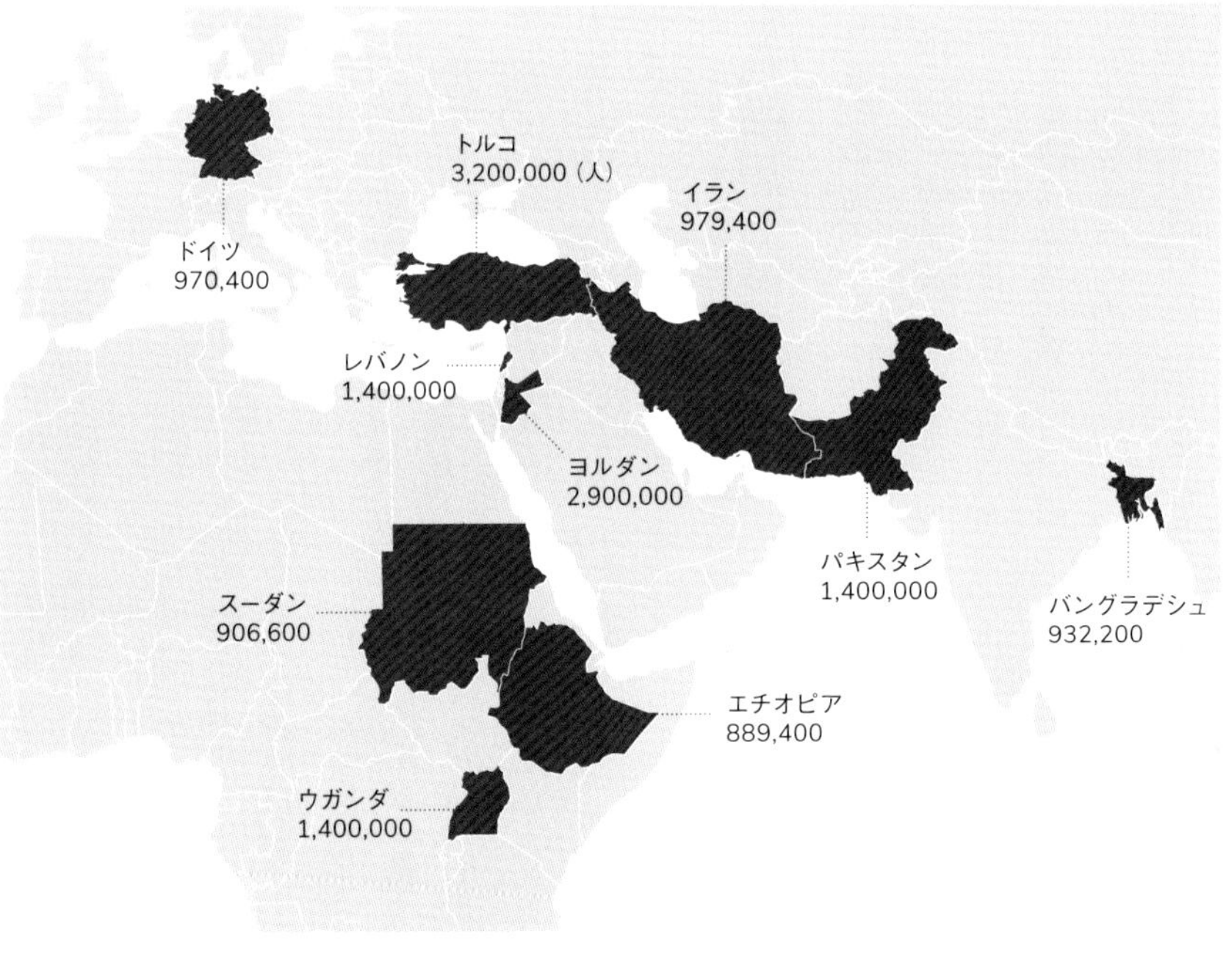

難民が自分で組み立てることのできるフラットパック方式の避難所（2017）

「レフュージー・ネーション」は難民のための国をつくろうというキャンペーンで、旗も用意されている。旗をデザインしたのはシリア難民で、現在はアムステルダムに住んでいるアーティストのヤラ・サイード。救命胴衣を身につけて地中海を渡った人々に敬意を表して、旗には胴衣と同じオレンジと黒が使われている。写真では、ブラジルにいるコンゴ難民がこの旗とコンゴ民主共和国の国旗を掲げている。

単によりよい住まいを提供するのではなく、長期的視点から、基本的インフラの整った（区割りされ、上下水道と電気をすぐに使うことができる）場所に避難所をもうけようという提案もなされている。こうした環境で住民が住まいをよいものに変えていくと、テントばかりだったところが新しい都市に生まれ変わる。

レフュージア　国という枠組みにとらわれない新しい統治組織

ロビン・コーエンとニコラス・ヴァン・ヒアは、自治組織という原則をさらに発展させ、国という枠組みを超えた新しい組織「レフュージア」を、難民の「打ち上げられた」それぞれの土地でつくることを提案している。レフュージアは新国家でもなく、国境を越えた社会運動でもない。そこでは難民が自ら民主的な統治を行う。レフュージアのメンバーとなるかどうかは本人の意思次第で、チャンスを求めて他の国に行くこともできる。各地のレフュージアはネットでつながり、レフュージア間の移動や別の国との行き来もビザや協定に基づいて可能となる。「レフュージア人」は「セサミ・パス」という名のチップやアプリを使って、さまざまなサービスや給付をうけることができる。このアイデアはいささか非現実的で、ネット上で活発な議論が行われているが、なかには批判的な意見もある（4）。

第44章 人の移動の未来

ここまで見てきたように、人は太古の昔、社会ができたころから移動をしていた。なかには増えすぎだという人もいるだろうが、人口が増えるにつれて、移動は多種多様な形——遊牧や労働搾取、戦争からの避難、チャンスの追求——をとるようになった。初期には、遊牧民が家畜とともに移動する、商人が直感に従ってもうけ話を追いかける、未熟練労働者が片道切符で新しい土地に渡り、農場や工場、サービス分野で働かされるといった例が多かった。このような移動の形や力学には、この先残るものもあれば、変化するものもあるだろう。しかし、未来を見つめると3つの流れが見えてくる。ここではそれについてお話ししよう。

・豊かな国が移民の流れを管理していけるなら、選択的受け入れが今後の潮流となりそうだ。未熟練労働者や家族も入国を引き続き認められる一方で、技術労働者や高度技術労働者の受け入れが促進されるだろう。
・この先も突然のできごと（たとえば、自然災害や政治的紛争）によって多数の人が移住を余儀なくされるだろう。また、長期的な気候変動や人口の変化も、大規模な人の移動につながるだろう。
・移民を受け入れる社会の人々にとって、移動の力学やパターンはどうなっていようとさほど問題ではない。重要なのは、移民が社会に「適応」するか、文化の違いを乗り越えられるかどうかだ。違いを恐れる気持ちが移民排斥主義やナショナリズムの動きにつながる。だが、調和のとれた未来の実現は不可能な話ではない。

選択的な移民管理

歴史的に大量の移民を受け入れてきたのは、アメリカ、カナダ、オーストラリアである。したがって、この3つの国の移住の歴史や軌跡をたどれば、未来の移民対策について考えるうえで役立つだろう。これらの国では長い間、人種や文化を基準に移民を選別していたが、1970年代から方針を変更し、高度な技術をもつ者や、人手不足を埋め合わせてくれる者を積極的に受け入れるようになった。カナダとオーストラリアは選択的移民受け入れの先頭に立っている。たとえば、オーストラリアにはRegional Skilled Migration Schemeというビザがある。

総人口に占める移民の割合（技術別）　1980～2010年

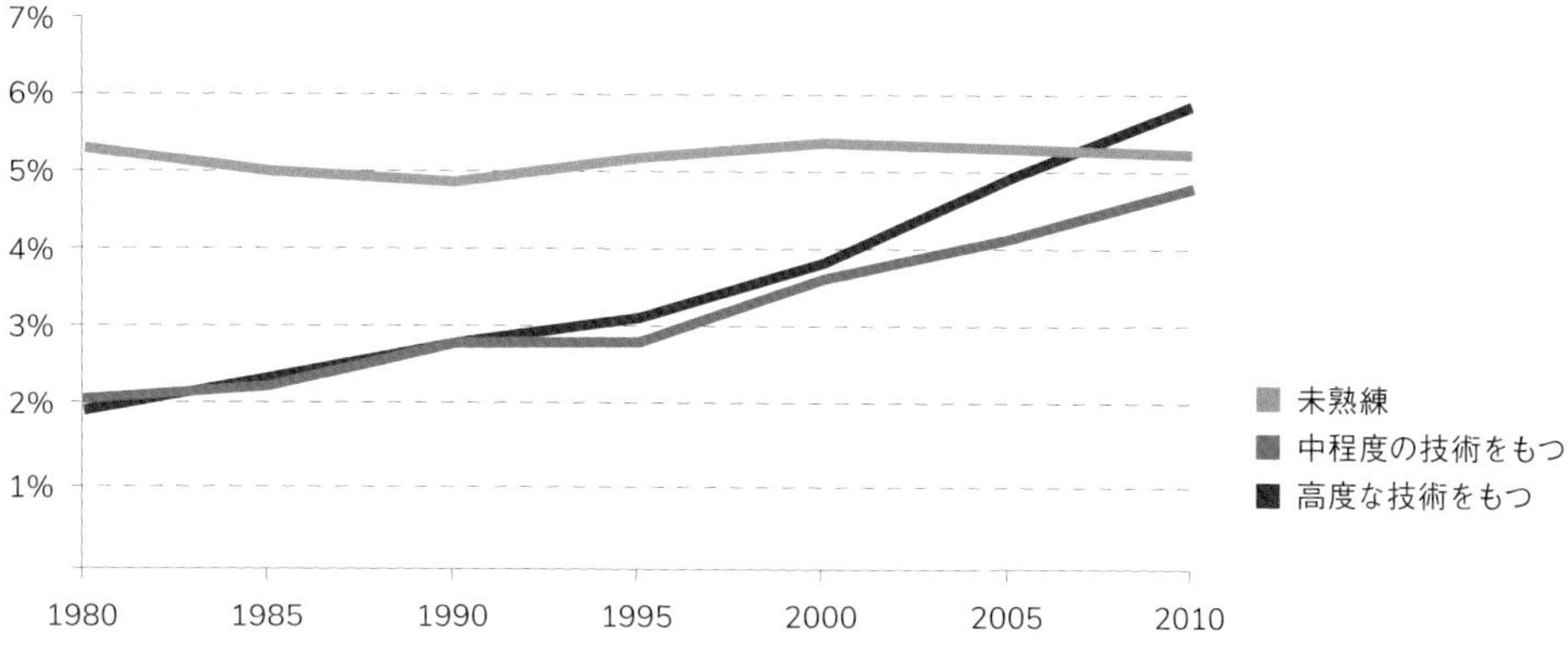

このビザの申請対象は人口の伸びが低い地域に限られている。地元に高度な技術をもつ者が少ないため、その不足を移住者で補おうというのだ。ブリスベンやゴールドコースト、ニューカッスル、シドニー、ウロンゴン、メルボルン、パースで職を得たい人は申請しても無駄である。だが、歯科医師資格をもち、45歳未満で、英語を話し、オーストラリアのノーザンテリトリーで働く気がある人にはぴったりのビザだ（1）。

今後は、こうした巧みな選別がOECD加盟国（大ざっぱに言うと、世界の最も発展した36の国）の移民政策でもはっきりとみられるようになってくるだろう。未熟練労働者、家族、介護労働者の受け入れはすでに頭打ちか、減少の方向にあるが、高度技術者は大きく伸びている。第35章でみたように、富裕な国は高度な技術を身につけた留学生、とくに先端技術、エンジニアリング、医学分野の学生を、ビザの発給によって国にとどめようとしている。多数の貧しい国にとっては、技術をもつ労働者の「頭脳流出」が大きな問題となるだろう。だが一方で、第25章でも述べたことだが、インドやフィリピンのような人口の多い国は、自国で労働者を訓練して技術者不足の生じている豊かな国に送り込み、本国送金による外貨収入を増やしている。

管理できない人の流れ

OECD加盟国では移民の選別が進んでいる。だが、他の地域では気候変動や政治的紛争、また、場所によっては出生数の変化などもあって、移民が大幅に増えるのはほぼ確実である。ハリケーンや洪水のような突然起きる自然現象は、海水温の上昇で風が強くなり、激しさも発生回数も増しているようだ。こうした災害によってこれまで以上に広い範囲でインフラに被害が生じ、復旧の費用がかさむようになると、移動を余儀なくされた人の流れを管理するのはさらにむずかしくなる。

ベネズエラ、シリア、スーダンのような遠く離れた国で今何が起きているのか盛んに報じられるようになり、私たちは、内戦も人の大移動につながることをはっきりと認識するようになった。国連難民高等弁務官事務所（UNHCR）は、2019年末までに530万人のベネズエラ人（国民の6人に1人）が国を離れるものとみている(2)。シリアでも過去8年に及ぶ内戦でほぼ同数の国民が国外に逃れた。ただし、そのうち25万人は2019年に帰還するだろう。また、スーダンには、320万人の国内避難民がいるものと思われる。

突然生じた自然災害や政治的紛争で移動を余儀なくされる人は膨大な数にのぼる。しかし、徐々に進行する気候変動や人口の変化も、長期的にみるとたいへんな数の人の移動につながる可能性があることを見落としてはならない。たとえば、砂漠化という問題がある。ゴビ砂漠は毎年3600平方キロメートルの割合で面積が拡大し、サハラ砂漠は1920年以降10％広がった。干ばつが続いて家畜が死に、耕作可能な土地がなくなると、生活が脅かされ、争いが生じ、生き残るためには移住するしかないと多くの人が考えるようになる。海面上昇による海岸の侵食も深刻な問題で、島民が避難しなければならない事態が生じると大きく報じられることになる。だが、耕作地が徐々になくなるのに比べると、海面上昇による避難民の数は少ないだろう。

経済的、政治的危機に陥った自国を離れ，コロンビアに不法に入国するベネズエラの人々

人口動態は目を向けられないことが多いが、人口の変動を地域別にみると、将来、どこで大規模な移動の必要性が高まりそうかがわかる。ヨーロッパとアフリカの出生数は１９５０年にはほとんど同じだったが、２０１５年には大きな開きが生じている。

出生率が比較的高く、気候変動の影響をうけやすく、人間開発指数が低く、政治的紛争が多発する（ただし、減少傾向にあることを示しておきたい）アフリカでは、すでに大規模な移動が始まっている。その流れが縮小する可能性は低い。大半はアフリカ内での移動だが、他の大陸、とくにヨーロッパにも多くの人が向かうだろう。

移動に対する反応

学者や雇用主、政治家は、人の移動のパターンや力学に常に関心をいだいている。だが、その土地に定住している多くの人がもっと関心をもっているのは、人々が移動してきた結果、社会がどうなるかということだ。彼らがとくに知りたいのは、新しくやって来た人々とうまくつき合えるのか、宗教や民族、肌の色、文化の違いが融合や受容の妨げとならないのかという点である。移民との関係がどうなるかについては、論理的、経験的に３つの社会的相互作用（３つのＣ）が考えられる。

・対立（Conflict）（これが分断につながり、移民制限を求める声が高まることも多い）
・共存（Cohabitation）（文化の異なる人々が一緒にやっていくが、それを楽しんでいるわけではない）
・クレオール化（Creolization）（ゆっくりと互いに学び合い、異なった文化が混交、あるいはクレオール化というプロセスを経て一つになる）

対立

今日の人の移動は多様で、規模が大きく、突然生じ、始まったと思うと急速に進む。そしてこれが対立を生み、広く報じられる。世界の多数の地域（とくにイタリア、ハンガリー、アメリカ）のポピュリストやナショナリストの政治

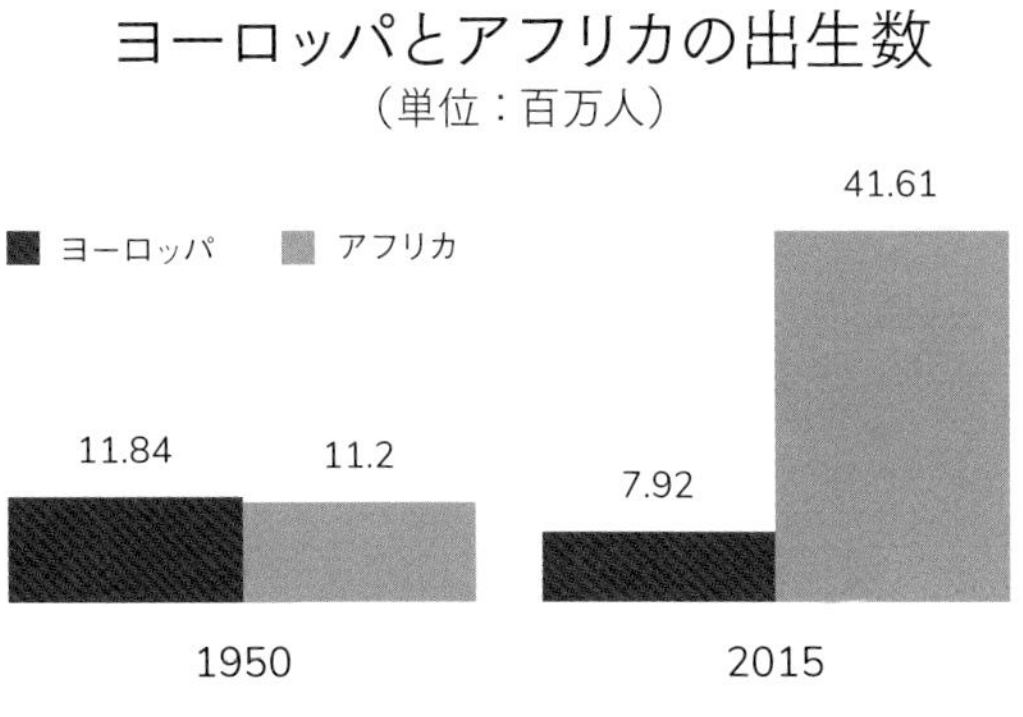

アフリカのなかの移民数と
アフリカからの移民数
1990〜2017年

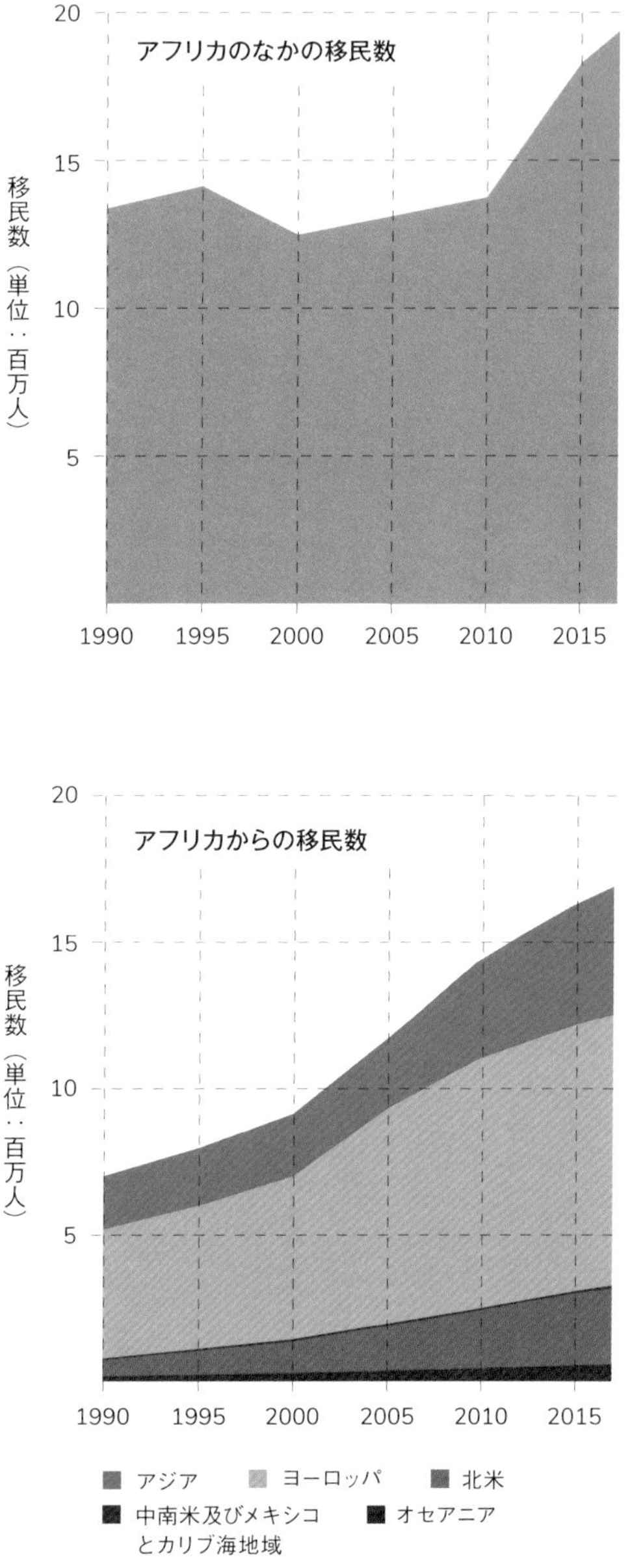

家が、その国に長く住む国民の不安を煽って支持を得ているのはほぼ間違いない。不安はさまざまな形で現れるが、不安の度合いを示す指標の1つとして、どの国でも自国の移民数が誇張されていることがあげられる。

共存

人の移動がきっかけで起きる対立は、現代に多数の例があるが、移民と移民を受け入れる人々の関係を長期的に見ると、「共存」もしくは「クレオール化」の関係に落ち着くほうが一般的だ。まったく異なる人々が出会うと文化の壁が生じることは、歴史をみればよくわかる。だが、その壁は人の模倣能力や好奇心、性的欲望、共感によって越えられてきた。「世俗的、合理的価値観」が「伝統的価値観」より優位にある社会では、宗教や家庭中心の価値観がそれほど強調されることはない。また、「自己表現の大切さ」が「生き延びることの大切さ」よりまさる社会では、外国人に対する寛容さが増している(3)。

とはいえ、出身も文化的背景も異なる人々の間では、共存といっても、交流は表面的なものにすぎないかもしれない。当然ながら、買い物時のちょっとしたやりとりや丁寧なあいさつ、ためらいがちな微笑みは、むき出し

人口に占める移民の割合

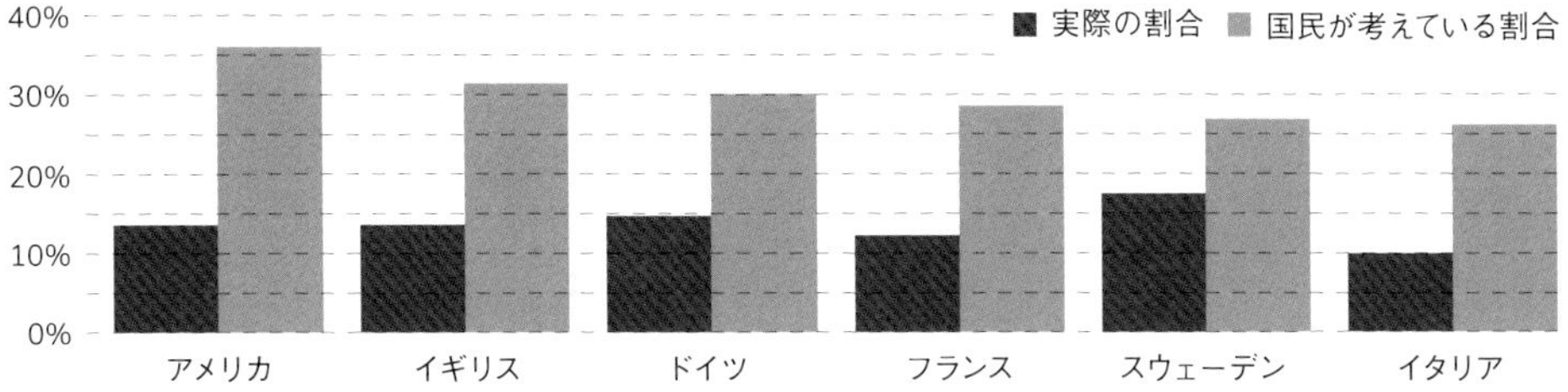

の敵意やヘイトクライムよりはるかにましだ。しかし、こうした日々の出会いのなかで、お互いの文化を知る機会に恵まれることはほとんどない。より深い交流ができれば、2つのシャボン玉はぶつかってくっつき合い、「クレオール化された部分」が生まれるだろう。それはどちらの文化とも明らかに異なる、新しい文化である。

クレオール化

　ゆっくりと時間をかけて交流が深まっていくクレオール化の場合は、優勢なほうの文化にもう一方の文化が同化、あるいは融合していくのではない。アイデンティティや文化が調和を保ちながら、あるいは対等に混交していくのでもない。クレオール化が生じる場では、スペースが共有され、異文化交流が進むが、両者の力関係は非対称的で、階層関係も見られる。それでもまったく新しい文化を生みだすクレオール化は、出会いというものがいかに創造的、生産的であるかを示している。そこでは優勢な側の秩序が覆されることも多い。異なる民族は理解し合えないように思えるが、私たちが親しんでいる音楽（ジャズ、レゲエ、ロック）、踊り（サンバ、サルサ）、食べ物（無国籍料理や新しい材料を使った料理）は、どれもクレオール化によって生まれたものだ。異なる宗教が混交しているシンクレティズム（キリスト教、仏教）(4)、レゲエにのせて詩が朗読されるダブ・ポエトリー、格闘技とダンスが合わさったカポエイラ、モダンヨガもすべてクレオール化の例だ。

　クレオール化したものはいつの間にか普及し、大きく取り上げられることはない。それゆえ、社会的、文化的慣行を共有することで現在の権力構造や人間関係がゆっくりと変化していることに私たちはあまり気づいていない。大衆が創造性を発揮すれば、突き破ることはできないと思われている人種、文化、アイデンティティの壁も、広範囲にわたって、徐々に崩れていく。つまり、移民と地元住民が少しずつともに未来を築いていくことは可能なのである。

画像クレジット

The publishers would like to thank the following sources for their kind permission to reproduce the pictures in this book.

AKG-Images: De Agostini Picture Library/W.Buss 48

Alamy: AB Historic 94; /AF Fotografie 16; /Ancient Art & Architecture 17; /Archiv Gerstenberg/ullstein bild 135; /Art Collection: 171; /Byvalet 36; /Christophel Fine Art/UIG 34; /David Creedon 60; /De Agostini 22; /Michael DeFreitas Caribbean 105; / GL Archive 76(3番目); /Amer Ghazzal 205; /Granger Historical Picture Archive 76(4番目), 142; / Interfoto 76(6番目); /ITAR-TASS News Agency 76(5番目); /M. Timothy O'Keefe 147; /Keystone 137; /Mark Phillips 174; /Science History Images 76(1番目); /Matthias Scholz 191

Birmingham Public Library 146

Birmingham Museum Art Gallery 43

Bridgeman Images: De Agostini Picture Library 20-21

Harvard University, Center for Geographic Analysis 10

Museum of New Zealand Te Papa Tongarewa, Wellington, New Zealand 39; /SZ Photo/Scherl 44

Eyevine: Massimo Sestini 153

Rick Findler 207

Getty Images: Bain News Service/Interim Archive 9; /

Bettmann 72, 75, 179; /Ron Case/Keystone/Hulton Archive 69; /Demelza Cloke 40; /Colorvision/ullstein bild 91; / Corbis 61; /John Dominis/The LIFE Picture Collection 136; /Fine Art Images/Heritage Images 25, 38; /Flying Camera/ Archive Photos 71; /Fox Photos 67; /John Franks 86; /Jill Freedman 106下; /Kevin Frayer 198; /Godong/BSIP 161; / Benainous/Tinacci/Gamma-Rapho 31; /AFP/Pinn Hans 80; /Annet HELD/Gamma-Rapho 139; /In Pictures Ltd./ Corbis 195, 202; /Jerome Joseph/Chicago History Museum 173; /Kempff/ullstein bild 92; / Keystone-France/Gamma-Keystone 201; /Kyodo News 126上; /Leemage/Corbis 30; /Albert Llop/Anadolu Agency 194; /Saul Loeb/AFP 199; / Stefano Montesi/Corbis 211上; /Ross Land 47; /Edwin Levick 57; /AFP/Arsis Messinis 154-155; /Josef Novy 35; /The Print Collector/Print Collector 111; /Roslan Rahman/AFP 53; / Andrew Renneisen 187-188; /AFP/Geoff Robins 168; /AFP/ Ashraf Shazly 191; /Reg Speller/Fox Photos 63; /SSPL 106上; /Fred Stein Archive/Archive Photos 76(2番目); /Brent Stirton 148; /The Sydney Morning Herald/Fairfax Media 144-145; /Universal Images Group 10, 115; /Veejay Villafranca 126上; /World History Archive 18, 23; /Barbara Zanon 46下; /Zuma Press, Inc 157

Library of Congress 41

Private Collection 46上, 49, 50, 51, 110, 131, 139

Tânia Rêgo/Agência Brasil 211

Science Photo Library: Pascal Goetgheluck 12

Shutterstock: AP 2, 96-97, 123, 127; /Olmo Calvo/AP 112; / Daily Mail 87b; /Alfredo Dagli Orti 135; /Rolex Dela Pena/ EPA 114, 117; / Max Desfor/AP 121; /Martin Divisek/EPA 33; / Heinz Ducklau/AP 138; /Eddie Adams/AP 140-141; /Granger 122; /Bilal Hussein/AP 164, 166-167; /
Ratov Maxim 98; /Martin Mejia/AP 214; /Yulia Plekanova 58;

Topfoto: Heritage-Images 77

Tropenmuseum Collection 108

University of Iowa Libraries Special Collections Department 70

Every effort has been made to acknowledge correctly and contact the source and/or copyright holder of each picture and Carlton Publishing Group apologises for any unintentional errors or omissions, which will be corrected in future editions of this book.

explains/2015/06/24/why-india-andbangladesh-have-the-worlds-craziest-border

3 Jens Manuel Krogstad, Jeffrey S. Passel and D'Vera Cohn, "5 facts about illegal immigration in the US", Pew Research Center webpage, 27 April 2017. http://www.pewresearch.org/fact-tank/2017/04/27/5-facts-about-illegal-immigration-inthe-u-s/

4 Catalina Gonella, "Visa overstays outnumber illegal border crossings, trend expected to continue", NBC News webpage, 7 March 2017. https://www.nbcnews.com/news/latino/visa-overstays-outnumber-illegal-border-crossings-trendexpected -continue-n730216

5 Douglas S. Massey, "The counterproductive consequences of border enforcement", *Cato Journal*, 37 (3), 2017, general ref and p.553. https://object.cato.org/sites/cato.org/files/serials/files/cato-journal/2017/9/cato-journal-v37n3-11-updated.pdf

6 Rachel Busbridge, "Performing colonial sovereignty and the Israeli 'separation' wall", *Social Identities: Journal for the Study of Race, Nation and Culture*, 19 (5), 2013, p.655, doi: 10.1080/13504630.2013.835514.

第 42 章 拘留と送還

1 Dora Schriro, "Obstacles to reforming family detention in the USA", working paper 20, Global Detention Project, 2017. https://www.globaldetentionproject.org/wp-content/uploads/2017/01/Schriro-GDP-working-paper-2.pdf

2 Matthew J. Gibney, "Is deportation a form of forced migration?", *Refugee Survey Quarterly*, 32 (2), 2013, pp.119–20, doi: 10.1093/rsq/hdt003.

第 43 章 人の大移動に対する解決策

1 *The Economist*, "Right-wing anti-immigrant parties continue to receive support in Europe", 10 September 2018. https://www.economist.com/graphic-detail/2018/09/10/rightwing-anti-immigrant-parties-continue-to-receive-supportin-europe

2 Shaun Walker, "Viktor Orbán calls for anti-migration politicians to take over EU", *Guardian*, 10 January 2019. https://www.theguardian.com/world/2019/jan/10/viktor-orban-callsanti-migration-politics-take-over-eu-matteo-salvini

3 こうした策について次の論文で論じた。Robin Cohen and Nicholas Van Hear, "Visions of Refugia: territorial and transnational solutions to mass displacement", *Planning Theory and Practice*, 18 (3), 2017, 494–504, doi: 10.1080/14649357.2017.133 0233. レフュージアについては次の本で詳しく述べる。The idea of Refugia is discussed at book length in Robin Cohen and Nicholas Van Hear, *Refugia: radical solutions to mass displacement*, London: Routledge, forthcoming 2020.

4 レフュージアとはどのような組織なのか、それに対してどのような批判的意見があるのかは、次のサイトでご確認いただきたい。COMPAS webpage: https://www.compas.ox.ac.uk/project/therefugia-project/

第 44 章 人の移動の未来

1 オーストラリアについては次のサイトを参照。Australian Visa Bureau, "Regional skilled migration scheme Australia", 2018. http://www.visabureau.com/australia/regional-skilled-migration.aspx.
カナダについては次のサイトを参照。Global Migrate, "Canada skilled immigration program", blog, 13 October 2018. https://global-migrate.com/blog/canada-skilled-immigration-program/

2 Emma Beswick, "Venezuela crisis: by the end of 2019, 1 in 6 people will have fled the country", *Euronews*, 12 February 2019. https://www.euronews.com/2019/02/09/venezuelacrisis-by-the-end-of-2019-1-in-6-people-will-have-fledthe-country

3 この4つの価値観は、世界価値観調査に基づいて作成されるイングルハート‐ヴェルツェル図で使われている。この複雑な価値体系を理解するには「イングルハート‐ヴェルツェル図」（2008）をご覧いただきたい。http://www.worldvaluessurvey.org/images/Cultural_map_WVS5_2008.jpg

4「平均的なキリスト教徒は一神教の絶対神を信じているが、二元論的な悪魔や、多神論的な聖人たち、アニミズム的な死者の霊も信じている」 Yuval Noah Harari, *Sapiens: a brief history of humankind*, London: Random House, 2014, p.223.（『サピエンス全史（上・下）文明の構造と人類の幸福』ユヴァル・ノア・ハラリ著、柴田裕之訳、河出書房新社、2016）

第 36 章　結婚と移住
1 Caroline B. Brettell, "Marriage and migration", *Annual Review of Anthropology*, 46, 2017, pp.81–97, doi:
2 Randall, "e untold stories of Japanese picture brides", AsAmNews website, 24 December 2017. https://asamnews.com/2017/12/24/theuntold-10.1146/ annurevanthro-102116-041237.stories-of-japanese-picturebrides/
3 Francesca Rizzoli, "Italian proxy brides: Australia's forgotten generation of female migrants", SBS, 27 September 2017. https://www.sbs.com.au/yourlanguage/italian/en/article/2017/09/25/italian-proxy-brides-australiasforgotten-generation-female-migrants
4 *The Economist*, "The flight from marriage", 20 August 2011. https://www.economist.com/briefing/2011/08/20/theflight-from-marriage

第 37 章　リタイアメント移住とライフスタイル移住
1 Benson, Michaela and O'Reilly Karen (eds) *Lifestyle Migration: Expectations, Aspirations and Experiences*, Abingdon: Routledge, 2009.
2 Augustin De Coulon, "Where do immigrants retire to?" *IZA World of Labor*, 297, 2016, pp.1–10, doi: 10.15185/izawol.297.
3 F. Turbout and P. Buléon, "Ageing demographic structure", *Cross Channel Atlas: Channel space*, translated by Louis Shurmer-Smith, University of Caen Normandie, 2001. https://atlas-transmanche.certic.unicaen.fr/en/page-406.html
4 Michaela Benson and Karen O'Reilly, *Lifestyle migration and colonial traces in Malaysia and Panama*, London: Palgrave, 2018, pp.10–27.
5 *The Economist*, "The sun sets on British pensioners' migration to Europe", 19 December 2017. https://www.economist.com/britain/2017/12/19/the-sun-sets-on-british-pensionersmigration-to-europe

第 38 章　気候変動による移住
1 The New Climate Economy, "The science: key findings from the IPCC and the New Climate Economy reports", August 2018. https://www.un.org/en/climatechange/science.shtml
2 Carey Lodge, "Cyclone Idai tears through Mozambique: Adelino's story", 27 March 2019. https://www.worldvision.org.uk/news-and-views/blog/2019/march/cyclone-idai-tearsthrough-mozambique-adolinos-story/
3 Liette Connolly-Boutin and Barry Smit, "Climate change, food security, and livelihoods in sub-Saharan Africa", *Regional Environmental Change*, 16 (2), 2016, pp.385–99.
4 M. Brzoska and C. fröhlich, "Climate change, migration and violent conflict: vulnerabilities, pathways and adaptation strategies", *Migration and Development*, 5 (2), 2016, pp.193, 196, doi: 10.1080/21632324.2015.1022973.
5 同上

第 39 章　ツーリズム　移動とその不満
1 Christopher M. Kopper, "The breakthrough of the package tour in Germany after 1945", *Journal of Tourism History*, 1 (1), 2009, pp.67–92, doi: 10.1080/17551820902742798.
2 Emanuel de Kadt, "Social planning for tourism in the developing countries", *Annals of Tourism Research*, 6 (1), 1979, pp.36–48, doi:10.1177/004728758001800369.
3 Lee Tsung Hung, "Influence analysis of community resident support for sustainable tourism development", *Tourism Management*, 34 (2), 2013, p.37, doi: 10.1016/j. tourman.2012.03.007.
4 Jessica Brown, "Last chance tourism: is this trend just causing more damage?", *Independent*, 7 June 2018. https://www.independent.co.uk/news/long_reads/last-chancetourism-travel-great-barrier-reef-amazon-machupicchu-a8363466.html
5 Krittinee Nuttavuthisit, "Branding Thailand: correcting the negative image of sex tourism", *Place Branding and Public Diplomacy*, 3 (1), 2007, pp.21–30, doi: 10.1057/palgrave. pb.6000045.

第 40 章　子どもと移動
1 「子どもの移動」に関するユニセフのデータ、2018年12月 https://data.unicef.org/topic/child-migration-and-displacement/migration/
2 Vasileia Digidiki, "The experience of distress: child migration on Lesvos, Greece", in Jaccqueline Bhabha, Jyothi Kanics and Daniel Senovilla Hernández (eds) *Research handbook on child migration*, Cheltenham: Edward Elgar, 2018, pp.447–57.
3 同上
4 Cati Coe, "How children feel about their parents' migration: a history of the reciprocity of care in Ghana", in C. coe, R.R. Reynolds, D.A. Boehm, J. Meredith Hess and H. Rae-Espinoza (eds), *Everyday ruptures: children, youth, and migration in global perspective*, Nashville, TN: Vanderbilt University Press, 2011, pp.102–4.

第 41 章　壁は機能するのか　国境と人の移動
1 Elisabeth Vallet (ed.), *Borders, fences and walls: state of insecurity?* 2014, London: Routledge.
2 *The Economist*, "Why India and Bangladesh have the world's craziest border", 25 June 2015. https://www.economist.com/the-economist-

第 31 章　地中海における人の移動
1 Martin Bernal, *Black Athena: the Afroasiatic roots of classical civilization*, volumes 1, 2 and 3, London: Free Association Books, 1987–2006.（『ブラック・アテナ：古代ギリシア文明のアフロ・アジア的ルーツ』（1）マーティン・バナール著、片岡幸彦監訳、新評論、2007、『黒いアテナ：古典文明のアフロ・アジア的ルーツ』（2 上／下）マーティン・バナール著、金井和子訳、藤原書店、2004／2005）

2 Fernand Braudel, *La Méditerranée et le monde méditerranéen à l'époque de Philippe II*, Paris: Armand Colin, 1949.（『地中海』（全5分冊）フェルナン・ブローデル著、浜名優美訳、藤原書店、2004）

3 Rod Norland, "'All of Africa is here': where Europe's southern border is just a fence", *New York Times*, 19 August 2018. https://www.nytimes.com/2018/08/19/world/africa/ceutamorocco-spain-migration-crisis.html

4 Ruben Andersson, "Time and the migrant other: European border controls and the temporal economics of illegality", *American Anthropologist*, 116 (4), 2014, pp.796, 803, doi:10.1111/aman.12148.

第 32 章　世界の医療従事者
1 J. Buchan, I.S. Dhillon and J. Campbell (eds) "Health employment and economic growth: an evidence base", Geneva: World Health Organization. https://www.who.int/hrh/resources/WHO-HLC-Report_web.pdf (p.16)

2 RPS Migration, "Work as a nurse or as a skilled migrant in Australia". http://104.236.45.183/work-in-australia/

3 以下の報告による。The Health Foundation, The Kings Fund and the Nuffield Trust, *Closing the gap: key areas for action on the health and care workforce*, London, March 2019, p.2. https://www.medacs.com/Allied-healthcare-jobs-qatar; https://www.jobs4medical.co.uk/blog/; https://www.nurses.co.uk/jobs/nursing/rest-of-world/963/oo-ps-lf1-pp

4 E.J. Mills, S. Kanters, A. Hagopian, N. Bansback, J. Nachega, M. Alberton et al., "The financial cost of doctors emigrating from sub-Saharan Africa: human capital analysis", *The BMJ*, 343, 2011, doi: 10.1136/bmj.d7031.

5 Aisha K. Lofters, "The 'brain drain' of health care workers: causes, solutions and the example of Jamaica", *Canadian Journal of Public Health*, 103 (5), 2012, p.e377.

第 33 章　シリア難民　レバノンの場合
1 Cameron Thibos, "One million Syrians in Lebanon: a milestone quickly passed", Migration Policy Centre, Policy Briefs, June 2014. http://hdl.handle.net/1814/31696

2 Katharine Jones and Leena Ksaifi, *Struggling to survive: slavery and exploitation of Syrian refugees in Lebanon*, London: The Freedom Fund, 8 April 2016. https://d1r4g0yjvcc7lx.cloudfront.net/uploads/Lebanon-Report-FINAL-8April16.pdf (p.3)

3 "Noha's story", Global Fund for Women, 2012. https://www.globalfundforwomen.org/nohas-story/#.XIe-VfZ2uUk

第 34 章　音楽のルーツとルート
1 Roger Blench, "Using diverse sources of evidence for reconstructing the prehistory of musical exchanges in the Indian Ocean and their broader significance for cultural prehistory", 2012. http://www.rogerblench.info/Archaeology/Africa/AAR%20paper%20Indian%20Ocean.pdf

2 Peter McKay, "Plucking heartstrings", *Spectator*, 14 April 2012. https://www.spectator.co.uk/2012/04/plucking-heartstrings/2

3 J. Baily and M. Collyer, "Introduction: music and migration", *Journal of Ethnic and Migration Studies*, 32 (2), 2006, pp.167–82, doi: 10.1080/13691830500487266.

4 D. Bloome, J. Feigenbaum and C. Muller, "African-American marriage, migration and the boll weevil in the US South, 1892–1920", September 2015, p.3. https://pdfs.semanticscholar.org/165e/72ede4c43acdd49ebed11acd3cde0daeaa17.pdf

第 35 章　知識を求めて　留学生
1 Yeganeh Torbati, "Fewer foreign students coming to United States for second year in row -survey", Reuters: Technology, Media and Telecommunications, 13 November 2018. https://uk.reuters.com/article/usa-immigration-studentsidUKL2N1XN161

2 P.B. Vijayakumar and C.J.L. Cunningham, "US immigration policies hamper entrepreneurial ambitions", *University World News*, 15 March 2019. https://www.universityworldnews.com/post.php?story=20190312145259472

3 Universities UK, "International students now worth £25 billion to UK economy: new research", 6 March 2017. https://www.universitiesuk.ac.uk/news/Pages/International-studentsnow-worth-25-billion-to-UK-economy---new-research.aspx

4 G.E. Bijwaard and Qi Wang, "Return migration of foreign students", *European Journal of Population*, 32 (1), 2016, pp.31–54, doi: 10.1007/s10680-015-9360-2.

5 Prospects HEDD, UK higher education's official degree verification service, https://hedd.ac.uk/; and Sally Weale, "Seventy-five bogus universities shut down in past four years", *Guardian*, 8 April 2019. https://en.wikipedia.org/wiki/Bogus_colleges_in_the_United_Kingdom

Robin Cohen, *Endgame in South Africa? The changing structures and ideology of apartheid*, Trenton, NJ: Africa World Press, 1988, p.40.

第26章　セックスワーカーの売買

1 International Labour Office, *Profits and poverty: the economics of forced labour*, Geneva: ILO, 2014, p.13.
2 Donna M. Hughes, "The 'Natasha' trade: the transnational shadow market of trafficking in women", *Journal of International Affairs*, 53 (2), 2000, pp.625–6.
3 Equality Now, "Stories of survivors: Natalie and Sam". https://www.equalitynow.org/natalie_sam.
4 Laura Lammasniemi, "Anti-white slavery legislation and its legacies in England", *Anti-Trafficking Review*, (9), 2017, pp.64–76, doi:10.14197/atr.20121795.
5 J. Vandepitte, R. Lyerla, G. Dallabetta, F. Crabbé, M. Alary and A. Buvé, "Estimates of the number of female sex workers in different regions of the world", *Sexually Transmitted Infections (BMJ Journals)*, 82 (S3), 2006, iii18–25, doi: 10.1136/sti.2006.020081.
6 この研究は次の論文で報告されている。Ronald Weitzer, "The social construction of sex trafficking: ideology and institutionalization of a moral crusade", *Politics and Society*, 35 (3), 2011, p.454, doi: 10.1177/0032329207304319.

第 27 章　国外追放　異国の地で亡くなるか、権力の座に復帰するか

1 J.J. O'Connor and E.F. Robertson, "Aristotle", University of St Andrews web page, February 1999. http://www-history.mcs.st-andrews.ac.uk/Biographies/Aristotle.html
2 Friedemann Pestel, "French Revolution and migration after 1789", *European History Online*, 11 July 2017. http://ieg-ego.eu/en/threads/europe-on-the-road/political-migration-exile/friedemann-pestel-french-revolution-and-migration-after-1789
3 私はナポレオンが住んでいたセントヘレナ島のロングウッドハウスを訪れたことがある。ナポレオンのベッドの横の壁紙はあちこち剥離していた。その壁紙の顔料にはヒ素が含まれていたと言われている。彼は、ヒ素を含む薬を長年服用し、そのうえ、壁紙のヒ素まで吸い込んでいたのかもしれない。ナポレオンの髪や遺体からは高い濃度のヒ素が検出されている。

第 28 章　冷戦時の移住の政治学

1 "Expulsion from the Soviet Union", Wikipedia page, 10 March 2019. https://en.wikipedia.org/wiki/Aleksandr_Solzhenitsyn#Expulsion_from_the_Soviet_Union.
2 George J. Borjas, "The wage impact of the *Marielitos*: a reappraisal", Harvard University working paper, 2015. https://sites.hks.harvard.edu/fs/gborjas/publications/working%20papers/Mariel2015.pdf.

第 29 章　世界のディアスポラ

1 Robin Cohen, *Global diasporas: an introduction*, second edition, London: Routledge, 2008.（新版『グローバル・ディアスポラ』ロビン・コーエン著、駒井洋訳、明石書店、2012）
2 Rudolph J. Vecoli, "The Italian diaspora: 1876–1976", in Robin Cohen (ed.) *The Cambridge survey of world migration*, Cambridge: Cambridge University Press, pp.124–22.
3 Donna R. Gabaccia, *Italy's many diasporas*, London: UCL Press, 2000.
4 Albert Hourani, "Introduction", in Albert Hourani and Nadim Shehadi (eds) *The Lebanese in the world: a century of emigration*, London: I.B.Tauris for the Centre for Lebanese Studies, p.7.
5 Yuri Slexkine, The Jewish century, London: Princeton University Press, 2004, p.31.
6 Paul Gilroy, *The black Atlantic: modernity and double consciousness*, London: Verso, 1993.（『ブラック・アトランティック：近代性と二重意識』ポール・ギルロイ著、上野俊哉、毛利嘉孝、鈴木慎一郎訳、月曜社、2006）

第 30 章　湾岸諸国への移住

1 Owen Gibson and Pete Pattisson, "Death toll among Qatar's 2022 World Cup workers revealed", *Guardian*, 23 December 2014. https://www.theguardian.com/world/2014/dec/23/qatar-nepal-workers-world-cup-2022-death-toll-doha
2 Amy Foster, "Death toll rises in the lead up to the 2022 World Cup", News.com.au, 29 September 2017. https://www.news.com.au/world/asia/death-toll-rises-in-the-lead-up-to-the-2022-world-cup/news-story/43896b31023dd6ab6ed213637fe4d3e7
3 同上
4 Development News, "Data reveals 24,570 Indian workers have died in Gulf countries since 2012", 8 November 2018. www.developmentnews.in/data-reveals-24570-indian-workersdied-gulf-countries-since-2012/
5 Manolo I. Abella, "Asian migrant and contract workers in the Middle East", in Robin Cohen (ed.) *The Cambridge survey of world migration*, Cambridge: Cambridge University Press, 1995, pp.418–23.

Journal, 128 (612), 2018, F210–34, doi: 10.1111/ecoj.12457.
4 Jill Rutter, *Refugee children in the UK*, London: McGraw-Hill, 2006, p.68.

第 20 章　ソ連解体後の移住
1 Robin Cohen, "East–West and European migration in a global context", *Journal of Ethnic and Migration Studies*, 18 (1), 1991, pp.9–26, doi: 10.1080/1369183X.1991.9976279.
2 Stefan Wolff, "German and German minorities in Europe", in Tristan James Mabry (ed.) *Divided nations and European integration*, Philadelphia: University of Pennsylvania Press, 2013. Available at http://www.stefanwolff.com/research/germany-and-german-minorities-in-europe
3 Nicholas Van Hear and Robin Cohen, "Diasporas and conflict: distance, contiguity and spheres of engagement", *Oxford Development Studies*, 45 (2), 2017, pp.171–84, doi: 10.1080/13600818.2016.1160043.

第 21 章　カリブ海諸国における移住
1 Tia Ghose, "Humans may have been stuck on Bering Strait for 10,000 years", Live Science webpage, 27 February 2014. https://www.livescience.com/43726-bering-straitpopulations-lived.html
2 Jill Sheppard, "A historical sketch of the poor whites of Barbados: from indentured servants to 'Redlegs'", *Caribbean Studies*, 14 (3) 1974, quote from p.75.
3 B.W. Higman, *Slave population of the British Caribbean, 1807–1834*, Kingston, Jamaica: The Press, University of the West Indies, 1995, p.3.
4 Julie Greene, "Who built the Panama Canal?", *Jacobin* webpage, 21 June 2017. https://www.jacobinmag.com/2017/06/trump-panama-canal-varela-imperialismlatin-america

第 22 章　華僑
1 OER Services, "Chinese dynasties: seaports and maritime trade", in *World Civilization*, Portland: Lumen Learning, 2016. https://courses.lumenlearning.com/suny-hcccworldcivilization/chapter/trade-under-the-tang-dynasty/
2 Robin Cohen, *Global diasporas: an introduction*, London: Routledge, 2008, p.85.（新版『グローバル・ディアスポラ』ロビン・コーエン著、駒井洋訳、明石書店、2012）
3 Lydia Potts, *The world labour market: a history of migration*, London: Zed Books, 1990, p.71.
4 Ong Jin Hui, "Chinese indentured labour: coolies and colonies", in Robin Cohen (ed.) *The Cambridge survey of world migration*, Cambridge: Cambridge University Press, 1995, pp.51–6.
5 Cohen (1995) p.90.
6 Suzy Strutner, "The 10 best Chinatowns in the entire world", *HuffPost US*, 7 December 2017. https://www.huffingtonpost.co.uk/entry/chinatowns-all-over-the-world_us_4704673

第 23 章　中国の戸籍制度と国内での人の移動
1 T. Cheng and M. Selden, "The origins and social consequences of China's hukou system", *The China Quarterly*, 139, 1994, 644–68, doi: 10.1017/S0305741000043083.
2 John Torpey, "Revolutions and freedom of movement: an analysis of passport controls in the French, Russian, and Chinese revolutions", *Theory and Society*, 26 (6), 1997, p.857. https://www.jstor.org/stable/657937
3 Public Radio International, "China's *hukou* system puts migrant workers at severe economic disadvantage", PRI webpage, 1 May 2013. https://www.pri.org/stories/2013-05-01/chinas-hukou-system-puts-migrantworkers-severe-economic-disadvantage
4 "The rural–urban divide: ending apartheid", *The Economist*, 19 April 2014. https://www.economist.com/specialreport/2014/04/19/ending-apartheid

第 24 章　インドの分離独立と人の移動
1 Yasmin Khan, *The great partition: the making of India and Pakistan*, New Haven, CN: Yale University Press, 2007, p.17.
2 Begum, Arghwani. Oral history Interview by Fakhra Hassan (31 August 2015), The 1947 Partition Archive. Web, 15 May 2019. <https://exhibits.stanford.edu/1947-partition/catalog/sy490th7041>

第 25 章　労働力の輸出　フィリピン
1 Robyn Margalit Rodriguez, *Migrants for export: how the Philippine state brokers labor to the world*, Minneapolis: University of Minnesota Press, 2010, p.4.
2 Maruja M.B. Asis, "The Philippines: beyond labor migration, toward development and (possibly) return", *Migration Policy Institute* online article, 12 July 2017. https://www.migrationpolicy.org/article/philippines-beyond labormigration-toward-development-and-possibly-return

第12章　南アフリカの鉱山労働者

1 Robin Cohen, *Endgame in South Africa? The changing structures and ideology of apartheid*, Trenton, NJ: Africa World Press, 1988, p.40.

第13章　囚人から「テン・ポンド・ポム」まで　イギリスからオーストラリアへの移住

1 Deborah Oxley, *Convict maids: the forced migration of women to Australia, Cambridge*: Cambridge University Press, 1996, p.3.

2 Oxley (1996) p.9.

3 Robin Cohen, *Global diasporas: an introduction*, London: Routledge, 2008, p.72.（新版『グローバル・ディアスポラ』ロビン・コーエン著、駒井洋訳、明石書店、2012）

4 *The Southern Cross*, "First Catholic boy migrants arrive in West Australia", Adelaide, 19 August 1938. See also Geoffrey Sherington, "Contrasting narratives in the history of twentieth-century British child migration to Australia: an interpretive essay", *History Australia*, 9 (2), 2012, pp.27–47, doi: 10.1080/14490854.2012.11668416; Stephen Constantine, "The British government, child welfare, and child migration to Australia after 1945", *Journal of Imperial and Commonwealth History*, 20 (1), 2002, pp.99–132, doi: 10.1080/03086530208583135.

5 Steven Morris and Ellen Connolly, "Julia Gillard: the ten pound Pom who became prime minister of Australia", *Guardian*, 24 June 2010. https://www.theguardian.com/world/2010/jun/24/julia-gillard-ten-pound-pom-prime-minister-australia

第14章　アメリカへの「大西洋大移住」

1 Jon Gjerde, "The Scandanavian migrants", in Robin Cohen (ed.) *The Cambridge Survey of World Migration*, Cambridge: Cambridge University Press, 1995, p.88.

第16章　パレスティナ　ユダヤ人の入植とパレスティナ難民

1 Golda Meir, Interview with Frank Giles, *The Sunday Times*, 15 June 1969.

2 Thomas Friedman, "Promised land: Israel and the Palestinians see a way to co-exist", *New York Times*, 5 September 1993. https://www.nytimes.com/1993/09/05/weekinreview/promised-landisrael-and-the-palestinians-see-a-way-to-co-exist.html

3 Geremy Forman and Alexandre (Sandy) Kedar, "From Arab land to 'Israel lands': the legal dispossession of the Palestinians displaced by Israel in the wake of 1948", *Environment and Planning D: Society and Space*, volume 22 (6), 2004, pp.809–30, doi: 10.1068/d402.

4 Jalal Al Husseini, "Jordan and the Palestinians", in Myriam Ababsa (ed.) *Atlas of Jordan: history, territories and society*, Beirut: Presses de l'Ifpo, 2013, pp.230–45, doi: 10.4000/books. ifpo.4560.

第17章「新イギリス連邦」からイギリスへの移住

1 Robin Cohen, *The new helots: migrants in the international division of labour*, Aldershot: Gower, 1987, pp.127–8.（『労働力の国際的移動：奴隷化に抵抗する移民労働者』ロビン・コーエン著、清水知久訳、明石書店、1989）

2 G.C.K. Peach, "West Indian migration to Britain", *International Migration Review*, 1 (2), 1967, pp.34–45, doi: 10.2307/3002807.

3 Muhammed Anwar, "'New Commonwealth' migration to the UK", in Robin Cohen (ed.) *Cambridge Survey of World Migration*, Cambridge: Cambridge University Press, 1995, p.277.

第18章　トルコから西ドイツへの移住

1 Deniz Göktürl, David Gramling and Anton Kaes (eds) *Germany in transit: nation and migration, 1955–2005*, Berkeley: University of California Press, 2007, p.8.

2 ユヌス・ウルソイは4期に分けている。以下参照。"From guest worker migration to transmigration: the German–Turkish migratory movements and the special role of Istanbul and the Ruhr", in D. Reuschke, M. Salzbrunn and K. Schönhärl (eds) *The economies of urban diversity*, New York: Palgrave Macmillan, 2013, doi: 10.1057/9781137338815_4.

3 Max Frisch, *Öffentlichkeit als Partner*, Berlin: Suhrkamp, 1967, p.100. "Man hat Arbeitskräfte gerufen, und es kamen Menschen" in original German.

4 Nermin Abadan-Unat, "Turkish migration to Europe", in Robin Cohen (ed.) *The Cambridge survey of world migration*, Cambridge: Cambridge University Press, 1995, p.281.

第19章　ベトナムのボートピープル

1 L. Davis, "Hong Kong and the Indochinese refugees", in S. Chantavanich and E.B. Reynolds (eds), *Indochinese refugees: asylum and resettlement*, Bangkok: Institute of Asian Studies, Chulalongkorn University, 1988, p.151.

2 Chan Kwok Bun, "The Vietnamese boat people in Hong Kong", in Robin Cohen (ed.) *The Cambridge survey of world migration*, Cambridge: Cambridge University Press, 1995, pp.382–3.

3 Christopher Parsons and Pierre-Louis Vézina, "Migrant networks and trade: the Vietnamese boat people as a natural experiment", *Economic*

第 6 章　液状の大陸　太平洋諸島の住民

1 Paul D'Arcy, "The people of the sea", in Donald Denoon (general editor) *The Cambridge History of the Pacific Islanders*, Cambridge: Cambridge University Press, 1997, p.75.

2 Sandra Bowdler, "The Pleistocene Pacific", in Donald Denoon (general editor) *The Cambridge History of the Pacific Islanders*, Cambridge: Cambridge University Press, 1997, pp.45–6.

3 Lilomaiava-Doktor Sa'iliemanu, "Beyond migration: Samoan population movement (*Malaga*) and geography of social space (*Vā*)", *The Contemporary Pacific: A Journal for Pacific Island Affairs*, 21 (1), 2009, pp.1–32, doi: 10.1353/cp.0.0035.

第 7 章　大西洋奴隷貿易

1 Eric Williams, Capitalism and slavery, Chapel Hill, NC: University of North Carolina Press, 1944, pp.34, 35.（『資本主義と奴隷制』エリック・ウィリアムズ著、山本伸訳、明石書店、2004）

2 Philip Curtin, *Atlantic slave trade: a census*, Madison: University of Wisconsin Press, 1972, p.87.

3 Clare Midgley, "Slave sugar boycotts, female activism and the domestic base of British anti-slavery culture", *Slavery and Abolition: A Journal of Slave and Post-Slave Studies*, 17 (3), 1996, pp.137–62, doi: 10.1080/01440399608575190, poem quoted on p.144.

第 8 章　インドの年季奉公人

1 Hugh Tinker, *A new system of slavery: the export of Indian labour overseas, 1830–1920*, London: Oxford University Press, 1974, pp.126–35.

2 Tinker (1974: 176, citing Thakur Gajadhar).

第 9 章　帝国　その労働力と軍事組織

1 Miroslav Verner, *The Pyramids: the mystery, culture, and science of Egypt's great monuments*, London: Grove Press, 2001, pp.75–82.（『ピラミッド大全』ミロスラフ・ヴェルナー著、津山拓也訳、法政大学出版局、2003）

2 New World Encyclopedia, "Potosí", 27 May 2015を参照 www.newworldencyclopedia.org/entry/Potosí and Atlas Obscura, "Potosí Silver Mines", 2019. https://www.atlasobscura.com/places/potosi-silver-mines

3 死者の大まかな数についてはランジスの次の論文を参照。Ranjith MR, "Dark history of Congo rubber exploitation", 7 March 2017. https://www.rubberasia.com/2017/03/07/dark-history-congo-rubber-exploitation/

注：「死者は1000万人」と当て推量でよく言われるが、ライアン・フォークが信頼できる証拠をあげながらこれに異議を唱えている。"Mythologies about Leopold's Congo Free State", 24 July 2016. https://thealternativehypothesis.org/index.php/2016/07/24/mythologies-about-leopolds-congo-free-state/

引用文は次の本で用いたもの。Robin Cohen, *The new helots: migrants in the international division of labour*, Aldershot: Gower, 1987, p.11.（『労働力の国際的移動：奴隷化に抵抗する移民労働者』ロビン・コーエン著、清水知久訳、明石書店、1989）

4 Cohen 1987, p.11.

5 Jacques Chirac, "Allocution de M. Jacques Chirac, Président de la République, à l'occasion du 90ème anniversaire de la bataille de Verdun", 25 June 2006. http://www.jacqueschiracasso.fr/archives-elysee.fr/elysee/elysee.fr/francais/interventions/discours_et_declarations/2006/juin/fi000721.html

第 10 章　ハッジ　イスラーム教の第 5 の行

1 Seán McLoughlin, "Hajj: how globalisation transformed the market for pilgrimage to Mecca", *The Conversation*, 15 August 2018. http://theconversation.com/hajj-how-globalisationtransformed-the-market-for-pilgrimage-to-mecca-97888

2 Ben Flanagan, "Hajj 2014: warnings over UK 'rip off' agents", *Al Arabiya News*, 3 October 2014. http://english.alarabiya.net/en/perspective/features/2014/10/03/Hajj-2014-Warningsover-UK-rip-off-agents.html

3 Marie Dhumieres, "The Bosnian who made the pilgrimage to Mecca –on foot", *Independent*, 24 October 2012. https://www.independent.co.uk/news/world/middle-east/the-bosnianwho-made-the-pilgrimage-to-mecca-on-foot-8225227.html

4 Surinder Bhardwaj, "Non-Hajj pilgrimage in Islam: a neglected dimension of religious circulation", *Journal of Cultural Geography*, 17 (2), 1998, p.70, doi: 10.1080/08873639809478321.

第 11 章　アイルランド人の移動と「ジャガイモ飢饉による大移住」

1 Mike Dash, "How Friedrich Engels' radical lover helped him father socialism", Smithsonian.com, 1 August 2013. https://www.smithsonianmag.com/history/how-friedrichengels-radical-lover-helped-him-father-socialism-21415560/#uXmxb33qTOeKiCV6.99

2 Robert Scully, "The Irish and the 'famine exodus' of 1847", in Robin Cohen (ed.) *The Cambridge survey of world migration*, Cambridge: Cambridge University Press, 1995, pp.80–4.

3 Noel Ignatiev, *How the Irish became white*, London: Routledge, 1995.

参考文献 ※邦訳があるものは併記した。

はじめに

Mimi and John Urry Sheller, "The new mobilities paradigm", *Environment and Planning A: Economy and Space*, 38 (2) 2006, 207–26, doi: 10.1068/a37268.

第 1 章　出アフリカ　初期人類

1 Yuval Noah Harari, *Sapiens: a brief history of humankind*, London: Vintage Books, 2011, p.56.（『サピエンス全史（上・下）文明の構造と人類の幸福』ユヴァル・ノア・ハラリ著、柴田裕之訳、河出書房新社、2016）

2 James *Suzman*, *Affluence without abundance*, London: Bloomsbury, 2017.

3 George Busby 'Here's how genetics helped crack the history of human migration' The Conversation, 13 January, 2016. https:// theconversation.com/heres-how-genetics-helpedcrack-the-history-of-human-migration-52918

第 2 章　探検家　アラブ人、中国人、ヨーロッパ人

1 Al-Futuhat website, "The Islamic role in nautical discoveries: reassessing mainstream modern history', 2018. http://alfutuhat.com/islamiccivilization/Nautical%20science/Role.html

2 Khaliq Ahmad Nizami, "Early Arab contact with South Asia", *Journal of Islamic Studies*, 5 (1), 1994, p.53, citing J.H. Kramers. See also Ross E. Dunn, *The adventures of Ibn Battuta: a Muslim traveler of the fourteenth century*, Berkeley: University of California Press, 2012.

3 Mariners' Museum and Park website, "Zheng He", 2018. https://exploration.marinersmuseum.org/subject/zheng-he/

4 Mariners' Museum and Park website. 'The ages of exploration', 2018. https://exploration.marinersmuseum.org/type/age-ofdiscovery/

第 3 章　古くからある宗教と人の移動

1 Daniel Lovering, "In 200-year tradition, most Christian missionaries are American", *Reuters,* 21 February 2012. https://www.reuters.com/article/us-missionary-massachusetts/in-200-year-tradition-most-christian-missionaries-areamerican-idUSTRE81J0ZD20120221

2 Linda Learman, *Buddhist missionaries in the era of globalization*, Honolulu: University of Hawai'i Press, 2005, p.6.

3 Dirk Hoerder, *Cultures in contact: world migrations in the second millennium*, Durham, NC: Duke University Press, 2002, pp.87, 89–90.

第 4 章　遊動民　指導者のいない社会から帝国へ

1 New World Encyclopedia, "Nomad", 7 December 2018. http://www.newworldencyclopedia.org/entry/Nomad

2 Ajay Saini, "The lesson from this missionary's death? Leave the Sentinelese alone", *Guardian*, 27 November 2018. https://www.theguardian.com/commentisfree/2018/nov/27/missionary-death-sentinelese-andaman-islands

3 Quoted in Patrick Daley and Dan O'Neill, "'Sad is too mild a word': press coverage of the *Exxon Valdez* oil spill", *Journal of Communication*, 41 (4), 1991, pp.42–57, doi: 10.1111/j.1460-2466.1991.tb02330.x.

4 Walter Meganack, "The day the water died", June 1989. https://jukebox.uaf.edu/site7/speech-written-chief-walter-meganack

5 Thomas T. Allsen, *Culture and conquest in Mongol Eurasia*, Cambridge: Cambridge University Press, 2004, pp.17–23.

第 5 章　ロマとトラベラー

1 New World Encyclopedia, "Nomad", 7 December 2018. http://www.newworldencyclopedia.org/entry/Nomad

2 Dean Nelson, "European Roma descended from Indian 'untouchables', genetic study shows", *Telegraph*, 3 December 2012. https://www.telegraph.co.uk/news/worldnews/europe/9719058/European-Roma-descended-from-Indianuntouchables-genetic-study-shows.HTML

3 James A. Watkins, *History of the Gypsies*, Owlcation, 2016. https://owlcation.com/humanities/The-Gypsies
Drawing on Angus Fraser, *The Gypsies*, Oxford: Wiley-Blackwell, 1995 (second edition).

4 P. Lane, S. Spencer and A. Jones, "Gypsy, traveller and Roma: experts by experience", National Federation of Gypsy Liaison Groups and the Joseph Rowntree Foundation Trust, 2014.

5 Alexandra Nacu, "The politics of Roma migration: framing identity struggles among Romanian and Bulgarian Roma in the Paris region", *Journal of Ethnic and Migration Studies*, 37 (1), 2011, pp.135–50, doi: 10.1080/1369183X.2010.515134.

6 Sharon Bohn Gmelch and George Gmelch, "The emergence of an ethnic group: the Irish Tinkers", *Anthropological Quarterly*, 49 (4), 1976, 225–38.

P205　アメリカにおける1日の平均拘留者数 1994 ～ 2019年度
J. Rachel Reyes, "Immigration Detention: Recent Trends and Scholarship", Center for Migration Studies (https://cmsny.org/publications/virtualbrief-detention/)

P206　ICEエアのフライトマップ　乗客は手錠をしている
CNN, "ICE Aire: How US deportation flights work" (17 January 2018) を改編。データは U.S. Immigration and Customs Enforcement

P209　難民とその他の「援助対象者」1950 ～ 2017年
UNHCR資料

P210　難民の受け入れ数 上位10ヵ国　2018年
Giorgos Moutafis, "The World's Refugees in Numbers", Amnesty International を改編。データは UNHCR, UNWRA (2018) ほか

P213　総人口に占める移民の割合（技術別）　1980 ～ 2010年
Ian Goldin ほか（2018）"Migration and the Economy: Economic Realities, Social Impacts and Political Choices" Citi GPS: *Global Perspectives & Solutions*, p.34

P215　ヨーロッパとアフリカの出生数
The World Bank Group, "Fertility rate, total (births per woman) - World, Sub-Saharan Africa, European Union, United States, India, South Asia, East Asia & Pacific"（https://data.worldbank.org/indicator/SP.DYN.TFRT.IN?locations=1W-ZG-EU-US-IN-8S-Z4）

P216　アフリカのなかの移民数とアフリカからの移民数 1990 ～ 2017年
Marie McAuliffe ほか（2018）"Africa migration: what the numbers really tell us", World Economic Forum を改編。データは UN DESA(2017)

P217　人口に占める移民の割合　2017年
Ian Goldin ほか（2018）"Migration and the Economy: Economic Realities, Social Impacts and Political Choices" Citi GPS: *Global Perspectives & Solutions*, p.126 を改編。データは Citi Research (2018) ほか

P171　アフリカにおける木琴の分布
Roger Blench, *Using diverse sources of evidence for reconstructing the prehistory of musical exchanges in the Indian Ocean* (2012), Springer Publishing, p.10

P172　大移動に伴うブルースの 3 つのスタイルの広まり
Michael Siegal, Rutgers Cartography, *In Motion: The African-American Migration Experience* (2005), National Geographic

P174　留学生数　2011 ～ 2016 年
International Organization of Migration Global Migration Data Analysis Centre, UNESCO (2018)

P175　カナダで学ぶ留学生　2018 年
Canadian Bureau for International Education 資料

P177　中国人学生の増加
National Bureau of Statistics of China, United Nations ほか

P180　永住の総許可件数と配偶者に対する許可件数、イギリス、1995 ～ 2009 年
International Migration Review, volume 46 (2012), The Center for Migration Studies of New York, p.4

P181　上：外国人配偶者の国籍、日本、2017 年／下：アジアの女性の未婚率、1970 ～ 2005 年
上：日本の政府統計／下：Asia Research Institute

P182　OECD 加盟国における退職
Austin de Coulon, "Where do immigrants retire to?" (September 2016), IZA World of Labor を改編。データは OECD International Migration Database

P183　アメリカの退職者が選ぶ移住先　上位 10 州　61 歳以上の純移入民数
US Census Bureau 資料 (2016)

P184　海峡地域における 61 歳以上の純移入民数と人口動態〔期間：1970 ～ 2000 年頃〕
Frédérique Turbout, Pascal Buléon(2008),"Ageing demographic structure(2001)", Cross channel Atlas – Channel Space (https://atlas-transmanche.certic.unicaen.fr/en/page-406.html). データは INSEE 資料 (1999)、ONS 資料 (2001)

P185　スペイン、フランス、ドイツ、イタリアに住むイギリスの年金受給者数（増加率）　2003 ～ 2017 年
ONS 資料ほか

P187　上：気象災害による 10 の大規模な人の移動　2016 年／下：サイクロン「イダイ」による洪水被害　モザンビーク、ジンバブエ
上：Stapleton ほか (2017), "Climate change, migration and displacement: The need for a risk-informed and coherent approach", UNDP（国連開発計画）, p.10
下：UNITAR-UNOSAT の衛星画像解析資料 (2019 年 3 月 13 ～ 14 日)

P191　気候変動によって 2050 年までに国内での移動を余儀なくされる人の数
Carbon Brief (https://www.carbonbrief.org/expect-tens-of-millions-of-internal-climate-migrants-by-2050-says-world-bank) を改編。データは The World Bank Group (2018)

P193　国際観光の拡大（1945 ～ 2030 年）
UNWTO Tourism Highlights, 2018 Edition, UNWTO（世界観光機関）, p.2

P195　中国人旅行者の旅行消費額はとびぬけて多い
UNWTO Tourism Highlights, 2018 Edition, UNWTO, p.14

P197　上：年齢別海外移住者数　1990 ～ 2017 年／下：ギリシア、イタリア、スペイン、ブルガリアに到着した移民の構成 2017 年
上：DESA（国連経済社会局）,"Migrants by Age and Sex", International Migrant Stock: The 2017 Revision
下：UNICEF 資料

P203　トランプ大統領の国境の壁
"Trump's border wall explained" Al Jazeera Media Network（31 Mar 2017）より、"Trump's border wall", Al Jazeera, P2016, US Customs and Border Protection（https://www.aljazeera.com/indepth/features/2017/03/mexico-border-wall-stake-170327135349790.html）

P116　中国の都市人口
“Ending apartheid”, *The Economist* (16 April 2014) を改編。データは DESA（国連経済社会局）ほか

P119　1947 年のインドの分離独立と国境の策定
“Partition of India” 1947, Wikimedia commons (https://commons.wikimedia.org/wiki/File:Partition_of_India_1947_en.svg)

P123　分離独立後の宗教の人口比率　2001 年
BBC News “After partition: India, Pakistan, Bangladesh” (8 August 2007) を改編。データはインド国勢調査 (2001) ほか

P125　上：海外フィリピン人労働者数　1975 ～ 2017 年／下：フィリピン人看護師の海外での新規雇用
上：フィリピン海外雇用庁 (POEA) “Overseas Employment Statistics” ／下：POEA 資料

P128　強制労働の種類と犠牲者数（セックスワーカーを含む）2014 年
ILO（国際労働機関）資料

P129　EU における人身取引被害者の男女比（搾取の種類別）2010 ～ 2012 年
“Trafficking in human beings”, EUROSTAT report (2015)

P134　セントヘレナ島の地図、1820 年ごろ　ナポレオンが自由な移動を認められていた区域
“MAPS OF ST HELENA”, Saint Helena Island Info（http://sainthelenaisland.info/maps.htm）

P135　レーニンの帰還　ロシア革命への道
Travel Encyclopedia（https://wiki--travel.com/img/map-of-germany-russia-39.html）ほか

P143　アルメニア人虐殺　1915 ～ 1923 年
Vahagn Avedian “Armeniangenocidemap.gif”, Wikimedia commons (https://en.wikipedia.org/wiki/Armenian_Genocide#/media/File:Armenian_Genocide_Map-en.svg) ほか、Robert H Hewsen, Armenia: A Historical Atlas (1st ed.〈2001〉), University of Chicago Press, p. 232 などを参考

P146　世界に散らばったレバノン人　主な移住先
“What makes the Lebanese work and Lebanon not work”, *Jabalna Magazine* (27 August 2015) ほか

P149　湾岸 6 カ国の国民と外国人の人口比率
“The Plight of Migrant Workers in the Gulf States”, fanack.com, (23 September 2015) を改編。データはイギリス国家統計局ほか

P151　湾岸諸国で働く請負労働者の本国への送金額　2014 年（単位：百万米ドル）
The World Bank Group 資料

P153　フェニキア人の交易路と植民市
“Phoenicia”, Encyclopædia Britannica, Inc.（https://kids.britannica.com/students/article/Phoenicia/276403/media?assemblyId=125790）

P156　上：地中海での難民死亡者数　2014 ～ 2019 年／下：ヨーロッパへの回路による難民到着者数　2015 ～ 2018 年
ともに本文中に掲載

P158　労働市場における医療従事者の需要 2013 年、2030 年（予測値）165 カ国対象
James Buchan ほか “Health Employment and Economic Growth”(2017), WHO, p.17

P160　アメリカ、イギリスで働く外国で養成された医師
OECD 資料

P161　上：海外で働くケニア生まれの医師／下：海外に住むケニア人医師数　2000 年
Joses Muthuri Kirigia ほか “The cost of health professionals brain drain in Kenya” (2006), WHO/Kenyatta University など

P162　2011 年以降、シリア人の半分以上が避難を余儀なくされた
BBC News “Why is there a war in Syria?” (25 February 2019) を改編。データは UNHCR（国連難民高等弁務官事務所）

P163　シリア難民の避難先　2018 年 12 月現在
UNHCR 資料

P164　レバノンのシリア難民は多数の地域に散らばっている
Cameron Thibos, “One million Syrians in Lebanon: A milestone quickly passed”, Migration Policy Centre, EUI (June 2014), p.3 を改編。データは UNHCR

P71　ヨーロッパからアメリカへの移住　1815 ～ 1914 年
Russell King, *The Atlas of Human Migration: Global Patterns of People on the Move* (2010), London: Earthscan Publications, p.29

P73　ヨーロッパからアメリカへの移住　1870 ～ 1920 年
United States Census Bureau 資料

P78　第二次世界大戦前と大戦後のユダヤ人人口
"Remaining Jewish Populations of Europe in 1945", Holocaust Encyclopedia, United States Holocaust Memorial Museum.

P78 ～ 79　ユダヤ人のドイツからの移住　1933 ～ 1945 年
"Holocaust Encyclopedia", United States Holocaust Memorial Museum (www. ushmm.org)

P81　第一次世界大戦後のイギリス委任統治領パレスティナ
"The British Mandate", Fanac（https://fanack.com/israel/history-past-to-present/rise-of-zionism/the-british-mandate/）

P82　パレスティナ難民　1948 年
Web サイト Open Edition より Myriam Ababsa, *ATLAS OF JORDAN* (2014) の資料 (https://books.openedition.org/ifpo/5014) を改編。データは UNRWA（国連パレスチナ難民救済事業機関）(2009)

P84　UNWRA の難民キャンプ　2010 年
Web サイト Open Edition より Myriam Ababsa, *ATLAS OF JORDAN* (2014) の資料 (https://books.openedition.org/ifpo/5014) を改編。データは UNRWA (2009)

P88　イギリスの少数民族の人口　1991 年
M. Anwar, "'New commonwealth' migration to the UK" in Robin Cohen (ed.), *Cambridge Survey of World Migration* (1995), Cambridge University Press, P.77

P89　イギリスへの移民の民族、国籍構成の変化
Office for National Statistics 資料

P93　上：西ドイツに住むトルコ人（年齢別、男女別）1991 年／下：トルコ人のドイツへの移入、ドイツからの移出、純移動 1988 ～ 2014 年
上：ドイツ連邦統計局資料（1991）／下：Françoise De Bel-Air, "Migration Profile: Turkey, Migration Policy Centre" (2016), EUI, P.9 をもとに作成。データは OECD International migration database ほか

P95　ベトナム人の最初の避難先となったアジアの国々　1975 ～ 1995 年
"CHRISTMAS IN PULAU TENGAH REFUGEE CAMP (1980) — BÀI TIẾNG ANH-ENGLISH ARTICLES", Lang Hue.org（https://langhue.org/index.php/van-hoc/da-ngon-ngu-multilingual-articles/bai-tieng-anh-english-articles/7937-christmas-iin-pulong-tengah-refugee-camp-ho-van-hien）

P99　世界に再移住したベトナムのボートピープル
Teo Siyang (2015), "Resettlement of Vietnamese Refugees 1975-1990s" (https://mapattack.wordpress.com/2015/06/01/vietnamese-mass-migrations)

P101　ロシア連邦と旧ソ連の人の流出入
The World Bank Group（世界銀行）資料ほか

P102　旧ソ連を構成していた共和国におけるロシア人の割合　2015 年
CIA World Factbook 資料

P103　ウクライナのロシア語話者　2008 年
Strategic Forecasting Inc. 資料

P107　カリブ海諸国の移入民と移出民
IOM (International Organization for Migration) のレポート "Migration in the Caribbean: current trends, opportunities and challenges" (2017), working paper 1, p.35

P109　東南アジアの中国人　1600 年代から 1980 年代
H.J. de Blij, P.O. Muller, John Wiley & Sons, Inc. によるデータ

地図・グラフの参考資料

P13　時を旅する
Jeff Blossom, Center for Geographic Analysis, Harvard University, in "A Walk Through Time", National Geographic, 22 January, 2013 (https://www.nationalgeographic.org/projects/out-of-eden-walk/media/2013-01-a-walk-through-time/) を改編。データは *National Geographic Magazine*, ESRI ほか

P15　DNA からみた人類の初期の移動
George Busby, "Here's how genetics helped crack the history of human migration", The Conversation, 13 January, 2016 (https://theconversation.com/heres-how-genetics-helpedcrack-the-history-of-human-migration-52918）

P23　仏教の伝播
Gunawan Kartapranata, "Buddhist Expansion.svg", Wikimedia commons (https://commons.wikimedia.org/wiki/File:Buddhist_Expansion.svg)

P26　聖ヤコブへの道
Manfred Zentgraf, "Expulsion judios-en.svg", Wikimedia commons (https://commons.wikimedia.org/wiki/File:Expulsion_judios-en.svg)

P30　19 世紀半ばにプレーンズ・インディアンが住んでいた地域
William C. Sturtevant, *Handbook of North American Indians* (1978), Smithsonian Institution

P37　従来の情報に基づいた太平洋における移動経路（上）、遺伝子マーカーに基づいた太平洋における移動経路（下）
上 : John Wilson,"History - Mâori arrival and settlement", Te Ara - the Encyclopedia of New Zealand (http://www.TeAra.govt.nz/en/map/1449/map-of-pacific-migrations)
下 : TranspacificProject.com, an online resource centre on Transpacific relations (http://www.transpacificproject.com/index.php/transpacific-migrations)

P42　大西洋奴隷貿易　1701 ～ 1810 年
Philip Curtin, *Atlantic slave trade: a census* (1972), Madison: University of Wisconsin Press

P45　インドの年季奉公人　1830 年代～ 1917 年
The Economist (2 September 2017) 資料

P52　巡礼者の数　1920 ～ 2018 年
Statista, "Annual number of Hajj pilgrims to Saudi Arabia from 1999 to 2018" (https://www.statista.com/statistics/617696/saudi-arabia-total-hajj-pilgrims/) ほか

P53　巡礼者数の多い国、上位 10 カ国　2017 年（人）
Al Jazeera Media Network 資料

P59　「ジャガイモ飢饉」による人の移動　1845 ～ 1851 年
"St. Patrick's Day – Mapping and Graphing the Irish Influence", GOLDEN SOFTWARE, LLC（http://www.goldensoftware.com/blog/st-patrick-s-day-mapping-and-graphing-the-irish-influence）

P63　鉱山労働者の出身地　1970 年
Francis Wilson (1976), "International Migration in Southern Africa", *The International Migration Review*, 10 (4) 451–88, doi: 10.2307/2545080 ほか

P64　労働者の募集地と移動ルート
Jonathan Crush, "Cheap Gold: Mine Labour in Southern Africa" in Robin Cohen (ed.) , *The Cambridge Survey of World Migration* (1995) : Cambridge, University Press, p.173

P66　ニューサウスウェールズ州のイギリス人入植者
Gordon Beckett, *The Enterprising Colonial Economy of New South Wales 1800–1830, Victoria, Canada* (2012), Trafford Publishing, p.113

P68　オーストラリアの総人口（アボリジニを除く）に占めるイギリス、アイルランド出身者の割合
Australian Parliamentary Library, "Migration to Australia since federation: a guide to the statistics" (2010) ほか

ハ

マ

ヤ

ラ

ワ

アルファベット

サ

タ

ナ

索　引

参照ページが多数の場合は、主たるページだけを抜き出しています。

装丁・本文デザイン　長澤 均［papier collé］
翻訳協力　トランネット http://www.trannet.co.jp/
編集協力　尾栢寛昭
校閲協力（第16章）　菅瀬晶子（国立民族学博物館 准教授）
組版協力　小野寺美華／小池彩恵子／柴原瑛美（東京書籍）

移民《いみん》の世界史《せかいし》

2020年5月22日　第1刷発行
2021年7月30日　第2刷発行

著　者　ロビン・コーエン
訳　者　小巻靖子《こまきやすこ》

発行者　千石雅仁
発行所　東京書籍株式会社
　　　　東京都北区堀船2-17-1　〒114-8524
電　話　03-5390-7531（営業）　03-5390-7515（編集）

印刷・製本　図書印刷株式会社

ISBN 978-4-487-81254-7　C0020

出版情報　https://www.tokyo-shoseki.co.jp